認知症介護 実践研修テキスト

実践
リーダー編

編集
認知症介護実践研修テキスト編集委員会

編集協力
一般社団法人全国認知症介護指導者ネットワーク

中央法規

はじめに

　認知症ケアは、1970年代以前のケアなき混沌とした時代からはじまり、1980年代以降に施設・在宅サービスの拡充が図られるなかで少しずつ進化し、2000（平成12）年の介護保険制度の施行以降に本格化しました。特に2004（平成16）年に京都で開催された「国際アルツハイマー病協会第20回国際会議」での当事者の発言によって、認知症の人のとらえ方は、「ケアの対象者」から「認知症とともに生きる当事者」へと大きく変わり、認知症ケアも本人主体の支援へと少しずつ変化していきました。

　その後、住み慣れた地域で、住まい、医療、介護、予防、生活支援が包括的に提供されるしくみとして、地域包括ケアシステムの構築が進められ、認知症対応型共同生活介護（グループホーム）や小規模多機能型居宅介護などの地域密着型サービスの整備が進み、一方で2005（平成17）年に高齢者虐待の防止、高齢者の養護者に対する支援等に関する法律（高齢者虐待防止法）が成立しました。

　さらに、2012（平成24）年に「今後の認知症施策の方向性について」「認知症施策推進5か年計画（オレンジプラン）」が発表されて以降、2015（平成27）年に「認知症施策推進総合戦略（新オレンジプラン）」、2019（令和元）年に「認知症施策推進大綱」が策定され、「共生」と「予防」をテーマに、地域でその人らしい暮らしを実現することが目指されています。

　一方で、認知症に対する誤った疾病観に基づく偏見は依然としてなくならず、また、虐待や身体拘束に関する通報件数も増加の一途をたどっています。このような状況において、認知症ケアに携わる人材の育成はとても重要な意義をもっています。2001（平成13）年度から充実を図りながら継続してきた「認知症介護実践研修」は、認知症についての正しい理解のもと、本人主体の介護を行い、できる限り認知症の症状の進行を遅らせ、認知症の行動・心理症状（BPSD）を予防する人材を育成するための重要な研修として、「認知症施策推進大綱」に位置づけられています。2021（令和3）年度からは、「認知症介護基礎研修」の受講が介護の経験のない職員に義務づけられるなど、研修体系のさらなる充実が図られています（2023（令和5）年度までは努力義務）。

　このようななか、2021（令和3）年度のカリキュラムの改訂に合わせ、「認知症介護実践者研修」および「認知症介護実践リーダー研修」のテキストを発行いたし

ました。編集委員会として、特に、研修修了後に現場に戻った際に、実践に活かすことができる学びを重視し、次の点に配慮して編集作業を重ねてきました。

1　実践において、常に「本人主体」に立ち返ることができる
2　実践力をみがき、現場のケアに活かすことができる

　近年では、認知症の人の発言からケアのあり方を考えることが重要視されています。つまり、これまでの提供者本位のケアではなく、本人の声を聴き、声なき声にも耳を傾け、その人という個人に対するケアを考えることが基本になります。本書では、本人の声を紹介するとともに、本人の想いを知ろうとすること、本人に「想いを伝えてもよい相手」として認められる専門職になることの大切さを、全編を通じて伝えられるよう工夫しています。

　また、必要な知識や技術、視点を学び、学んだことを現場での実践に活かすために、「事例」を活用しました。『実践者編』では、告知前から終末期に至る1人の認知症の人の事例を用いて、認知症の人の「今」とともに、全体をとらえる視点の重要性を強調しています。また、その過程における意思決定支援の大切さ、施策や地域とのつながりにおいて配慮すべき点などを時系列に沿って理解できるようにしました。『実践リーダー編』では、グループホームのユニットリーダーとそのケアチームのメンバーを中心とした事例を活用し、さまざまな個性や背景をもつメンバーとともに、チームの成長を支え、チームで本人主体の認知症ケアを実践していくための知識と技術を身につけていきます。加えて、研修での学びを現場のケアに活かすためには「職場実習」が重要な役割を果たします。そこで本書では、職場実習が有意義なものになるよう重点的に解説しています。

　認知症ケアの実践においては介護職員も、時に孤立感や、葛藤、困難さを感じることもあります。本書を通して、それらを乗り越え、認知症ケアを通じて介護職員自身も、喜びを感じ、意欲を高められる、そんな知識・技術・態度を学んでいただけたらと思います。そして、本書が「認知症であってもなくても、本人の意思が尊重され、できる限り住み慣れた地域のよい環境で、自分らしく暮らし続けることができる社会」をつくる専門職として成長するためのよりどころとなれば幸いです。

2022年4月
認知症介護実践研修テキスト編集委員会

目 次

はじめに
本書の使い方
事例の主な登場人物

| 第 1 部 | 認知症介護実践リーダー研修総論 |

第 1 章　認知症介護実践リーダー研修の理解

第 1 節　実践リーダーの役割 ……………………………………………………………… 4
第 2 節　認知症介護実践リーダー研修の概要 …………………………………………… 9

| 第 2 部 | 認知症の専門知識 |

第 2 章　認知症の人への共感的理解

第 1 節　認知症の人のこころを知る …………………………………………………… 22
第 2 節　認知症の人の想いを聴く ……………………………………………………… 30
第 3 節　リーダーとしての役割 ………………………………………………………… 40

第 3 章　認知症の医学的理解
（認知症の専門的理解）

第 1 節　認知症に関する理解 …………………………………………………………… 47
第 2 節　原因疾患別のとらえ方のポイント …………………………………………… 58
第 3 節　認知症の治療（医学的視点に基づいた介入） ……………………………… 69

第 4 章　認知症を取り巻く社会的な課題への取り組み
（認知症の専門的理解）

第 1 節　認知症の人の意思決定支援 …………………………………………………… 78
第 2 節　認知症を取り巻く社会的課題 ………………………………………………… 88

第 **5** 章　施策の動向と地域展開

第1節　認知症施策の変遷 ……………………………………………………… 103
第2節　認知症施策の動向と「認知症施策推進大綱」の内容 …………… 108
第3節　地域における認知症ケア関連施策の展開 ……………………… 119

第 **3** 部　認知症ケアにおけるチームケアとマネジメント

第 **6** 章　チームケアを構築するリーダーの役割

第1節　チームの目的と種類 ………………………………………………… 134
第2節　チームの構築および活性化のための方法 …………………… 139
第3節　チームの方針や目標と展開 ……………………………………… 144

第 **7** 章　ストレスマネジメントの理論と方法

第1節　チームにおけるストレスマネジメントの意義と必要性 ………… 152
第2節　ストレスマネジメントの方法 …………………………………… 160

第 **8** 章　ケアカンファレンスの技法と実践

第1節　チームケアにおけるケアカンファレンスの目的と意義 ………… 175
第2節　ケアカンファレンスを円滑に行うためのコミュニケーション ……… 180
第3節　効果的なケアカンファレンスの展開 ………………………… 185

第 **9** 章　認知症ケアにおけるチームアプローチの理論と方法

第1節　認知症ケアにおけるチームアプローチの意義と必要性 ………… 193
第2節　認知症ケアにおけるチームの種類と特徴 …………………… 200
第3節　施設・在宅での認知症ケアにおけるチームアプローチの方法 ……… 211

第 **4** 部　認知症ケアの指導方法

第 **10** 章　職場内教育の基本視点

第1節　「人材育成」における職員のとらえ方 ················ 217
第2節　実践リーダーに求められる「基本的態度」 ············ 226
第3節　人材育成の意義と方法 ·························· 232
第4節　職場内教育の意義 ···························· 240
第5節　OJT の実践方法 ····························· 247

第 **11** 章　職場内教育（OJT）の方法の理解

第1節　職場内教育（OJT）の指導の技術と留意点 ············ 256
第2節　指導における活用と留意点 ······················ 272

第 **12** 章　職場内教育（OJT）の実践

第1節　食事・入浴・排泄等への介護に関する指導方法 ·········· 276
第2節　認知症の行動・心理症状（BPSD）への介護に関する指導方法 ··· 287
第3節　アセスメントおよびケアの実践に関する指導方法 ·········· 300
第4節　自己の指導の特徴の振り返り ····················· 311

第 **5** 部　認知症ケア指導実習

第 **13** 章　職場実習
（職場実習の課題設定・職場実習・結果報告／職場実習評価）

第1節　職場実習のねらい ···························· 316
第2節　実習前の課題設定 ···························· 322
第3節　実習中の取り組み ···························· 334
第4節　実習後の報告と実習の評価 ······················ 341

用語解説 ··· 345
索引 ··· 349
編集委員・執筆者一覧

本書の使い方

① 本書の位置づけ

　本書は、「認知症介護実践研修」における「認知症介護実践リーダー研修」のテキストとして、2021（令和3）年度から運用されている新しいカリキュラムに即して作成されています。

② 本書の構成

　カリキュラムの科目と本書の目次との対応は、次の表のとおりです。

　「第2章　認知症の人への共感的理解」として、認知症の人にかかわる専門職に欠かすことのできない「認知症の人の心情・心理」を理解するための章を加えました。また、「2　認知症の専門的理解」の科目は、医学的理解と社会的な課題の理解を、第3章と第4章に分けて収載したほか、実習関係の科目は第13章として一つにまとめました。

	研修科目名		本書の目次
認知症介護実践リーダー研修総論	1	認知症介護実践リーダー研修の理解	第1章
認知症の専門知識		—	第2章
	2	認知症の専門的理解	第3章、第4章
	3	施策の動向と地域展開	第5章
認知症ケアにおけるチームケアとマネジメント	4	チームケアを構築するリーダーの役割	第6章
	5	ストレスマネジメントの理論と方法	第7章
	6	ケアカンファレンスの技法と実践	第8章
	7	認知症ケアにおけるチームアプローチの理論と方法	第9章
認知症ケアの指導方法	8	職場内教育の基本視点	第10章
	9	職場内教育（OJT）の方法の理解	第11章
	10	職場内教育（OJT）の実践	第12章
認知症ケア指導実習	11	職場実習の課題設定	第13章
	12	職場実習	
	13	結果報告／職場実習評価	

❸ 本書の特徴

事例について

　本書では、認知症対応型共同生活介護（グループホーム）のユニットリーダーである山本さんと山本さんのケアチームを中心とした事例を入り口として、各章の理解を深めていきます。事例に照らしながら学ぶことで、知識と経験をつなぎ、科目間の学びをつなぎ、実践に活かすことを意図しました。自分自身のチーム全体について、また、ともに働く職員一人ひとりについて、課題や可能性を複数の側面からとらえることで、利用者を主体とした認知症ケアを実践できるチームをつくっていくことを目指します。

◯ 事例を活用する目的

> ①　事例のリーダーを自分自身と重ねることで、現場をイメージしながら学ぶことができる。
> ②　事例の場面を客観的にとらえることで、自分自身の指導の傾向や現場の課題がみえてくる。
> ③　事例の場面に照らして考えることで、各科目を学ぶ目的がより明確になる。
> ④　各章（科目）の内容を関連づけて学ぶことができる。

演習について

　本書では、各章のはじめと終わりに演習課題を設定しています。基本的には、「はじめ」の演習で自分自身の現在の状況を確認し、「終わり」の演習で科目での学びを踏まえた気づきをグループで共有し、自分自身の職場での実践に活かす具体的なヒントを得ることを意図しています。学びの前後で演習を行うことで、自身の課題がみえやすくなると考えています。科目の特性に応じて、演習を挟みながら展開する章もあります。

　演習課題は、「新カリキュラム改訂にともなう各科目シラバス変更のポイントと運用のヒント」（認知症介護研究・研修センター）を参考に、現場のリーダーとしての実践に活かせるもの、自身の職場でも展開できるものを具体的に示しています。

　各章の扉には、科目の「目的」と「到達目標」を掲載し、何のために学ぶのか、どのような状態を目指すのかを理解して学ぶことができるようになっています。また、科目間のつながりを理解できるよう、「特に関連する章」を掲載しました。

　本文中の専門用語や難解な語句については色文字で示し、巻末に「用語解説」を掲載しています。

事例の主な登場人物

■リーダー

　山本さん（29歳、女性）は、福祉系大学を卒業し、特別養護老人ホームに就職。4年目にユニットリーダーになる。ユニットリーダーとして2年ほど勤務した後、認知症対応型共同生活介護（グループホーム）に転職。2年目にユニットリーダーとなる。大学時代の友人で児童福祉施設に勤務する夫と暮らしている。

■山本さんのチームメンバー

○新人職員

木村さん（22歳、女性）福祉系大学を卒業して、就職

田中さん（30歳、男性）大学卒業後、一般企業に就職。親の介護をきっかけに転職

○その他の職員

土井さん（40歳、女性、常勤）勤続10年。グループホームの理念に基づくケアを実践

伊藤さん（26歳、男性、常勤）仕事に対して積極的ではない。

藤井さん（45歳、女性、パート）利用者一人ひとりに丁寧に対応する。

栗山さん（46歳、女性、パート）決められた仕事を効率的にこなす。

■山本さんのユニットの利用者

民子さん（82歳、女性）入居3年、アルツハイマー型認知症

ふみさん（65歳、女性）新規入居、レビー小体型認知症

隆さん（85歳、男性）入居6年、血管性認知症

恵子さん（89歳、女性）入居9年、アルツハイマー型認知症

敏夫さん（75歳、男性）入居1か月、アルツハイマー型認知症

るみ子さん（79歳、女性）息子と二人暮らし、併設の認知症対応型通所介護を利用

■その他

研二さん（55歳、男性）若年性認知症、グループホームの職員として勤務

佐藤さん　認知症地域支援推進員

秋山さん　山本さんの勤務するグループホームの管理者

■事業所の概要

　開設して16年が経過するグループホーム。二つのユニットがあるほか、認知症対応型通所介護が併設されている。

第 **1** 章

認知症介護
実践リーダー研修の理解

目的

チームにおける認知症ケアを推進する実践リーダーの役割とこの研修科目との関係性を踏まえ、研修の概要を把握する。実践リーダーとしての自己の課題を確認し、研修における学習目標を明確にする。

到達目標

1 実践リーダーの役割と研修科目との関連性を踏まえて研修の概要を把握する。
2 実践リーダーとしての課題を認識し、研修における学習目標を明確化できる。

グループホームのユニットリーダーになって2年目の山本さんは、介護の仕事が好きで、よく気がつき、誰に対しても笑顔でやさしく対応するため、利用者からとても人気です。この仕事をはじめて7年が経過し、認知症に関する基本的な知識をもち合わせています。また、利用者はどのような生活を大切にし、どのような生活を実現したいと思っているのか、日々のケアのなかで探り、行動しています。さらに、例えば家族を探してグループホーム内を歩き回る等の認知症の行動・心理症状（BPSD）がみられる利用者に対して、なぜ家族を探しているのか、不安なことがあるのか、アセスメントし、ケアの方法を考えることができます。利用者の家族が面会に来た際には声をかけ、最近の本人の様子を伝えたり、家族の困りごとを聞いたりするなどコミュニケーションをとるようにし、家族との関係性を築いています。

このグループホームでは、「利用者様が住み慣れた地域で安心して、自分らしく暮らすことができるように支援する」ことを理念とし、山本さんのユニットでは、「利用者様一人ひとりの思いを大切にする」ことを目標に掲げています。

しかし、最近は職員の都合を優先したケアが目につくようになり、グループホームの理念やユニットの目標がユニットのなかで十分に共有されていません。

新人職員の田中さんは、利用者の民子さんをお風呂に無理に誘い、民子さんが「今日はお風呂に入りたくない」と入浴したがらない理由を「認知症による入浴拒否」と考えています。そのほか、眠そうにしている利用者を無理に起こし、食事の介助をするなど、利用者の思いに耳を傾けないケアもみられました。山本さんが田中さんに、「民子さんを無理やりお風呂に誘っちゃだめだよ」と伝えると、その場では理解している様子ですが、田中さんは次の週も同じように民子さんを無理やりお風呂に誘っていました。山本さんが「民子さん、お風呂嫌がっているよ」と話すと、田中さんは「だけど今お風呂に入ってもらわないと、仕事が終わらないんです」と話しました。

もう一人の新人職員の木村さんは、大学で学んだ理想的な「ケアの理念」を大切にしており、そのようなケアが統一して行われていないこのユニットの現状にストレスを抱えています。職員がバラバラの目標に向かっており、自分はどうしたらよいか、周りに相談することもできず、困っています。

リーダーの山本さんはユニット会議を開き、職員に「私たちの都合を中心としたケアではなく、利用者さん一人ひとりの思いを大切にしたケアを目指していこう」と伝えたり、ユニットの目標を職員の目にとまるところに掲示したりしてみましたが、ユニットの現状が変わることはなく、山本さんは悩んでいます。

演習 1-1　リーダーとしての強み・弱みの把握

● 事例を読んで、山本さんのリーダーとしての強み・弱みは何かを考え、書き出してみましょう。

▶ ポイント

・山本さんはどのような力（特徴）を活かしながら仕事をしているか、その結果どのような状況が生まれているかを考えてみると、山本さんの強みがみえてくるでしょう。
・チームがグループホームの理念とユニットの目標に向かっていくために、山本さんに求められているけれど、できていないことを考えてみると、山本さんの弱みがみえてくるでしょう。

● リーダーの山本さんは、これから認知症介護実践リーダー研修でどのような学習目標を設定したらよいでしょうか。また、その目標を達成するための具体的な方法を考えてみましょう。

▶ ポイント

・山本さんの強みをさらに伸ばし、弱みを克服できる学習目標を考えてみましょう。
・まだ認知症介護実践リーダー研修を受講して間もないため、たくさんは思い浮かばないかもしれませんが、一つでも二つでも考えられる具体的な方法をあげてみましょう。

実践リーダーの役割

 ## チーム構築における実践リーダーの役割

　認知症の人のケアを一人の介護職員だけで行うことはできないでしょう。また、複数人いたとしても、介護職員だけで行うこともできません。介護職員、医師、看護師、理学療法士、作業療法士、栄養士、相談員、介護支援専門員（ケアマネジャー）など、さまざまな専門職がかかわってケアをしていきます。例えば、施設で利用者と一緒に食事をつくる場面では、利用者と一緒に料理をしている職員がいる一方で、ほかの利用者のケアをしている職員がいたり、食器の準備をしている職員がいたりします。また、利用者が自力でスプーンを持って食事ができるように支援する場面では、明確に役割を分けることは難しいですが、介護職員は利用者の好みの把握、理学療法士は空間無視や可動域の把握、栄養士は適切な食事形態の検討など、さまざまな専門職がかかわることになります。チームのメンバーそれぞれが役割を発揮し、利用者の望む生活を実現していくために、目標に向かって協働・連携していくことが大切です。そのために、実践リーダーにはリーダーシップが求められます。

　久田によると、リーダーシップとは、「ともに働く仲間である構成メンバーの意欲を高めたり引き出したりしながら、共通の目標達成、課題達成、問題解決に向けて一丸となって取り組んでいく一連の行動と整理できる」[1]といいます。具体的にはどのような役割が求められるのでしょうか。タックマン（Tuckman, B. W.）とジェンセン（Jensen, M. A. C.）は、チームの形成過程には四つの段階があるとし、岡田はこの段階ごとにチームリーダーの役割について述べています。それらを基に実践リーダーの役割について示していきます。

チーム形成期

　第1段階はチーム形成期といわれ、チームが形成された初期の頃で、メンバーはお互いをよく知らない段階です。チームの目標やメンバーの役割も定まっていません。

この段階において、実践リーダーは、メンバーを理解し、チームの目標やメンバーの役割を明確にすることが求められます。また、チームにおける課題は何かを考え、メンバーとの合意を得ることやそのためにどのようなことを行うべきかメンバーと確認することが必要です。

チーム混乱期

第2段階はチーム混乱期といわれ、チームでの活動がはじまるなかで、個人が主張し、チーム内で意見の衝突が生まれる時期となります。団結力の欠如は、この段階でよくみられる特徴です。メンバーそれぞれの介護に対する価値観が異なるため、チームの目標に対する意見の食い違いや支援方法に対する考え方の違いなどが生じ、メンバーは対立し、不満を抱えやすくなります。しかし、チーム混乱期は、チームの成長に欠かすことができない段階であるといわれています。この段階を乗り越えることができれば、結束力が高まり、支援の質が高まると考えられています。

この段階において、実践リーダーは、チームメンバーの意見をそれぞれ聞き、メンバーが合意していない点を明確にし、合意形成の話し合いを行うことが必要です。チームアプローチの意義についてメンバーと確認しながら、合意の再確認や再形成を進めます。また、チームメンバーの関係性が良好となるよう意識し、支援することも必要でしょう。

チーム秩序形成期

第3段階はチーム秩序形成期といわれ、チームのメンバーはほかのメンバーの特質を受け入れ、相互理解や尊重が生まれます。チームアプローチの意義を理解し、メンバーの役割等が合意され、新しい規範が確立される時期でもあります。率直な意見交換が行えるようになり、チームが活性化し、課題に対してチームの対処能力が増します。

この段階において、実践リーダーは、チームがきちんと目標に向かって進んでいるか確認し、新たな課題に対してどのように対応していくべきか検討することが求められます。また、メンバーのモチベーションが向上するようなかかわりも必要でしょう。

チーム安定期

第4段階はチーム安定期といわれ、チームメンバーはそれぞれの役割を確立さ

せ、メンバー間の関係性が構築されます。新たな課題が生まれたとしても、チームとして解決することができ、チームは安定化します。

この段階において、実践リーダーは、細かな指示ではなくメンバーの自主性や自律性を尊重し、相談役を担います。

以上のように、チームの状況は一定ではなく、変化していきます。また、チーム形成期とチーム混乱期を行ったり来たりすることもあります。チームの状況に合わせて実践リーダーはその役割を発揮していくことが求められます。さらに、実践リーダーは、地域の認知症施策のなかでさまざまな役割も担います。例えば、認知症カフェやサロンなどを開催したり、キャラバン・メイトとして認知症サポーター養成講座の講師を務めたり、地域ケア会議に参加したりすることなどがあげられます。

事例の山本さんのチームは、何期にあたるでしょうか。大学で学んだ介護の理念を大切にケアをしていきたい木村さん、仕事を早く終わらせることを重要視している田中さんなど、チームの目標が共有されておらず、意見が食い違い、メンバーが統一した方向を向いていない状況にあるため、チーム混乱期といえるでしょう。

この状態にあるチームが目標に向かって一丸となって取り組んでいくために、山本さんにはどのような役割が求められるでしょうか。まずは、チームメンバーの意見をそれぞれ聞き、メンバーを理解することが大切です。そして、メンバーの意見が合意していない点を明らかにし、合意形成の話し合いを行うことが求められるでしょう。また、一つの目標に向かって、それぞれが役割や専門性を発揮することで支援の質が高まり、利用者の生活の質（QOL）の向上につながるというチームアプローチの意義について、メンバーと確認していくことが必要です。

松沼[2]によると、リーダーには知識や技術だけでなく、コミュニケーション能力や倫理観が求められ、さらに、利用者や職員の人権を守るという強い意志と行動力が必要となり、「勇気ある行動」が求められるといいます。しかし、鶴岡[3]は、リーダーは常に先頭に立ってメンバーを引っ張っていくことだけが役割ではなく、チームメンバーと信頼関係を築き、メンバーに助けられながらその影響力を発揮していくといいます。そのため、リーダーは孤独ではありません。

第2章以降においても、自己の実践を振り返りながら、実践リーダーに求められる具体的な役割を学習していきます。修得した知識・技術を実際に活かすことを目指していきましょう。

2 職場における指導

職場における指導は、実践リーダーにとって重要な役割の一つです。その方法は、主に三つあり、一つ目は仕事のなかで教育・指導を行うことを指す職場内教育（On the Job Training：OJT）、二つ目は通常の仕事から離れて行う研修等の教育のことを指す Off-JT（Off the Job Training）、三つ目は自己学習を支援することを指す SDS（Self Development System）に分類されます。実践リーダーには OJT を実践しチームケアの質の向上を達成する役割が期待されているため、認知症介護実践リーダー研修では特に、OJT について焦点をあて学習します。

1 スーパービジョン

OJT の過程で大切なこととして、スーパービジョンがあります。スーパービジョンには個別スーパービジョン、グループスーパービジョン、ピアスーパービジョンなどの形態がありますが、介護現場では個別スーパービジョンがよく行われると考えられます。個別スーパービジョンは、スーパービジョンを行うスーパーバイザーとスーパービジョンを受けるスーパーバイジーが1対1で行うもので、相澤は、スーパービジョンの目的を「スーパーバイジーの専門的知識・技術面を含んだ資質の向上を目指すことにある」[4]といいます。スーパーバイジーが利用者の QOL の向上を図るためによりよいケアが提供できるよう、スーパーバイジーの観察力、洞察力を深めていきます。

2 指導技法

スーパービジョンのなかで行われる指導技法には、面接技法やティーチング、コーチングなどがあります。面接技法には、言語・非言語コミュニケーションや開かれた質問・閉ざされた質問、相手の語りの要約などの方法があります。ティーチングは、知識や技術を他者に教えることを指し、コーチングは、相手の考えを引き出すことを指します。

これらを実践するためには、食事・入浴・排泄や認知症の行動・心理症状（BPSD）、アセスメントなどの介護に関する実践者の力量を評価し、課題を明確化する必要があります。例えば、施設にレビー小体型認知症のAさんが新規入所した場面において、実践リーダーがユニット職員に「レビー小体型認知症ということも念頭におきながら、Aさんをケアしてね」と伝えたとします。しかし、ユニット職員はAさん

の歩行に付き添わず、Aさんは転倒してしまいました。ユニット職員がパーキンソン症状についての十分な知識をもっているかどうかを実践リーダーが理解していれば、ユニット職員への伝え方は変わっていたことでしょう。そして利用者Aさんの転倒を防ぐことができたかもしれません。つまり、職員一人ひとりの介護に関する力量を評価することが必要となります。そして、職員の認知症ケアに対する課題に対して、指導目標を設定し、指導計画を立案します。

　冒頭の事例に戻って、山本さんは、どのような強みを活かして職員に指導することができるか、また、今後どのような指導に関する能力を身につけていくべきかを考えてみましょう。山本さんは、利用者の民子さんを無理やりお風呂に誘う田中さんに対して、「民子さんを無理やりお風呂に誘っちゃだめだよ」と伝えました。しかし、田中さんは民子さんがお風呂に入りたがらない理由をどのように考えているのか、なぜ嫌がっているのに無理やりお風呂に誘うのか考えを引き出してみると、田中さんは民子さんがお風呂に入りたがらないのを「認知症による入浴拒否」ととらえ、嫌がっていても自分の都合を優先して無理やりお風呂に誘っていたことなどが考えられたかもしれません。田中さんの考えを引き出し、アセスメントすることで、山本さんは、より適切な声かけをすることができるでしょう。相手の考えを引き出す技術や職員の介護に関する力量を適切に評価する方法、OJTの実践方法などを学ぶ必要があります。一方で、山本さんは、認知症に関する基本的な知識を有し、BPSDにも適切に対応できるという強みがあります。その強みを活かして、民子さんがお風呂に入りたがらないことに対して考えられる理由や適切なケア方法などを指導していくことができるでしょう。

　また、山本さんは、ユニット会議で職員に「私たちの都合を中心としたケアではなく、利用者さん一人ひとりの思いを大切にしたケアを目指していこう」と伝えました。しかし、なぜ私たちの都合を中心としたケアがよくないのか、職員が理解していなければ、利用者一人ひとりの思いを大切にしたケアを行うことはできません。ユニットの目標を伝え、理解してもらう方法などを学ぶ必要があります。

　第2章以降では、自己の実践を振り返りながら、具体的な指導技法や実践者の認知症ケアに対する評価、指導目標の設定方法、チームにおける目標や方針の共有・展開方法などを学習します。現場で活かせる実践力を身につけていきましょう。

認知症介護実践リーダー研修の概要

1 研修の位置づけ

1 認知症介護実践者等養成事業とは

厚生労働省老健局長「認知症介護実践者等養成事業の実施について」において、「認知症介護実践者等養成事業実施要綱」が定められています。そのなかで、認知症介護実践者等養成事業とは、「高齢者介護実務者及びその指導的立場にある者に対し、認知症高齢者の介護に関する基礎的及び実践的な研修を実施すること、また、認知症介護を提供する事業所を管理する立場にある者等に対し、適切なサービスの提供に関する知識等を修得させるための研修を実施することにより、認知症介護技術の向上を図り、認知症介護の専門職員を養成し、もって認知症高齢者に対する介護サービスの充実を図ることを目的とする」と明示されています。この事業は、「認知症介護基礎研修」「認知症介護実践者研修」「認知症介護実践リーダー研修」「認知症介護指導者養成研修」等から構成されており、ステップアップ式のピラミッド構造になっています（図1-1）。

2 実施主体

認知症介護実践リーダー研修（以下、実践リーダー研修）の実施主体は、都道府県・市町村または都道府県知事もしくは市町村長が指定する法人とされています。

3 研修対象者

実践リーダー研修の対象者の要件として、以下を定めています。
・介護保険施設、指定居宅サービス事業者、指定地域密着型サービス事業者、指定介護予防サービス事業者または指定地域密着型介護予防サービス事業者等において介護業務におおむね5年以上従事した経験を有している者
・ケアチームのリーダーまたはリーダーになることが予定される者
・認知症介護実践者研修を修了し1年以上経過している者

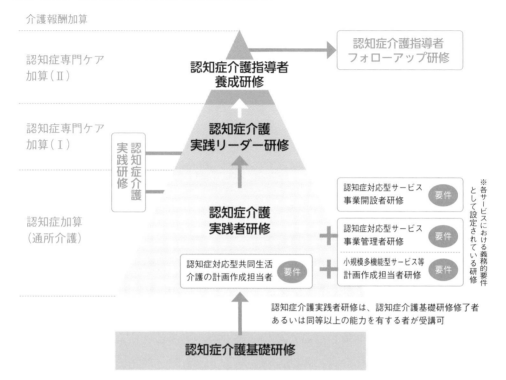

図1-1 認知症介護実践者等養成事業の全体構造

出典：認知症介護研究・研修仙台センター「令和2年度老人保健健康増進等事業（老人保健事業推進費等補助金）報告書 認知症介護指導者養成研修等のアウトカム評価に関する調査研究事業」p.14、2021年を一部改変

2 研修のねらい

　従来の実践リーダー研修は、「ケアチームにおける指導的立場として実践者の知識・技術・態度を指導する能力及び実践リーダーとしてのチームマネジメント能力を修得させること」をねらいとしていました（**表1-1**）。

　認知症施策推進大綱では、「共生」と「予防」を車の両輪として施策を推進することを基本的考え方とし、そのなかで「認知症についての理解のもと本人主体の介護を行い、できる限り認知症症状の進行を遅らせ、BPSDを予防できるよう、認知症介護基礎研修、認知症介護実践者研修、認知症介護実践リーダー研修、認知症介護指導者養成研修を推進する」[5]と示されています。認知症施策推進大綱で示された趣旨に沿って、新たな実践リーダー研修は、実践者の知識・技術・態度を指導する能力やチームマネジメント能力を修得するだけではなく、事業所全体で認知症について理解し、本人主体の介護を行い、認知症の人の生活の質（QOL）の向上

を図ること、認知症の行動・心理症状（BPSD）を予防できるチームケアの体制を構築するための知識・技術を修得することがねらいとされました。さらに、実践リーダーは、地域での役割も期待されています。認知症介護実践者研修では地域での役割として、「地域の認知症ケアの質向上に関与することができるようになること」が示されていますが、実践リーダー研修では、一歩進んで地域の認知症施策のなかで「様々な役割を担うことができるようになること」もねらいとしています（**表1-1**）。

表1-1　実践リーダー研修のねらい

新カリキュラム	旧カリキュラム
事業所全体で認知症についての理解のもと、本人主体の介護を行い、生活の質の向上を図るとともに、行動・心理症状（BPSD）を予防できるチームケアを実施できる体制を構築するための知識・技術を修得すること及び地域の認知症施策の中で様々な役割を担うことができるようになること	ケアチームにおける指導的立場として実践者の知識・技術・態度を指導する能力及び実践リーダーとしてのチームマネジメント能力を修得させること

出典：厚生労働省老健局認知症施策・地域介護推進課長「『認知症介護実践者等養成事業の円滑な運営について』の一部改正について」（令和3年4月6日老認発0406第1号）より一部抜粋

③　カリキュラム全体の構成

　実践リーダー研修は、「1　認知症介護実践リーダー研修総論」に1科目、「2　認知症の専門知識」に2科目、「3　認知症ケアにおけるチームケアとマネジメント」に4科目、「4　認知症ケアの指導方法」に3科目、「5　認知症ケア指導実習」に4科目が配置され、構成されています（**表1-2**）。

　「1　認知症介護実践リーダー研修総論」は、研修の導入として位置づけられ、チームにおける実践リーダーの役割と研修科目との関係性を踏まえたうえで、研修の概要を把握します。また、実践リーダーとしての自己の強み・弱みを認識し、自己の課題および学習目標を明確にします。

　次に「2　認知症の専門知識」では、認知症の人を一人の「人」として理解することを踏まえつつ、認知症に関する最新の知識を修得します。また、認知症施策の変遷と最新の動向を理解し、実践リーダーとして地域でどのようなことができるか

表1-2　実践リーダー研修カリキュラム

科目	時間数	区分
1　認知症介護実践リーダー研修総論		
（1）認知症介護実践リーダー研修の理解	90分	講義・演習
2　認知症の専門知識		
（1）認知症の専門的理解	120分	講義・演習
（2）施策の動向と地域展開	210分	講義・演習
3　認知症ケアにおけるチームケアとマネジメント		
（1）チームケアを構築するリーダーの役割	180分	講義・演習
（2）ストレスマネジメントの理論と方法	120分	講義・演習
（3）ケアカンファレンスの技法と実践	120分	講義・演習
（4）認知症ケアにおけるチームアプローチの理論と方法	180分	講義・演習
4　認知症ケアの指導方法		
（1）職場内教育の基本視点	240分	講義・演習
（2）職場内教育（OJT）の方法の理解	240分	講義・演習
（3）職場内教育（OJT）の実践	360分	講義・演習
5　認知症ケア指導実習		
（1）職場実習の課題設定	240分	講義・演習
（2）職場実習	4週間	実習
（3）結果報告	420分	講義・演習
（4）職場実習評価		

を考えていきます。

　1、2を踏まえたうえで、「3　認知症ケアにおけるチームケアとマネジメント」では、認知症ケアにおけるチームのマネジメントに必要な手法について学習し、それらを実際の認知症ケアのなかでどのように行うのか理解します。具体的には、チームを形成する過程や目標の設定・展開方法、認知症ケアにおけるストレスマネジメントの意義や方法、チームケアの質の向上を図るためのケアカンファレンスの効果的な展開方法等を学習します。これらを理解したうえで、認知症ケアにおけるチームアプローチの方法を理解し、実践するための指導力を身につけます。

　「4　認知症ケアの指導方法」では、人材育成の意義や職場内教育の方法について学習し、認知症ケアのさまざまな場面における指導例を基に、指導技術の基本を

修得したうえで、食事・入浴・排泄（はいせつ）等の介護、BPSD、アセスメントとケアの実践などの具体的な場面において、どのように活用していけばよいか、体験的に理解します。

　そして、ここまで学習した内容について理解を深め、実践し、職場における実践へと活かしていく「5　認知症ケア指導実習」に入っていきます。職場における介護職員等の認知症ケアに関する評価方法を立案し、評価を実施したうえで、認知症ケア上の課題を設定し、指導目標に応じた指導計画を作成します。実習後、認知症ケア指導における自己の課題を明確化し、今後の学習目標を立てます。

4　カリキュラム別のねらいと概要

1　認知症介護実践リーダー研修の理解（第1章）

　「認知症介護実践リーダー研修の理解」の科目では、チームにおける認知症ケアを推進する実践リーダーの役割とこの研修の概要を把握し、実践リーダーとしての自己の課題を確認し、研修における学習目標を明確にすることを目的としています。

　「5　認知症ケア指導実習」では、「職場実習の課題設定」の科目で、職場における認知症ケア上の課題を検討し、介護職員等の認知症ケアの能力を評価する方法を立案します。そして「職場実習」において、研修で学んだ内容を活かして、職場の介護職員等の認知症ケアの能力を評価したうえで課題を設定し、指導目標や指導計画を作成し、「結果報告／職場実習評価」では、実習後に認知症ケア指導における自己の課題と学習目標を明確にします。そして、研修で学んだことを職場で活かしていくことになります。そのため、「認知症介護実践リーダー研修の理解」の科目では、実践リーダーとしての自己の強み・弱みを認識し、それを意識しながら今後の科目や職場実習に臨むことが大切となります。

2　認知症の専門的理解（第3章、第4章）

　認知症に関する研究は年々進展しています。実践リーダーには、最新の知識を有し、認知症に関する専門的な知識を活用したケアの実践、介護職員等の指導、チームケアの向上が求められます。「認知症の専門的理解」の科目では、認知症の人を一人の「人」として理解することを踏まえつつ、行動の背景の一つである認知症の

病態を理解し、ケアができるよう、最新かつ専門的な知識を得ることを目的としています。具体的には、認知症介護実践者研修で学習した認知症の原因疾患と病態、中核症状とBPSD等に加えて、認知症に起こりやすい合併症や若年性認知症について理解を深めます。また、原因疾患別のとらえ方のポイントや、認知症治療薬、BPSDに用いられることがある薬物の主な作用機序と副作用等医学的視点に基づいたかかわりについて学習します。さらに、認知症の人の意思決定支援を踏まえて認知症の告知やターミナルケア、若年性認知症の人の社会生活と就労、本人の社会活動支援についても理解を深めます。

③ 施策の動向と地域展開（第5章）

昨今、認知症に関連する制度の整備は進んできており、特に、実践リーダーは最新の施策の動向について、理解するだけでなく、介護職員等に説明、指導できることが必要となります。認知症施策の展開例を知ることも必要でしょう。「施策の動向と地域展開」の科目では、認知症施策の歴史や最新の施策の動向について学習するとともに、実際にどのような取り組みが地域で行われているかを知り、実践リーダーの役割や実践リーダーとして地域で自分に何ができるかを考えていきます。地域での活動に悩みを抱えている実践リーダーも、この科目を通して、地域包括ケアシステムの構築に必要な関係機関との連携体制の構築に参画するための知識を修得していきましょう。

④ チームケアを構築するリーダーの役割（第6章）

「チームケアを構築するリーダーの役割」の科目では、チームの構築や活性化のため、チームリーダーとしての役割を理解し、円滑にチームを運用する者としての自覚を促すことを目的としています。また、チームにおける目標や方針の設定の必要性を理解し、目標を踏まえた実践の重要性と展開方法を理解します。具体的には、「認知症介護実践リーダー研修の理解」の科目で学んだ実践リーダーの役割の内容を踏まえて、チームの特徴やチームを活性化する条件などについて学習します。また、チームを構築し、活性化させる具体的な方法やチームの目標、方針の共有と展開方法について考えます。チームの理念や目標の共有に難しさを抱えている実践リーダーもいるのではないでしょうか。この科目では、チームを円滑に運用する方法について理解することを目指します。

5 ストレスマネジメントの理論と方法（第7章）

　実践リーダーには、チームメンバーのストレスを緩和することも求められます。「ストレスマネジメントの理論と方法」の科目では、「認知症介護実践リーダー研修の理解」の科目で学んだ実践リーダーの役割の内容を踏まえて、チームケアを円滑に運用するため、ストレスのしくみと対処法を理解したうえで、実践リーダーとして介護職員等のストレスの緩和やメンタルヘルスのマネジメントを実践することができるようになることを目的としています。具体的には、認知症ケアにおけるストレスマネジメントの意義や必要性について理解し、実践リーダーとしてチームメンバーのストレスを緩和する方法を理解します。

6 ケアカンファレンスの技法と実践（第8章）

　「ケアカンファレンスの技法と実践」の科目では、チームケアの質の向上を図るため、ケアカンファレンスの効果的な展開方法を身につけ、チームにおける意思決定プロセスの共有を実現できるようになることを目的としています。具体的には、「認知症介護実践リーダー研修の理解」の科目で学んだ実践リーダーの役割の内容を踏まえて、チームケアにおけるケアカンファレンスの目的と意義を理解します。また、建設的なコミュニケーションのポイントについて学び、効果的なケアカンファレンスの展開について演習を行います。

7 認知症ケアにおけるチームアプローチの理論と方法（第9章）

　「認知症ケアにおけるチームアプローチの理論と方法」の科目では、これまでの科目で学習した内容をチームアプローチにおいて実践するために必要となる指導能力を高めることを目指します。多職種・同職種間での適切な役割分担や連携にあたって、認知症ケアにおけるチームアプローチの方法を理解し、実践するための指導力を身につけることを目的としています。具体的には、「チームケアを構築するリーダーの役割」「ストレスマネジメントの理論と方法」「ケアカンファレンスの技法と実践」の科目で学んだ内容を踏まえて、認知症ケアにおけるチームアプローチの意義と必要性を理解します。また、これまでの科目で学んだ内容が、実際の認知症ケアのなかでどのように活用されているか理解し、加えて、活用する際に必要となる指導能力を高めることを目指した内容となっています。

⑧ 職場内教育の基本視点（第10章）

　職員に対して、職場内教育をどのように行っていけばよいか悩んでいる実践リーダーも多いと思います。「職場内教育の基本視点」の科目では、認知症ケアを指導する立場として、指導に関する考え方や基本的態度を学び、認知症ケアの理念を踏まえた指導に必要な視点を理解し、職場内教育の種類、特徴を踏まえた実際の方法を修得することを目的としています。具体的には、まず育成する介護職員等を理解することの大切さを確認したうえで、人材育成の意義、職場内教育のしくみや機会等について学習します。また、演習を通して評価方法、指導目標の設定、指導方法等の職場内教育（On the Job Training：OJT）の計画立案の方法を学習します。

⑨ 職場内教育（OJT）の方法の理解（第11章）

　「職場内教育（OJT）の方法の理解」の科目では、介護職員等への指導に有効な技法の種類と特徴を理解し、職場で実践できる指導技術の基本を修得することを目的としています。具体的には、面接技法やティーチング、コーチングの理論と技法等について、演習を通して実際に体験します。指導技法に自信のない実践リーダーも、認知症ケアのさまざまな場面における指導例を基に、基本的な技術を修得できる内容となっています。

⑩ 職場内教育（OJT）の実践（第12章）

　「職場内教育（OJT）の実践」の科目では、これまでに学習した認知症ケアに関する指導技術について、食事・入浴・排泄等の介護、BPSD、アセスメントとケアの実践などの具体的場面において、どのように活用していけばよいか、演習を通じて体験的に理解することを目的としています。演習は、指導計画の立案や実際の指導、指導した結果の評価等を行います。また、自己の指導の特徴を認識し、今後の課題を考えます。

⑪ 職場実習の課題設定（第13章）

　「職場実習の課題設定」の科目では、実践リーダー研修で学んだ内容を活かして、職場の介護職員等の認知症ケアの能力の評価方法を理解することを目的としています。具体的には、自分の職場における認知症ケアの実践上の課題を考え、介護職員等のかかわりが認知症の人の生活においてどのような影響を及ぼしているか検討し

ます。そして、指導対象となる介護職員等を選定し、アセスメント能力やケア方法等に関する認知症ケアの能力を評価する方法を立案します。また、実習の目標と流れを理解し、実習の計画を立てます。

⑫ 職場実習（第13章）

「職場実習」は、実践リーダー研修で学んだ内容を活かして、職場の介護職員等の認知症ケアの能力の評価、課題の設定・合意、指導目標の設定や指導計画を作成し、指導計画に基づいた認知症ケアの指導方法の理解を深めることを目指します。具体的には、「職場実習の課題設定」で立案した介護職員等の認知症ケアの能力の評価方法に基づいて評価を行い、認知症ケア上の課題案を設定します。その課題案を対象の介護職員等と共有して合意し、指導目標を設定します。そして指導目標に応じた指導計画を作成します。

⑬ 結果報告／職場実習評価（第13章）

「結果報告／職場実習評価」の科目では、職場実習を通して、認知症ケア指導の方法に関する課題やあり方について客観的・論理的に考察・報告し、実践リーダーとして指導の方向性を明確にできることを目的としています。具体的には、職場実習での取り組みについてまとめたうえで実習の達成状況について自己評価し、さらにそれらを報告資料にまとめて報告を行います。また、認知症ケアに関する自己の指導の課題を把握し、今後の学習目標を明確化します。

演習 1-2 　実践リーダーとしての課題の明確化

● 実践リーダーとしての自己の強み・弱みは何かを考え、書き出してみましょう。

ポイント

・ここまで学習してきたことを振り返りながら、自己の強み・弱みを考えてみましょう。

・対人関係や修得している知識・技術、マネジメント能力等、さまざまな角度から考えてみましょう。

● 研修における学習目標を明確にし、達成するための方法を考えてみましょう。

① 実践リーダーとしての自己の強み・弱みを把握したうえで、実践リーダー研修における学習目標を立ててみましょう。

② ①の目標を達成するための具体的な方法を考えてみましょう。

③ ①と②をグループで共有しましょう。

ポイント

・強みはより伸ばし、弱みは克服できる学習目標を設定するとよいでしょう。

・グループで共有してみて、改めて気づいたことがあれば、学習目標やそれを達成するための具体的な方法を修正することも考えられます。

引用文献 ··

1） 久田則夫『福祉リーダーの強化書──どうすればぶれない上司・先輩になれるか』中央法規出版、p.18、2017 年

2） 山口晴保監、松沼記代編『明日から使える！高齢者施設の介護人材育成テキスト──キャリアパスをつくる研修テーマ 16 選』中央法規出版、pp.192-193、2017 年

3） 井上由起子・鶴岡浩樹・宮島渡・村田麻起子『現場で役立つ介護・福祉リーダーのためのチームマネジメント』中央法規出版、p.56、2019 年

4） 相澤譲治『福祉職員のスキルアップ──事例研究とスーパービジョン』勁草書房、p.81、2005 年

5） 認知症施策推進関係閣僚会議「認知症施策推進大綱」p.16、2019 年

参考文献 ··

＊ Tuckman, B. W., *Developmental sequence in small groups*, Psychological Bulletin, 63 (6)、pp.384-399, 1965.

＊ Tuckman, B. W., Jensen, M. A. C., *Stages of Small-Group Development Revisited*, Group & Organization Studies, 2 (4), pp.419-427, 1977.

＊ 岡田進一『ケアマネジメント原論──高齢者と家族に対する相談支援の原理と実践方法』ワールドプランニング、2011 年

＊ 厚生労働省老健局長「『認知症介護実践者等養成事業の実施について』の一部改正について」（令和 3 年 4 月 6 日老発 0406 第 5 号）

＊ 厚生労働省老健局認知症施策・地域介護推進課長「『認知症介護実践者等養成事業の円滑な運営について』の一部改正について」（令和 3 年 4 月 6 日老認発 0406 第 1 号）

第 **2** 章

認知症の人への共感的理解

認知症の人への共感的理解に必要不可欠となる、認知症の人の心情・心理や心理的ニーズへの理解を深めることによって、気づきを得てケアの視野を拡大する。

到達目標

1 認知症の人の心情・心理を共感的に理解し、「人としてのこころの欲求」に配慮できるチームづくりを目指す。
2 認知症観の改善の説明ができる職員を育てる。
3 認知症の人の「可能性」を理解して良いところを活かし、「人生の再構築」に寄与することの重要性を説明できる。

特に関連する章

第 3 章 認知症の医学的理解
第 4 章 認知症を取り巻く社会的な課題への取り組み

　山本さんのケアチームが担当する民子さん（82歳）の入居前のエピソードです。

　民子さんは、もの忘れが目立つようになり、離れて暮らす家族とともに、もの忘れ外来のある病院を受診しました。診断の結果は軽度のアルツハイマー型認知症でした。診察の場面での民子さんは、はじめは笑顔で「困ったことはありません」と話していましたが、医師が、80代後半の女性では約5割の人が認知症になっていること、薬や適切な支援によって進行のスピードも遅くなり、認知症になっても楽しく暮らしている人も多いことなど、認知症観の改善の説明を行い、その後、本人の想いを代弁すると、民子さんの様子が変わっていきました。

　医師が「皆さんお歳を召されると、もの忘れが多くなったり、今までできていたことができなくなったりして、自分でももどかしい、情けない、恥ずかしいと感じてしまうことが多くなります。民子さんもそうではないですか」と尋ねると、民子さんは恥ずかしそうに「そうですね」とうなずきました。続いて、「ご家族に対して、お世話になっているので申し訳ないと思っておられる方もいます。そのため、思ったことを言うことで迷惑をかけたくない、心配をかけたくない、というお気持ちになられたりすることもあるでしょう。そういう感じでしょうか」と医師が聞くと、民子さんはゆっくりとうなずき、恥ずかしそうな表情で自分の想いを認めました。

　診察の終わりに、民子さんは「ここへ来る前は来るのが本当は嫌だった。けれど、来て気が楽になった。いい話を聴けた」と話しました。医師から「自分だけでなく、多くの人が認知症になる時代だから、恥ずかしいと思わなくていい」「忘れてもいい、それより楽しみが大事」などと説明され、ほっとしてうれしかったようでした。一部の人だけが認知症になる、「何もわからなくなる」「困った人になる」といった悪いイメージどおりの人になるなどの思い込みからも解放されていました。

　その後民子さんは、もの忘れなどが多くなった自分に対して、情けない、恥ずかしいと感じていることなど、つらい想いを少しずつ吐露できるようになりました。

　診断から数年が経過し、一人で暮らすには安全面でのリスクが生じはじめた民子さんは、「この地域で暮らしたい」という希望もあり、山本さんの勤務するグループホームに入居しました。入居して3年が経過した現在では、認知症の症状も中等度に進行して、生活のなかでできないことや失敗が増え、基本的日常生活動作（ADL）にも一部介助が必要となってきています。最近は、職員の声かけに対してイライラして怒ることが多くなり、声を荒らげたり介護に抵抗を示したりすることもしばしばみられます。しかし、認知症の行動・心理症状（BPSD）は日によってはみられないこともあるようです。

　リーダーの山本さんは民子さんの想い（困惑、不安、希望など）を理解し、ユニットの職員と共有してケアの課題を見つけ、変えていきたいと考えています。

演習 2-1　認知症の人のこころを知る

● 民子さんのように、認知症の人は「困ったことはない」と言うなど、自分の困りごとを話そうとしないことが多いのはなぜか、考えてみましょう。

● 最近の民子さんのように、認知症の人が些細なことで怒ることが多くなるのはなぜでしょうか。BPSD が生じた頃の民子さんの想いはどのようなものだったのか、考えてみましょう。

● あなた自身のこれまでの「認知症のイメージ」について振り返り、言葉にしてみましょう。

● あなたが認知症の人をケアする際に大切にしていることは何でしょうか。言葉にしてみましょう。

第 1 節

認知症の人のこころを知る

1 認知症の人は何に苦しんでいるのか

1 二つの苦しみ

認知症になると、認知症の人自身は何に困り、何に苦しむことになるのでしょう。当然ですが、それがわからなければ、適切な対応やかかわりが難しくなります。認知症の人が困り、苦しんでいることには、大きく分けて次の二つがあると考えられます。一つは「認知機能低下による生活障害」、もう一つは「人としてのこころの欲求（特に対人的欲求）が満たされないこと」です。前者は見えやすく、後者は見えにくくわかりにくいものです。

一つ目の「認知機能低下による生活障害」は、日常生活動作（ADL）に支障が生じて生活が不便になり困ることです。まず、買い物、調理、掃除などの手段的日常生活動作（IADL）から障害され、認知症が進行すれば排泄、更衣、入浴などの基本的 ADL も低下していきます。この生活障害は客観的に評価が可能なものであり、介護サービスなど既存の支援によって、その苦しみをある程度軽減できると考えられます。また、日常生活において失敗が少なくなるように工夫したり、環境を整えたり、進行のスピードができるだけ遅くなるように薬物治療やリハビリテーションも行われるでしょう。これらの支援の多くは目に見える形のものといえます。

一方で、二つ目の「人としてのこころの欲求が満たされないこと」については、客観的には評価しづらく、また本人による説明は難しいため、周囲に詳細な状態が気づかれにくいものですが、人として満たされるべきこころの欲求が不充足な状態です。本人は「これまでと同じように接してくれなくなった」「相手にされなくなった」「ばかにされる」「叱られる」「自分だけのけ者にされる」などと思い、周囲の人との関係性の変化を強く感じ、これによってとても苦しむことになります。つまり、認知症と診断されたことで、いわゆる承認欲求、所属・親和の欲求などの、人として当たり前のこころの欲求（特に対人的欲求）が満たされなくなるという、非常につらい状態となるわけです。民子さんの場合も、グループホームでは「困った人扱

い」されているように感じるなど、自分への周囲の態度や言動の変化を感じて、このような苦しい状態になっているのではないでしょうか。

② 人としてのこころの欲求に目を向ける

これまで専門職の多くは、認知症の人の「認知機能低下による生活障害」による苦しみばかりを見てきたのではないでしょうか。「人としてのこころの欲求が満たされないこと」による苦しみへの理解や関心が乏しい専門職がまだまだ多いと感じます。もちろん、「認知機能低下による生活障害」も不便で困りますので、目を向けないわけにはいきませんが、本人にとってよりつらいこと、「認知症になれば終わり」「死んだほうがまし」などと考えてしまう理由としては、「人としてのこころの欲求が満たされないこと」による苦しみのほうが大きいと思われます。そして、専門職など周囲がその大きな苦しみのほうに目を向けないことによって、本人が生きる意欲や希望を失い、自暴自棄のような状態に至りやすくなるでしょう。これが不安・焦燥、混乱、易怒性、被害念慮などの認知症の行動・心理症状（BPSD）にもつながり、周囲も困る状態になります。認知症の人が自分の満たされていない欲求を伝えようとするメッセージの形がBPSDであるなら、おそらくその欲求は「人としてのこころの欲求」の場合が多いでしょう。

③ 認知症の人の苦悩と可能性

認知機能の低下を改善することは困難ですが、人としてのこころの欲求が満たされない状態は、周囲の気づきと考え方やかかわり方の変化などがあれば、改善できるものです。つまり、「変えられないこと」に多くの労力を使うよりも、「変えられること」に目を向け注力していくことのほうが合理的で重要と考えるのが妥当でしょう。

こころの欲求を満たすことは、通常、本人の意思や努力だけでは困難です。この欲求の充足については、周囲による重要性の理解や協力、特に専門職の支援がとても重要になります。専門職による本人一家族間への介入や、本人への心理的支援が適切に行われなければ、多くの場合、こころの欲求を充足することは難しくなるでしょう。そして、専門職がその力を発揮するためには、認知症の人の内面について知識を深め、本人の心情・心理の理解を進めていくことが必要不可欠となります。

こころの欲求はみえにくいものですが、この欲求の充足は認知症の人にとって生きる意味や価値に大きく影響を与えます。実際に、「認知症は不便だけれど不幸で

はない」と言う認知症の人がいますが、そう言えるのは、「人としてのこころの欲求」が満たされない状態が改善され、変わることができたからでしょう。こころの欲求が満たされることによって、認知症の人は変わる可能性があるのです。したがって、これからの認知症ケアにおいては、心理的な領域に注視して学び、その苦しみを理解していくことが重要です。そして、それに対して専門職に何ができるのかをじっくり考え、実践していく必要があります。リーダーとして、認知症の人の「苦悩」と「可能性」について、職員とともに想像力、洞察力、共感力などをみがきながら、深く掘り下げて理解していきましょう。

2 認知症の人は、なぜ、つらさや不安を語らないのか

　前述のように、認知症の人には大きな苦しみがあるはずです。しかし、民子さんもそうでしたが「困ったことはない」と言う人も多く、その苦悩をなかなか自ら語ろうとはしません。そのために、周囲の家族や専門職などにとっては、本人の本心がわかりにくくなっています。本人が語ろうとしないのはなぜなのでしょうか。その想いを語ってもらい、周囲が理解できるようになるためにも、本人が語らない理由、つまり本人のこころの状況について知る必要があります。

　民子さんの事例の診察の場面では、悪いほうに偏った認知症のイメージを改善するために、医師は次のような説明を行いました。

　「現在、女性では、80代後半で48.5％、90代前半で6～7割、90代後半以上で8～9割の人が認知症になっています。人生百年時代とも言われますが、長生きできるようになり、一部ではなく多くの方が順番に認知症になり得る時代です」

　「これまで本やテレビで紹介された認知症の人は、進んでいたり状態が悪かったりする人が多かったので、世のなかの人の多くは認知症をそういう人ばかりとイメージしています。でも実際は、認知症には見えないような、それほど悪くない認知症の人も案外たくさんおられます。きんさん、ぎんさん姉妹も認知症だったようですが、楽しく暮らしていました。実は同じように楽しく暮らしている、よい状態の人も少なくないのです」

　「これからのあなたの人生には、もの忘れが多いか少ないかよりも、楽しみや満足が多いか少ないかのほうが大切だと思います。もの忘れなど悪いところにこだわり続けるより、楽しみや満足、やりがいを増やすことのほうが大事です。もの忘れではなく、こちらのほうに目を向けていきましょう。もの忘れが多くても楽しみが多ければよいので

す。そう考えていきましょう」

　「長生きして周りにお世話になるのは、将来ご家族や私たちにもその順番が来るでしょう。だからお世話になるのが恥ずかしい、情けないということではなく、堂々とお世話になってよいのではないでしょうか。『忘れるからよろしく』『できなくなるから頼んだよ』という感じでよいのではないでしょうか。将来もっと長生きできる可能性の高いお子さん、お孫さんが同じ思いをしないためにも、ご子孫や私たち日本人の将来のためにも堂々としていただきたい。よろしくお願いいたします（と頭を下げます）」

　「人生百年時代に向かい時代が変わっていくなか、認知症の考え方、とらえ方も変わっていかないといけないと思います。そうでないとみんなが順番に苦しむことになります。下を向いて生きるのではなく、前を向いて生きていけるようにしていきましょう」

　事例では、以上のような認知症観の改善の説明をした後、民子さんの心情の代弁を試みています。代弁する前に、認知症観の改善の説明を行うことによって、民子さんの不安が減少して気持ちが少し楽になり、恥ずかしさなどネガティブな感情も軽減していたと思われます。したがって、自分の気持ちを表に出せるハードルが自然と下がり、医師の代弁に対しても自分の想いを隠そうとするのではなく、代弁内容を認めることができています。そして、自分の想いを少しずつ語ることができるように、民子さんは変化していったといえるでしょう。

3　認知症の人のこころを知るための視点

　認知症の人のこころを把握し理解していく際の視点として、①認知機能障害、②心理的防衛機制、③心情の3点からのアプローチを行うことが重要と考えています。認知症の人のこころに影響を与えるものには、ほかにも、身体合併症、薬剤、体調の変化、物理的な環境、性格傾向、生活歴などがあり、これらの状況の情報収集やアセスメントももちろん必要です。しかし、ここでは本人の心理状況の理解を深めていくために重要となる、この三つの視点を中心に説明していきます。

1　視点1：認知機能障害

　認知症の人には記憶障害、言語機能障害などのさまざまな認知機能障害がみられます。

　記憶障害では、忘れたことも忘れたり、出来事があったこと自体を忘れてしまっ

たりもします。しかし、多くの場合、体験に関するすべての記憶が完全に失われるわけではありません。例えば、体験の全体的な印象やそのときの相手の印象は残っていることがあり、すぐには思い出せなくても状況によってその想起は可能な場合が少なくありません。したがって、記憶障害だけによって、つらさや不安などを語れないわけではないと思われます。

言語障害（失語など）によっても話しにくい状況とはなりますが、かなり重度の状態にならない限り全く何も話せないということはありません。もちろん、思ったことを表現するのに適切な言葉がなかなか浮かんでこなくはなります。また、言い間違えたりすることで「注意されるのではないか」「変に思われるのではないか」などと思ってしまい、話すのを躊躇することもあるでしょう。しかし、それは言語障害によって話せないのではなく、話さないようにしているということです。

つまり、認知症の人が本音や苦しい気持ちなどを語れない理由は、「認知機能障害」だけではないと考えられます。

② 視点2：心理的防衛機制

認知症の人の多くは自分のもの忘れや失敗などをあまり認めようとしなくなります。間違いやできていないことを指摘されても、それを否定したり自分とは関係ないように言ったりすることもあります。周囲の善意からの助言や指示にも拒否的になることもあります。そのような言動や態度は、周囲の支援者や家族などには、自分の状態に対する認識力が低下し、自覚がなくなり簡単なこともわからなくなったようにみえてしまいます。

認知症の人は記憶障害など認知機能障害もあるため、指摘された事実の是非の認識が難しくなることは否めません。しかし、その事実を強固に認めようとしない、あるいは善意の助言にも反発・拒否するなどの態度は、認知機能障害だけでは説明が難しいと思います。そして、認知症になる以前は勘違いや失敗などがあっても素直に過ちを認めていた人でも、認知症になるとそうでなくなる人が少なくはありません。これはなぜなのでしょうか。

人は誰でも失敗が続いたりして自信やこころの余裕が低下すると、言い訳をしてしまうなど自分の誤りに向き合いにくくなります。そして、些細なミスを指摘されただけで、まるで自分自身を否定されたように感じてしまうようにもなるでしょう。すると、自分以外の何かや誰かに失敗の理由を見つけて、自分の責任を回避しようとするようになります。これは、不安が強くなり自分がその状況を受け入れら

れなくなってきた際に、その強まった不安を軽減しようとする無意識のこころの防御反応で、「心理的防衛機制」といわれています。この「心理的防衛機制」は、強い不安によって誰にでも生じ得るものです。

　認知症の人も、もの忘れや失敗などが増えてくると、はじめは自分でもおかしいと感じるようになります。自分でも気をつけて忘れないように、失敗しないように努めますが、それでも、もの忘れなどが繰り返され増えてくることになります。すると、自信やこころの余裕がなくなり不安がだんだんと高まっていきます。そして、これまでには考えられないようなもの忘れや失敗をするようになって、不安が非常に強い状態に至り、不安が強い分「心理的防衛機制」がより強くはたらくようになると考えられます。自分のだめな部分を受け入れられる限界を超えるほどにまで不安が強まるのです。

　その結果、「もの忘れは歳のせいだから、気にするほどではない」「ほかのことはやれているから大丈夫」などと考え、自分の能力低下を過小評価し、そこに向き合うことができなくなっていきます。不安を高めるもの忘れや失敗など自分にとって不都合な事実を認められなくなるのです。民子さんが「困ったことはない」と言ったのも、不安が強まっていたためかもしれません。そして、周囲からの指摘や助言に対しても否定的、拒否的になってしまいます（この指摘などは不安をさらに増強させます）。本人は潜在的な不安が強く苦しい状態であるにもかかわらず、周囲から見れば自覚や病識がないように見えてしまい、「周りは大変だが本人はあまり困っていない」という誤った考え方が生じてしまう背景には、このような状況があるのです。

　「心理的防衛機制」を生む不安の増強要因には、性格傾向、周囲の人との関係性、認知症観などがあげられます。性格傾向は変えられませんが、変えられる可能性があるものとして、まず周囲の人との関係性があります。家族や専門職などふだんかかわる周囲の人の言動や態度によって、不安が強まる場合とそうでない場合が出てきます。もし、もの忘れなどへの指摘や注意などが強く、頻繁であれば、その分本人の不安が強まり「心理的防衛機制」も強まるでしょう。また、世間に多くみられる認知症観の過剰な悪さがあると、その悪すぎるイメージ、偏見を自分にあてはめて、自己像や自己将来像が非常に悪化するため、不安がとても増強します。したがって、これによっても「心理的防衛機制」が生じ、強まりやすくなります。実際に多くの認知症の人が、自分のなかにある偏見によって自分が苦しんでいる状態です。しかし、認知症観を改善する適切な説明（p.24 参照）やピアサポート（p.34 参

照) などの心理的な支援によって、認知症への誤解や偏見を解き、認知症観を適切なものにすることは可能となります。

　つまり、周囲からの指摘や注意の抑制・防止や認知症観の改善などによって、「心理的防衛機制」は弱まると考えられます。

③ 視点3：心情

　認知症の人をケアする際、そのこころを知る点で最も重要なのは「心情」であり、三つの視点のなかで、変えられる可能性が最も高いのも心情といえます。しかし、認知症の人は想いを語ろうとしないことが多いため、周囲には心情がつかみにくく、またこの心情自体によって周囲に想いを語りにくくなっている面があります。

　そこで、まず認知症の人に多くみられる心情を理解し、そして個々の人の心情を想像・洞察する能力を身につける必要があります。また同時に、本人との信頼関係を構築し、周囲のかかわり方と認知症観の改善を図ります。そのうえで、心情の代弁を試みる、ピアサポートを利用するなどのアプローチを行って、想いを打ち明けやすい状況をつくっていくことが求められます。このような支援によって、語ってもらうだけでなく、苦悩する心情を和らげていくことが認知症ケアにおいて非常に重要です。

　専門職が知っておくべき認知症の人の「心情」について説明します。

自尊心の傷つき、羞恥心

　認知症の人の心情として、まず能力と自信の低下からくる自尊感情の低下や恥ずかしさがあげられます。失敗体験や周囲からの指摘などによって、恥ずかしい、もどかしい、情けない、くやしいといった気持ちになるでしょう。羞恥心や自尊心が傷つくことによって、自分の能力低下の状態について話すのをためらうなど、表現しにくく伝えにくい状況になると考えられます。

　また、認知症の人は何事にも不確かな感覚があり、事実とずれたことを言ってしまい、指摘され、さらに傷つき、恥ずかしい体験をするのではと恐れ、話すことを控えている人もいると思います。

負い目、罪悪感

　認知症の人は家族に負担や迷惑をかけていると感じると、「申し訳ない」など、負い目や罪悪感をもつようになります。すると、自分の困っていることやつらい気

持ちなどについて語りにくくなってしまいます。自分が言ったことで、さらに家族に負担や迷惑をかけてしまうのではないかと思う人もいるでしょう。

緊張感、周囲からの圧迫感（言いにくい雰囲気）

　よく知らない慣れない場所や初めて訪れるところなどでは、緊張感をもちやすくなります。また、一緒にいる人によっては圧迫感を感じることもあり、話しにくくなることもあります。

あきらめ、孤立感、無力感

　「どうせ自分が話してもわかってはくれないだろう」「自分は相手にされないだろう」「言っても『大丈夫ですよ』などと言い含められる」など、あきらめや孤立感、無力感を感じている人は少なくないと思います。

警戒心、猜疑心

　うっかり話すと、「どう受け取られるかわからない」「叱られるかもしれない」「うまく伝わらず変にとられてしまうかもしれない」「下手をすると施設に入れられてしまうかもしれない」などの警戒心や猜疑心（さいぎしん）などをもってしまう人もいます。家族を信用できないというわけではなくても、不確かさや不安のため、このように感じてしまう場合があるでしょう。

愛情、親切心

　「心配させたり負担をかけたりするのはかわいそう」「自分が我慢すれば周りは助かるはず」などと感じ、家族など周囲の人への愛情や親切心をもっていて、自ら語ろうとしない人もいるでしょう。

　以上のように、認知症の人にはそれぞれに、さまざまな心情が隠れていると思います。認知機能障害や心理的防衛機制とともに、これらの心情によっても本人が想いを表現しにくくなるでしょう。また、これらの心情の多くは本人にとって大きな苦しみとなりますので、これらを少しでも和らげることができる専門職や周囲の人、環境を増やしていくことが求められます。

認知症の人の想いを聴く

1 初めて出会うときからの心構えとかかわり方

1 認知症の人は敏感で傷つきやすいことに配慮する

　認知症の人は、一見ぼんやりしているように見えたり、会話で返答がなかなかなかったりするなど、周囲の状況に対し鈍感に見えてしまうこともあるでしょう。しかし、認知症を発症してから失敗などを繰り返し、また周囲から指摘や注意を受けることなどによって、認知症の程度にかかわらず周りの目を気にしていることが意外と多いのです。ちょっとした指摘で急に怒り出すなど、過度な反応をすることがあるのもそのためで、周囲が自分をどう見ているかについてはむしろ敏感になっていることが多いといえます。

　敏感になっているため、何でもないような周囲の態度や言動で、不機嫌になったり、反対に上機嫌になったりすることが多くなります。例えば、専門職が本人と家族と同じ場所で話をしている際に、うっかり家族とばかり話をしていると「自分は相手にされていない」などと感じ、自尊心が傷つき不機嫌になる場合があります。したがって、特にはじめのうちは家族のほうを向かず、本人のほうだけを向いてしばらく話を続けるよう心がけます。

　また、「困ったな」という表情で接すると、認知症の人は「困った人扱いされている」と感じることが多くなるでしょう。そして、助言や励ましの言葉のつもりでも、本人にとってはふれられたくないところを指摘されることになり、自分がだめと言われているような気持ちになることがあります。すると、自尊感情が傷つき、いら立ちが強くなり怒りっぽくなったり、気分が落ち込み意欲や活動性の低下にもつながったりします。それを「認知症による焦燥、易怒性、抑うつ、意欲低下」などとすませてしまってはいけません。その原因は認知症というより周囲のかかわり方にあるのです。これらのことを十分理解し、配慮してかかわることがとても重要です。そうでなければ、気づかぬ間に本人との関係性が悪化してしまい、想いを聴くどころか介護することにも困難が生じてしまいます。

認知症でない人でも、失敗が続き自信が低下すると、周囲の視線や評価が気になり、それに対して敏感になると思います。それと同じことが認知症の人にも起こるのです。第1節でも述べたように、認めてもらいたいなどの人としての対人的欲求は、当然、認知症の人にもあります。それがふだん満たされていないことが多い分、その欲求が認知症でない人よりも強くなっているともいわれています。したがって、認知症でない人よりもより慎重に、最初の出会いのときから自分の発言や表情・態度に気をつけて接していかなければならないのです。そして、自尊感情の傷つきやすさに配慮し、もの忘れ、勘違い、失敗やできていないことに対する助言、指摘・注意、指示など、能力低下を示唆する発言を可能な限り控えます。ほかの周囲の人にもそう心がけるように求めます。これがまず、かかわるうえで重要です。

② 認知症の人との信頼関係を構築する

認知症の人は、日常生活のなかで失敗や勘違い、およびそれらへの他者からの指摘などの体験を繰り返しており、認知症が進み、以前の自分とは違うという感覚をもっています。そして、自信の低下と周囲との関係の変化により、劣等感、疎外感、孤立感などを感じ、本人が意識せずともすでにこころに壁をつくってしまっている人が多いと感じます。自尊感情も傷ついている人が多いため、こういった認知症の人特有の心情・心理についてもしっかり理解し、それに対して十分に配慮する必要があります。そうでなければ、信頼関係は構築できず本人の想いも聴けるはずがありません。

初めて会って話をする場合、例えば質問をして返答があった際には、「ありがとうございます」と感謝の言葉を笑顔で、繰り返し本人に示すのがよいでしょう。質問に答えられなくても、「皆さんなかなか答えられないことが多いです」「お歳を召されれば、すぐには答えにくいです」などと声をかけ、劣等感、失敗感などができるだけ残らないように配慮します。反対に、うまく答えられた場合は賞賛の言葉をかけます。そうすれば自然と、自分が軽んじられているのではなく、尊重されていると感じやすくなります。自分を大切にしてくれていると感じる相手には、信頼感をもちやすくなるでしょう。

たとえ本人の言うことに誤りがあっても原則的には指摘をせずに傾聴し、言おうとしていることやその言葉の背景を想像します。そして、その発言をするときの本人の感情を受け取り、トーンや表情にも気をつけながら共感する気持ちを表す言葉を相手に送ります。これらを繰り返しているうちに、本人の緊張感、警戒感、疎外

感、孤立感などは薄らいでいきます。また、本人のことについて家族へ質問する際には、その前に本人に了解を得ます。これによっても「自分を尊重してくれる人」と認められやすくなります。

　以上のように、「自分のことを大切に扱い理解しようとしてくれる人」として、まず本人に認められ、信頼関係を構築していくことが大切です。そして、安心して話ができる人と思ってもらえるように努めていきます。そのうえで、本人がどのような人かを知ろうとする姿勢でかかわります。このような人が会話の相手であれば、認知症の人も本心を語りやすくなるでしょう。

③　本人の楽しみやよいところを活かすよう心がける

　認知症の人も周囲の人も、本人のできなくなったことなど悪いところ（能力低下）ばかりが気になり、そこばかり見てしまうことが多いでしょう。したがって、その狭くなった視野を広げ、能力低下へのこだわりを和らげ、本人の悪化した自己イメージや自己将来像も修復できるように支援していくことが求められます。

　そのためには、はじめに認知症観の改善の説明（p.24参照）を行うことが必要です。そして、それとともに、次のことを心がけます。

　まず、本人ができていることに対しては、できていることをしっかり伝える、褒めるなどポジティブなフィードバックを行います。それによって、自分がまだまだできる、そして周りからある程度認められているということを実感できるように図ります。また、何かできることや得意なことを役割として担ってもらい、それに対し感謝や賞賛の言葉を繰り返し伝えるようにします。そうすれば、自分が必要とされている、役に立っている、認められているなどと感じ、低下していた自己評価や自己効力感が上向きます。これによってもネガティブな感情が和らぎ、周囲との関係性や意欲・活動性が改善していくでしょう。本人とのコミュニケーションや介護の実践に関してもよい状況が生まれます。本人が想いを表出しやすくなるでしょう。

　次に、本人が楽しいと感じること、うれしいこと、心地よいこと、やりがいを感じることなどが、本人の人生をよいものにするために非常に重要であることを理解し、こちらにもしっかり目を向け視野を広げるよう心がけます。楽しみや喜びがあるから、認知症になっても生きていてもよいと思える気持ち、生きる元気や前向きな気持ち、あるいは人生に希望を感じる明るい将来像が描けるのです。楽しみや喜びを見つけて、ケアに活かすことが大切です。

　もの忘れが増え能力が低下しても、楽しみなどは増やせます。重度の人でも、五

感を活かせば心地よい、うれしいと感じることはあるはずです。例えば、マッサージを受けて気持ちよさそうな表情になる人、好きだった曲を聴いて笑顔になる人や涙を流す人もいます。楽しみや喜び、満足できることなどを、さらに体験できるように増やしていけば、本人の生き生きと生きる活力、そして豊かな人生や幸福感につながります。また、本人のこころが安定して認知症の行動・心理症状（BPSD）は改善に向かい、自分の楽しいことやうれしいことを提供してくれる周囲との関係性はもちろん改善するでしょう。能力低下よりもこちらを注視すれば、一石二鳥以上の効果があるということです。

　以上のことを理解し、自ら実践していきましょう。そして、これらについて本人と家族、ケアチームのメンバーなど周囲の人にも説明し、実践してもらえるようにはたらきかけます。

4　本人の想いを代弁し「語り出し」を促す

　認知症の人に特有の心情・心理を知り理解できれば、次は認知症の人にどのような想いや心理的体験があるのかをそれぞれに想像し、洞察していきます。

　そして、その心情や体験に共感を示しながら、想いの代弁を試みることによって、想像したことが合っているのかどうかを確かめるように努めます。民子さんのように、代弁した内容を聴いて本人が（恥ずかしそうに、あるいはうれしそうに）うなずいていたり、代弁内容と同じような気持ちであるのかを尋ねて「そうです」などと肯定すれば、想像したことが事実であるということでしょう。そして、すでに本人との信頼関係が構築され、かつ本人の認知症観が改善されていれば、能力低下に対する自分の想いを表現するハードルが下がっているはずです。認知症の自分への恥ずかしさや情けなさなどの心情があるため、はじめは症状や本当の想いを隠そうとする人が多いですが、認知症観の改善によって自己イメージも改善することによって（さらに能力低下を示唆する周囲の発言がなくなることで）、それらの心情が軽減するからです。これまで語ることを躊躇していた自分の想いを代弁された後、恥ずかしそうにそれを認める発言をしたり、自分の想いをぽつぽつと語りはじめるようになったりする人も少なくありません。

　以上のように、本人が語ることができるところは語ってもらえるように、「語り出し」を促す環境づくりが重要です。また、次の「ピアサポート」によって、さらに想いを語りやすくなる人たちもいます。

2 認知症のピアサポート

1 認知症のピアサポートとは

　ピアサポートのピア（peer）は仲間、同輩、対等者を意味します。ピアサポートとは、同じような立場にいて、同様の経験や課題をもつ者同志がお互いを支え合うことです。日常の悩みや相談ごとなどを素直に話し合い、お互いにカウンセラーのようになってサポートし合います。

　認知症の人のピアサポートにおいても、認知症の当事者同士という立場で、その体験や不安、悩みなどを共有していきます。そして、本音で語り合えて互いの想いに共感することができ、自分がありのままでいられるような環境や仲間を得られるようになります。また、認知症とともによりよく生きていくための知恵など、自分の生活に役に立つ情報を得られるという点でも、認知症の人にとって有益なものといえるでしょう。

　認知症のピアサポートは認知症の人への非常に有効な支援方法として、近年メディアでもよく取り上げられるなど、関心が高まってきており、今後のさらなる発展が期待されています。

2 認知症のピアサポートの実践

　認知症のピアサポートにはさまざまな形がありますが、認知症カフェや認知症本人ミーティングなどの交流の場で行われていることが多いと思います。しかし、全国に多くある認知症カフェのなかでピアサポートの場になっているところ、すなわち本人同士が認知症になって感じることや悩みなどを話し合える場はまだ少なく、これからの大きな課題です。

　筆者の勤める病院では、2014（平成26）年から認知症カフェでピアサポートを行っています。そして、2017（平成29）年からは、認知症カフェ利用者であったAさんを当事者相談員として非常勤雇用し、個別の相談を行う「ピアカウンセリング」という形でのピアサポートも開始しました。Aさんは2015（平成27）年に認知症と診断されて、うつ状態となり、3か月で体重が20kg以上低下するなど、苦しい時期を体験しました。当時の自分の苦しい体験を、訪れた認知症の人に語ることからピアカウンセリングがはじまります。Aさんの話に多くの認知症の人が共感し、なかには涙を流してうなずきながら聴く人もいます。

3 事例：ピアサポートによって、前を向いて生きていけるようになったBさん

　Bさん（60代、男性）は、2015（平成27）年に軽度認知障害と診断され、その約2年後に認知症に移行しました。2020（令和2）年の春に筆者の勤める病院を受診した際には、すでに認知症は中等度レベルとなっていました。前医で認知症の告知を受けていましたが、初診時には「認知症」ではなく「軽度認知障害」という言葉を使って自分の病気について説明していました。また、もの忘れについても「そんなに困るほどと思わない」と話しました。ところが、同じ頃の日記には、以下のように認知症に対する不安がたくさん綴られていました。

　当院受診の少し前の日記です。

> 今日は朝から いつもと違っていた、ゴールドエッグに 辿り着けないのである。
> 目の前にある ゴールドエッグ 簡単な道 だが念の為3度も確認の為に 佇たのに。
> いざ旧おりに行こうとしても 行けない。目の前の山に行けない。
> 　認知症の 恐怖を味わった、頭が張り裂けそうであった。
> 今から また、沢山の 恐怖を味わうのだろう、みんなには分ってもらえない世界が待っていると思うと 冷汗が流れる。

　目的地にたどり着くことができず困ってしまい、認知症への恐怖を感じていることが明確に述べられています。

> しかし、最近の物忘れは酷いものがある、また漢字が書けなくなったも
> 辛いものがある。俺は一体どうなるのだろうか、不安で一杯である。

　ここでも、もの忘れの自覚ははっきりとしています。将来に対する不安も記されています。しかし、初診時には本人はもの忘れはたいしたことがないように話し、自覚や病識がないように見えていました。このように、認知症の人には本心を語りにくい状況や心情が隠れていることを知る必要があります。自覚がないと決めつけてはいけないということです。

　次に、当院初診から少し後の日記です。

話が あわない。
かんじが かけない。

人と話をしていて、話が合わなくなった。
普通に話をしているのに、いつの間にか ずれてくる。

今の話をしているのに、いつのまにか 何年も前の話をしている。
時の 感覚が、ずれてくる。
最近

金せん かんり 能力がない。

かんじが かけなくなった。

　この頃には、認知症やもの忘れのひどさを外来では隠さなくなりましたが、診察時に「認知症は治らないのですか」という質問をするなど、認知症に対する不安やとらわれがまだ非常に強いようでした。

　初診から2か月あまりが経ち、認知症カフェでのピアカウンセリングを開始しました。認知症カフェで当事者相談員のAさんが認知症発症時からの自分の体験を話すと、Bさん自身はほとんど語ることはありませんでしたが、熱心に聴き入っている様子でした。また、Aさんが「認知症になっても、できることを楽しんだらよい」と話すと、何度もうなずいて「すばらしい」とひと言、言葉も発していました。

　2回目の認知症カフェ参加時には、少し会話量が増えました。Aさんのつらい体験話に「落ち込みますね」と言い、「（診断後）半年は落ち込んだ」「体重が25kg落ちた」などという話には、「へぇー」「そうなんですか」と返していました。そして、「認知症とはこういうことかとわかってきたら、今からでも自分にできることをやっていこうと思った」「自分らしい人生をつくっていく。認知症でもできることはある」などのAさんの前向きな話には、「こういう話を聴けたらすごい勉強になります」「私も認知症と言われて落ち込んでいましたけど、こういう話を聴いたら元気をもらえる」「また頑張りたい」などと、笑顔で発言していました。

　そして、認知症カフェでのピアサポートを開始して約3か月後の日記の記述です。

> にんちしょうに なって 良かった こと。
> 妻の やさしさに ふれた こと。
> 友人が ふえた こと。
> 人の いたみが わかった こと。
> いっぱい あるものだ。
>
> 私は 人の 心の いたみを 感ずる人に なりたい。

　開始3か月後には、このように認知症に対するイメージが大きく変わっていました。診察時にも、「カフェに行くようになって、認知症が怖くなくなった」「自分が変わったようにも思う。偏見があった」などと語るようになっていました。

　そして、認知症カフェ参加の約5か月後の日記には次のような記述があります。

> 私は 私を ひとつ こえた気がする。
>
> いつの間にか、私の回りに 人がふえている。
>
> いつの間にか、友人に やさしくなっている

　認知症になっても、自分をある程度受け入れられ、自分にも周囲にも寛容で優しくなっている様子がこの文からもうかがえます。認知症カフェでは、「最初、認知症になったときは、自分もつらかった」「訳がわからなくてすごく落ち込んだ」「かなり不安でつらかった時期があった」「どこにどう言うといいのかもわからなかった。一人で悩んでいた」などとほかの認知症の人に語り、体験を共有するようになっていました。また診察時にも、認知症診断後に絶望状態のような気分の落ち込み、不安や悩みがあったことなど、自分の心情について率直に話すようになりました。

　以上のように、ピアサポートによって認知症から生じる苦しみが和らぎ、認知症という能力低下がある自分に対しても自己否定感が弱まり、逆に自己や周囲の人へ

の肯定感が高まったと考えられます。そして、以前には語れなかった、つらい想いなどの本心を語れるようにもなっています。認知症の人には変わることができる「可能性」が本来あり、それがピアサポートによって引き出され活かされたということでしょう。

④ 認知症のピアサポートの意義

あきらめが期待に変わる

　認知症のピアサポートの意義は、まず当事者でないとわかり得ないところがあるという点です。特にはじめのうち本人は支援者に対して、話をしてもどうせわかってはくれないだろうと、あきらめてしまっていることが多いと思います。このあきらめの背景には、支援者側の心情・心理への理解が不足していることもあるでしょう。そのために、認知症の人が支援者に対して、こころの壁をつくってしまうことになります。認知症の人のこころの内面を理解している、あるいは理解しようとしている人が、専門職においてもかなり少ないという現状があり、これによって周囲へのあきらめ感が強まります。この現状は決して好ましくはありませんが、その分ピアサポートの意義や価値はより高くなるといえるでしょう。

　一方、本人同士であれば、話をすることで「わかってもらえるのではないか」「わかり合えるのではないか」という期待感へと変わるでしょう。同じ当事者の体験や想いなどを聴き、「つらいのは自分だけではない」と感じることができ、孤立・孤独感や不安が軽減し、反対に連帯感、安心感をもてるようになっていきます。すると、もの忘れやできなくなったことへの不安や執着が少し和らぎ、受け入れがたい能力低下への強いこだわりやとらわれからも、Bさんのように解放されやすくなります。

希望や元気をもらえる

　次に、新しく参加する認知症の人が、ピアサポートによって元気になった人を見ることで、希望や元気をもらえるようになるという意義があります。これまで自分の悪いところばかりにとらわれ、自分のイメージもかなり悪化していた人が、「自分もこうなりたい」と思えるような姿を見て、「自分もなれるのではないか」と可能性や希望を感じ、勇気づけられるのです。そして、気持ちが前へ向きはじめ、自分のイメージがよいほうに変わっていくのではないかと思います。「だめになった

のは自分の一部でありすべてではない」と感じられるようになり、「自己価値の喪失感」による苦しみからも解放されていくでしょう。このように、ピアサポートには、次々と希望や勇気をつないでいける可能性があるのです。

人生の再構築の起点になる

また、ピアサポートの場では、これからの人生や生活などの考え方や過ごし方について、当事者同士で話し合い、折り合いをつけていっているという状況がみられています。認知症とともによりよく生きていくための術を、自然と本人同士で相談したり語り合ったりしている場合があるのです。このような場によって、前向きな人生への転換や自分なりの生き方の獲得が可能となり、「人生の再構築」の実現も不可能ではなくなります。その起点ともなり得るでしょう。

専門職にとっても気づきの場となる

さらに、ピアサポートの場は、当事者以外の専門職や家族にとっても、気づきや学びの場となる貴重な存在です。ここでは、当事者本人がこころの内面を表出するハードルが低下します。すると、当事者自身がふだん感じている想いや困りごとなどを率直に語ったり、表情や態度に現わしたりします。そのため、その場にいる専門職や家族が本人のこころの状況の理解を深めやすくなり、新たな気づきも生まれることにつながるのです。本人の本音やそれに近いところについての会話もしやすくなります。そして、本人と専門職の間にあるこころの壁が以前より低くなり、本人は専門職にも想いを語りやすくなり、専門職は本人の視点や立場から考えやすくなるでしょう。このように、ピアサポートの場をつくることは、専門職にとってもとても重要であるといえます。

リーダーとしての役割

1 家族へのかかわり

1 家族の心情・心理と言動の理解

　本人が認知症と診断されれば、家族にも不安感、葛藤、失望感、焦燥感、疲弊感、怒り、被害感、孤立感、悲哀感、抑うつ感、無力感、罪悪感など、さまざまな否定的感情や情緒的混乱が生じます。

　家族がもっている認知症のイメージ（認知症観）も本人と同様に実際より悪いことが多く、その場合は認知症やその進行への不安がとても強くなるでしょう。その強まった不安によって焦りも生じ、注意や叱責などを繰り返してしまう家族がしばしばみられます。家族が「悪くならないように」と願い、よかれと思ってしていることが、現実には多くの場合、本人の不安、焦燥や混乱を高め、症状をより悪化させてしまうことになるのです。しかし、この状況への介入や支援がないために、本人の心情・心理を理解できず失敗を失敗とも気づかずに、不適切な言動を続けてしまっている家族が少なくありません。

　したがって、まず強い不安の原因となる、過度に悪い認知症観の改善への説明（p.24 参照）が、家族にも重要かつ有効となります。これらの説明を受けて、「気が楽になった」と言う家族も少なくありません。家族の否定的な感情や混乱が緩和し、認知症への受け入れにも向かいやすい状況となるでしょう。

　また、家族が認知症に対して、自分も将来なり得るものとして自分自身の問題としてもとらえられると、本人の立場に立って考えやすくなります。これによって本人への支援が進みやすくなります。

2 家族への説明・指導の際の留意点

　専門職には、家族が自分の言動の影響や認知症の人の心情・心理などについて十分に理解できるように、家族に対して適切に説明・指導し、かかわることが求められます。このとき、家族の状況や心情に対しても、十分に注意や配慮をする必要が

あります。家族によっては、すでに本人との関係が悪化するなど、負担感が非常に強まっている場合があります。そのときは、はじめから本人の心情の説明をするのは避けるほうがよいこともあります。

　家族の状況で、まず確認・把握しておくものとして、本人との人間関係のよし悪しや負担感のほか、家族の性格、理解・判断力、認知症観、介護観、人間観などがあります。その状況に合わせて、家族への説明や指導の内容を変え、押し引きもしながら進める必要があります。

　個々の家族の心情は、個人差はあってもさまざまな否定的感情や悩み、苦しみがあることが少なくないでしょう。まずこれらの理解に努め、そして理解しようとしていることが家族に伝わるように会話を進めます。家族の気持ちが支援者から離れていかないように、本来は認知症の人に対する不適切な言動であってもその指摘はしばらく控えることもあります。そして、その言動をしてしまう家族の不安やつらさに共感を示すとともに、「悪くなっていかないように」といった善意で行っているということを肯定的に評価し、それを家族に伝えます。そして、家族の立場や気持ちも理解している支援者として、まず家族に認めてもらうよう努めます。

③　認知症の人と家族が同じ方向を向き、よい状態になるように

　家族による指摘や注意と本人の認知症の行動・心理症状（BPSD）の悪化は、互いにそれを強め合うことが多いです。そして、ストレスのぶつけ合いになり、互いのこころがどんどん離反し介護破綻も生じやすくなります。したがって、可能な限り早い時期に、専門職による適切な介入が望まれます。早く介入できれば、家族の負担感や葛藤などはまだあまり強くないことが多いため、本人のつらさや苦悩などの心情について説明することもできます。また、家族の言動やかかわり方によって、認知症の人の症状が大きく変わることへの理解も得られるでしょう。

　その際には、家族の指摘や注意の背景にある善意を代弁したうえで、「もの忘れや失敗が増えれば、本人も家族も、今のこのような状態になるのが普通」であり、「本人も家族もどちらも悪くない」と強調して双方に伝えます。そして、「どちらも悪くないのに、すれ違いが起こっているのでそれを解消すべき」と家族に協力を求め、「このままだと、互いのストレスをぶつけ合ってそれが強くなり、介護破綻など大変な状態になる」「今後の家族自身のためにも、指摘や注意はなるべく控えるのがよい」などと説明し、家族の不適切な言動の抑制や増大防止を図ります。

　家族は、認知症の人に対して注意や叱責をした後に、罪悪感など負の感情をもつ

ことが少なくありません。それが家族自身の自己否定感や介護否定感につながり、負担感が増すことになります。しかし、もし家族が、もの忘れなど悪い部分ばかりを見るのではなく、本人の楽しみや満足を感じることなど、よいことのほうに目を移し、本人に提供できれば、家族自身の満足感、自己肯定感、介護肯定感につながるでしょう。そして、本人の満足感など肯定的感情も生まれ、本人の心理状態や家族との関係が改善に向かうでしょう。したがって、本人との悪い関係や強い負担感がすでにある場合でなければ、家族に本人のよい部分を活かしていくよう伝えることが大切です。それによって、本人と家族が同じ方向を向けることになり、また双方の満足感、幸福感、心理的安定などにつながっていくことを家族に説明します。

2 ほかの職員へのはたらきかけ

1 認知症の人の視点に立つ

　リーダーは、認知症の人をケアする者としてのあるべき姿を自ら実践して示すことが重要です。そのために、まず認知症の人の視点や立場に立つ必要があります。

　認知症ケアを難しくしている根本的な理由は、多くの場合、本人の視点や立場に立てていないことにあります。そのために本人のこころへの理解が、喜怒哀楽などの外面的で浅いレベルにとどまっていることが少なくありません。本人のこころの内面の奥を想像し、その想いに共感や配慮ができていない専門職が多い現状があります。そして、よりよいケアに必要な気づきやアイデアが得られず、認知症の人の介護に本当のやりがいではなく困難さを抱えてしまっています。これはとてももったいないことです。

　認知症の人の視点や立場に立つことができれば、認知症の人に対して自分たちができることや変えられることが案外多くあると気づき、専門職として成長できるはずです。周囲の困りごとや身体介護ばかりに目を向けるような視野の狭いケアのレベルから脱却しなければなりません。そして、チームメンバーがそうなるように、リーダーはまず自分がその見本を示していきましょう。

2 認知症観や認知症の人への認識を振り返る

　現実には認知症の人の視点や立場に立つどころか、自分のなかにある認知症の人

への「負のレッテル」にまだ気づいていない専門職が少なくありません。認知症の人の感じる力や理解力などの能力や変化する可能性を、実際より低くみていることが多いと思います。例えば、つらい想いを語ろうとしない多くの認知症の人に対して、「つらくて不安なはずなのにどうして話してくれないのだろう」と疑問を感じない専門職は、おそらく「本人は何もわからなくなっている」などの「負のレッテル」を貼ってしまっているでしょう。また、認知症の人に対し「自覚がない」と思っている専門職は、「自覚がない」のはどちらなのか考え直してみる必要があります。そして、専門職が自分を省みて自身の「負のレッテル」に気づいて自覚し、自らはがしていくことが、本人の視点や立場に立ったよいケアへの出発点となります。

③ 職員の共感的理解を促す

　認知症の人の視点や立場に立ってケアするということは、「周囲の人の困りごと」ではなく「本人の困りごと」を解決していくことでもあります。本人が何に困り苦しんでいるのかを知り、生活障害だけでなく「人としてのこころの欲求」にも注視します。本人の「人としてのこころの欲求」が満たされていない現状を改善するためには、以下のことを十分に理解し、ほかの職員に適切に説明できることが求められます。

● 認知症の人の心情・心理と人としてのこころの欲求
● 認知症観の改善のための説明
● 周囲からの指摘や注意を控えることの重要性
● 本人の楽しみやうれしいこと、やりがい、役割などの重要性

　認知症の人の心情・心理に対して、チームメンバーの共感的理解が進んでいくように、まず自分が認知症の人の不安や自尊心の傷つきなどの心情・心理やその苦悩について理解していきます。そして、ほかの職員に伝わるように説明し、さらに実践に活かす方法について、一緒に考えていくことが重要です。ほかの職員の共感的理解を進めるためには、例えば、認知症になるとなぜ失敗を認めなくなるのか、なぜ易怒的になるのかなど、認知症の人の言動、あるいは BPSD の背景にある心情・心理について、チームで話し合うことがよいと思います。

　認知症の人の心情・心理の理解を促すとともに、認知症の人へのケアにおいて何が重要で優先性が高いかを説明し、理解を促すことも大切です。これは「人としてのこころの欲求の充足」への支援（p.23 参照）などのことです。みえにくいもの

ですが、本人への心理的支援について、その意義や重要性を十分に理解して実践しながら、ほかの職員にもわかるように説明する必要があります。

その際には、専門職の支援によっても、「変えられないこと」と「変えられること」があることを共有するのがよいでしょう（p.23参照）。この考え方の重要性を理解し、実践のなかで互いに伝え合えるようなチームの文化を醸成していきましょう。

ほかの職員の変化や成長を促すためには、以下のことについて自ら実践できるよう努め、その努力や姿勢を示していきます。そこから各職員が大切なことを感じ取り、ともに考え前進できるように図っていきます。

- まず、最も重要な信頼関係をつくることに努めながら、認知症の人の状況をじっくり聴き、把握していく。
- 想像力、共感力などを活かし本人の心情・心理をできる限り理解し、悪すぎる認知症観の改善のための説明などにより、不安などネガティブな感情の軽減を図る。
- ピアサポートの場づくりも含め、本人に想いを語れるところは語ってもらえるよう支援し、工夫する。
- 心情や心理的体験について、本人に確かめながら代弁できるところは行い周囲の理解を図る。
- 自分の悪い部分ばかりみてしまうといった狭くなった本人の視野を広げ、自己像や自己将来像を修復できるように支援し、できるだけ本人が自分自身の状況を受容できるように図る（強いずに「待つ」ことに留意して）。
- 本人の楽しみ、生きがいなどを知り、人生の再構築や本人の幸せのための支援を行う。

演習 2-2 認知症の人の視点に立った実践をするために

- グループで、認知症の人の心情・心理にはどのようなものがあるのかを詳しく説明してみましょう。また、心情・心理を理解しそれに配慮するために、どのようなことができるのかを話し合いましょう。
- 自分の職場の職員に伝えることを想定し、グループで、認知症観の改善の説明をしてみましょう。
- 認知症の人との最初の出会いから心がけ、留意すべきことをグループで話し合い、共有しましょう。

参考文献 ....

* 大塚智丈『認知症の人の心を知り、「語り出し」を支える――本当の想いを聴いて、かかわりを変えていくために』中央法規出版、2021年

第 **3** 章

認知症の医学的理解

（認知症の専門的理解）

目的

一人の「人」としての理解を踏まえつつ、行動の背景の一つである認知症の病態を理解し、ケアができるよう、最新かつ専門的な知識を得る。

到達目標

1 一人の「人」として理解したうえで、認知症の病態や治療に関する専門的な知識を理解する。
2 原因疾患別の病態や経過のとらえ方を理解する。

特に関連する章

第 2 章 認知症の人への共感的理解
第 4 章 認知症を取り巻く社会的な課題への取り組み

リーダーの山本さんのユニットに新規入居したふみさん（65歳、レビー小体型認知症）は、パーキンソン症状があり、転倒を繰り返しています。パーキンソン症状や認知症の症状に対しては、薬剤が投与されています。入居時のケアカンファレンスで提示された情報では、日によってあるいは時間帯によって、ぼんやりしているときがあり、そのときは、からだの動きが悪くなって転倒の頻度が高くなり、食事中に眠ってしまうことがあるようです。また、自宅では、何かをつかもうとする動作や何かを見ておびえるなど不安な様子があったとのことで、幻視症状の存在が疑われています。

隆さん（85歳）は、脳の多くの領域に生じる多発性の脳梗塞によって、血管性認知症に罹患しています。身体面では、長年にわたる高血圧や糖尿病の合併があり、薬物治療を継続しています。入居して6年が経過しましたが、原因疾患の性質もあり、症状の進行は顕著ではありません。隆さんについて、新人の田中さんから「ぼんやりしていることが多いと思っていたら、急に機嫌が悪くなり怒り出すことがあるので、対応に困っている」という相談がありました。

隆さんは、もともとは怒りっぽい性格ではなかったのですが、血管性認知症の発病後からは易怒性や感情易変性がみられるようになっていました。また、隆さんは活動への参加を面倒がるなど、意欲・活動性の低下もみられています。さらに、最近では、「生きていても仕方がない」などの悲観的な言葉を発するようにもなりました。

リーダーの山本さんは、このような状況の隆さんに対し、本人のつらい心情に耳を傾けつつ、できることを役割として担ってもらうことにしました。そして、隆さんへ、職員全員からの感謝の言葉かけを頻回に行うようにしました。その後、隆さんの表情がこれまでよりも明るくなり、活動性も少し改善がみられるようになりました。ぼんやりしていることや機嫌が悪くなることはまだあるものの、以前より減少しました。また、悲観的な訴えはほとんどみられなくなっています。

演習 3-1 認知症の原因疾患別の特徴と起こりやすい合併症

● ふみさんのようなレビー小体型認知症の人には、どのような生活上のリスクがあるか確認してみましょう。また、幻視や不安などの行動・心理症状（BPSD）へのケアや接し方について、どのような工夫が求められるのかを考えてみましょう。

● 血管性認知症の隆さんにみられる、ぼんやりしている、急に怒る、悲観的な言葉を発するなどの状況の背景には、脳機能の障害や心情・心理を含め、どのようなものがあるのか考えてみましょう。また、その背景について新人職員にわかりやすく説明する方法を検討してみましょう。

認知症に関する理解

本章では、認知症という疾患の基本的理解、すなわち、疾患の症候をどのようにとらえるべきかや、それに基づく治療やケアのあり方について解説します。すでに「認知症介護実践者研修」をはじめとしてさまざまな場で認知症についての講義を聞き、書籍を通じて学習していると思います。したがって、ここではそれらの知識を踏まえて、それらをさらに発展させて、より実践的な認知症の考え方について述べていきます。

1 脳の構造と機能

ここでは、認知症の理解のために最低限必要な大脳各部位とその機能を簡潔に述べます。

大脳は右と左で役割が異なります。右利きの人は、高率に左側に言語機能を扱う部位があり（優位半球）、反対の右側には非言語の情報を扱う部位がある（劣位半球）とされます。一方、左利きの人では優位半球、劣位半球の局在はさまざまです。

前頭葉

前頭葉はヒトにおいて最も発達している部位であり、いわば「人間らしさ」を司る部位です。前頭葉はそれ以外の脳部位をコントロールしています。前頭葉が障害されると、次のような症状が出現します。前頭側頭葉変性症では初期から前頭葉が障害されますが、総合失調症、発達障害、アルコール依存症などでも障害されることがあります。

① 意欲、自発性の障害
　何もせずぼんやりしている。身だしなみに気を使わなくなる。

② 社会性の障害、衝動性のコントロールの障害
　人間は社会のなかで周囲の状況を判断し、その場にふさわしい行動をとることが求められるが、前頭葉が障害されると、このようなことが難しくなる。周囲を気にせず勝手な行動をとったり、社会的ルールを守らなくなることがある。性的逸脱行動もこの症状である。

③ 注意障害
　集中できない、気が散るといった集中困難が出現する。

④ 固執性
　特定の行動や物事に対するこだわりや、変化に対する適応能力の低さがみられる。

側頭葉

　優位半球の側頭葉外側面では言語機能が、劣位半球では人の顔の認知が行われています。意味性認知症ではこの部位の障害で語義失語（語の意味理解障害）や相貌失認（人の顔を見ても誰かわからない）が出現します。

　一方、側頭葉内側面では、海馬を中心としたネットワークで短期の記憶が行われており、アルツハイマー型認知症では初期からこの部位の機能低下により、記憶記銘障害が出現します。

後頭葉

　後頭葉の主なはたらきは、眼から入ってきた情報を受け取り、それを分析することです。レビー小体型認知症の幻視や錯視は、この部位の機能低下であると考えられています。

頭頂葉

　頭頂葉には空間の認知、空間の操作を制御する部位があります。アルツハイマー型認知症では中期以降にこの部位の障害が出現し、地誌的見当識障害（場所がわからない）や着衣失行（服がうまく着られない）などの失行症状が出現します。

2 認知症とは何か

1 認知症の診断基準

表3-1にアメリカ精神医学会の『精神疾患の診断・統計マニュアル 第5版』（DSM-5）における認知症の診断基準を示しました。

表3-1 **DSM-5 による認知症の診断基準**

A. 1つ以上の認知領域（複雑性注意、実行機能、学習および記憶、言語、知覚—運動、社会的認知）において、以前の行為水準から有意な認知の低下があるという証拠が以下に基づいている：
（1）本人、本人をよく知る情報提供者、または臨床家による、有意な認知機能の低下があったという概念、および
（2）標準化された神経心理学的検査によって、それがなければ他の定量化された臨床的評価によって記録された、実質的な認知行為の障害
B. 毎日の活動において、認知欠損が自立を阻害する（すなわち、最低限、請求書を支払う、内服薬を管理するなどの、複雑な手段的日常生活動作に援助を必要とする）。
C. その認知欠損は、せん妄の状況でのみ起こるものではない。
D. その認知欠損は、他の精神疾患によってうまく説明されない（例：うつ病、統合失調症）。

出典：日本精神神経学会日本語版用語監修、髙橋三郎・大野裕監訳『DSM-5 精神疾患の診断・統計マニュアル』医学書院、p.594、2014 年

これ以外にも診断基準はありますが、それらに多少の違いはあるものの、おおむね、以下のような条件が必要とされています。

① 後天的なものであること
　知的障害などの先天的なものの除外

② 認知機能の低下
　以前の診断基準では、記憶記銘障害が必須事項として含まれていたものがあったが、前頭側頭葉などのような初期に記憶記銘障害がみられない認知症疾患も考慮し、最近の診断基準では、注意、実行機能、言語機能などのさまざまな認知機能のうち一つ以上の低下と改められている。

③ せん妄や他の精神疾患の除外
　一過性の認知機能低下であるせん妄や、うつ病などの他の精神疾患、甲状腺機能低下症などの身体疾患の除外

④ 検査所見での異常
　認知機能検査（HDS-R など）、神経放射線学的検査（CT、MR、SPECT など）などでの異常所見

⑤ 日常生活の障害
服薬管理、金銭管理といった日常生活・社会活動に支障をきたすこと。

さらに DSM-5 では、神経認知障害をせん妄、軽度認知障害、認知症の三つに分け、さらに、軽度認知障害と認知症については下位分類としてその診断名を分類しています。したがって、「アルツハイマー病による軽度認知障害」「アルツハイマー病による認知症」「レビー小体を伴う軽度認知障害」「レビー小体を伴う認知症」といったように分類するようになりました。以前使用されていた日本の「痴呆<ruby>ちほう</ruby>」に相当する「Dementia」は使われなくなりました。

② 軽度認知障害

軽度認知障害（MCI）とは、何らかの認知障害があるものの、日常生活や社会生活に支障をきたしていない状態を指します。

認知症疾患群のほとんどは神経変性疾患ですから、年単位で進行していきます。つまり、「正常→認知障害が出現するが、工夫でなんとか日常生活・社会生活を送る（軽度認知障害）→日常生活・社会生活に支障をきたす（認知症）」という経過をたどります。軽度認知障害と認知症の境界は日常生活・社会生活に支障をきたすかどうかですが、これはそれぞれの人の適応能力の高さや性格などによって左右されます。そのために、もの忘れ外来担当医により、診断がまちまちであることも多いため、それぞれの担当医の傾向を踏まえたうえで連携を進める必要があります。

③ 認知症の診断

認知症の診断のためには、少なくとも以下の四つが必要です。

▶本人または家族等からの病歴聴取

前述のとおり、認知症の診断のためには、本人の認知機能が以前と比較して低下していることや、日常生活障害が出現しているといった情報が必要です。

▶認知機能検査

改訂長谷川式簡易知能評価スケール（HDS-R）などの認知機能検査や、必要に応じ、さらに詳細な神経心理学的検査を行います。注意すべき点として、病前のIQ が高い場合、これらのテストの成績は高く保たれる傾向があるので、点数のみで認知症かどうかを判断するのは不適切です。

▶神経放射線学的検査

CT、MRのような脳の形態を見る検査と、SPECT、PETのような脳の機能を見る検査があります。診断のためには少なくとも形態学的検査を行い、脳萎縮の有無や程度、脳腫瘍などの他の疾患の除外が必要です。

▶その他、血液検査など

甲状腺機能低下症など、認知機能低下の要因となる身体疾患の除外のために行います。

3 認知症の症状（中核症状と行動・心理症状（BPSD））

認知症の症状は大きく中核症状と行動・心理症状（BPSD）に分けられます。さらに、近年では生活障害（活動・参加障害）を認知症の症状の一つとしてとらえる考え方もあります。

1 中核症状

認知症の中核症状は、脳の機能低下に伴って発生する直接的な症状です。前述のとおり、脳は各部位においてそれぞれ異なった役割を担っており、その部位の障害により、その部位が果たしていた機能が低下あるいは消失します。多くの中核症状は緩やかに進行し、回復することは望みにくいといえます。認知症における代表的な中核症状は、以下のとおりです。

記憶記銘障害

記憶は、記銘（ものを覚える）、保持（記憶を脳内に貯蔵しておく）、再生（記憶を取り出す）の3段階のステップによって行われますが、アルツハイマー型認知症ではこのうち、「保持」を行うことができないので、結果的に再生もできない、すなわち思い出せないということが起こります。一方、注意障害では最初の「記銘」がうまくできないことがあり、その結果、「保持」も「再生」もできないといったこともあります。

注意障害

注意機能は、しばしば舞台の照明にたとえられます。舞台全体を広く照らしたり、

俳優だけにスポットライトを当ててほかを暗くしたりといったように、私たちは注意を広くとったり、特定のものに注意を集中させたりしています。注意障害は、①持続的注意の障害、②選択的注意の障害、③配分的注意の障害、④注意転換の障害の四つに分けられます。認知症の多くの疾患では、注意障害が早期より出現します。例えば、注意分割障害（同時に二つのことに注意を向けられない）、注意選択障害（たくさんのなかから一つのことに注意を向けられない）といった症状がみられます。

見当識障害

見当識とは、自身がおかれている状況の認識です。認知症では、時間、空間、人物といった状況認識の障害が出現します。

失語

失語とは、発声に障害がないのに、うまく言葉を話せない状態のことです。前頭葉にあるブローカ野の障害による運動性失語や側頭葉のウェルニッケ野の障害による感覚性失語があります。さらに、側頭葉外側の障害で語義失語（語の意味理解障害）が出現します。失語は、しばしば認知症と誤認されていることがあるので、注意が必要です。

失行

失行とは、運動機能の障害がないのに、まとまった動作ができない状態のことです。箸を使う、服を着るといった動作が難しくなります。アルツハイマー型認知症では、中等度以降でみられます。

失認

失認とは、眼や耳、皮膚感覚などの感覚器の機能に異常はないのに、認知できない状態のことです。中等度以上の認知症でみられることがあります。相貌失認（人の顔を見ても誰かわからない）は、意味性認知症で初期から出現することがあります。

② 行動・心理症状（BPSD）

BPSDは近年の認知症ケア理論において、その位置づけが最も大きく変化した分野の一つです。従来は介護する側の視点から「問題行動」ととらえられていまし

たが、近年ではパーソン・センタード・ケアに代表されるように、本人の視点で考えるようになったことから、その定義も大きく変わりました。認知症の人の支援にあたっては、その視点でBPSDをとらえる必要があります。

行動・心理症状（BPSD）の定義

BPSDは、以前は、周辺症状、あるいは精神症状・問題行動などと呼ばれていました。日本神経学会の『認知症疾患治療ガイドライン』(2010（平成22）年)では、「BPSDは本邦では周辺症状と呼ばれることがある。BPSDの行動症状には、身体的攻撃性、鋭く呼び立てる、不穏、焦燥性興奮、徘徊、文化的に不適切な行動、性的脱抑制、収集癖、ののしる、つきまとう等があり、心理症状には、不安、うつ症状、幻覚・妄想がある」と記載されています。ここでは、BPSDを行動症状、心理症状に分けて記載していますが、これは従前の問題行動、精神症状といった区分をそのまま踏襲しているといえます。いわば、「ラベルの貼りかえ」といった印象は否めません。

一方、国際老年精神医学会（IPA）が1999年に発表したBPSDの定義は、「認知症の患者にしばしば生じる、知覚、思考内容、気分あるいは行動の障害」となっており、BPSDを知覚、思考、気分、行動の4種に分けています。この定義を用いると、BPSDについて次のように説明することができます。

脳のはたらきは、耳や眼などの感覚器を通して入ってきた情報を脳が「知覚」し、それを脳が分析・判断（思考）し、それに基づいて「行動」するといった3段階のプロセスであると考えると、認知症においては、中核症状のためにこれらのはたらきがうまく機能しないために、種々のBPSDが出現すると考えることができます。このような考え方に基づくと、知覚の障害として幻視、幻聴などがあり、思考過程の障害としてもの盗られ妄想や嫉妬妄想などがあり、行動の障害として徘徊、暴力行為などの症状があります。従来は、このプロセスの最後の部分である「行動」が、介護者や周囲の人にとって迷惑な行動であるかどうかに焦点があてられていましたが、BPSDを前述のようにとらえると、知覚、思考過程のそれぞれの障害に視点を移すことが必要であり、これらに対する支援が適切に行われれば、結果としてのBPSDは軽減・予防できる可能性があるといえます。

行動・心理症状（BPSD）における感情機能の位置づけ

IPAにおけるBPSDの定義に含まれていた「気分」すなわち感情機能について

考えてみましょう。不安、抑うつ、焦燥、怒りといった感情機能は、前述の脳のプロセスに大きな影響を及ぼします。山鳥は、知（思考）、情（感情）、意（行動）の関係を、情→知→意の順番であると述べ、脳活動のなかで感情は認知（思考）の基礎となり、感情が不安定であれば、認知も不安定となり、その結果行動も不安定となると論じています。

　簡単な実例をあげてみましょう。あなたは介護施設で働いています。ある朝、家族と喧嘩をして、イライラした状態のまま施設での勤務に就きました。その結果、日頃は気にならなかった認知症の人の行動に腹を立て、思わずきつい対応をしてしまいました。このような経験はないでしょうか。私たちの状況判断やそれに基づく行動の背景に、自分自身の感情が影響を及ぼしているのです。認知症の人の行動においても、種々の BPSD の背景に不安などのネガティブな感情があることは多いものです。支援者は、日々の認知症ケアのなかで、不安、抑うつ、怒りといった本人のネガティブな感情を BPSD の一つととらえ、それを改善するような支援に取り組むことが重要であり、そのことが BPSD を予防することにつながる可能性があることを理解しておく必要があります。

行動・心理症状（BPSD）はなぜ起こるか

　前述のとおり、BPSD は中核症状のために生じる、知覚→判断→行動といった一連の脳の思考プロセスの乱れであると考えると、支援者は、そのプロセスを理解し、より適正な思考に至るよう支援することが必要です。しかし、多くの認知症の人はそのようなプロセスを言語化することはほとんど不可能であるために、本人の行動からその原因を推察するしかありません。しかし、そのようなことはしばしば困難です。ここで実際の事例を二つ紹介します。

【事例 3 - 1】
Ａさん：70 代後半の女性、アルツハイマー型認知症（重度）、大腿骨頸部骨折
　Ａさんは、特別養護老人ホームに入所しています。ある日、久しぶりに遠方に暮らす息子が訪ねてきました。最初、本人は息子の顔を見て、誰かわからないようでしたが、話しているうちに息子だとわかったようで、機嫌よくいろいろな話をしました。昼食をとった後、息子の提案で車いすで散歩に出ることになりました。
　施設を出て数分経った後、突然本人がそわそわしはじめました。「どうしよう。困った」というので、息子がどうしたのか尋ねると、「犬がいなくなった。迷って来ていた犬がいたけど、その犬がどこかに行ってしまった。どうしよう」と訴えました。息子は「飼

い主のもとに帰ったんじゃないの」などと話したり、関心をほかに向けるために、「ほら、景色がきれいだよ」などと話したところ、一瞬、「ああ」とそちらに視線を向けましたが、すぐにまた「困った困った。どこに行ったのだろう」と混乱した状態が続きました。あまりに落ち着かなかったので、予定を切り上げて施設に戻りました。

施設に戻りエレベーターに乗ったところで、息子は便臭に気づきました。居室に戻り、介護職員に「便が出たようです」と報告し、職員が排泄介助、更衣などをすませた後、息子のところに戻ったときにはすっかり落ち着いており、先ほどの犬の話などはすっかり忘れているようでした。

【事例3-2】

Bさん：80代前半の女性、アルツハイマー型認知症（中等度）

Bさんは、一人暮らしを続けています。デイサービスやホームヘルパーの支援を受けながら安定した生活をしていました。週1回程度、他市に住む娘が訪ねて様子を見ており、何か困ることがあると、娘に電話をかけることはありましたが、その頻度は1～2週間に1回程度でした。

ある日突然、Bさんが娘に頻回に電話をかけてきて、切羽詰まった声で「お金がなくなった」「通帳を返してちょうだい」などと訴えるようになりました。訴えの内容は毎回違っていましたが、不安そうな声でした。電話は真夜中のこともありました。翌日、娘は本人のもとを訪ねましたが、特に変わったことはなく、落ち着いていました。サービスは今までどおり利用しており、問題はないようでしたが、翌日も思い出したようにさまざまな理由で電話をかけてきました。

数日後、娘が自宅を訪問した際に、近隣住民から以下のような場面を見たとの報告がありました。本人が電話をかけはじめた日の日中に、怪しい二人組の男が自宅を訪ねていました。訪問販売だったのか、悪質商法だったのかは不明ですが、それに対して本人は持ち前の勝気な性格で、すごい剣幕で追い返していたそうです。男たちはあわてて帰っていったそうで、被害はなかったようでした。

娘はそのことについてBさんに尋ねましたが、本人はそのことを全く覚えていませんでした。その後、徐々に電話をかける行為は減っていき、1週間程度で元の状態に治まりました。

事例3-1、事例3-2ともに、BPSDの原因が推察できた例です。事例3-1では昼食後の胃・大腸反射により便失禁→本人は便失禁に気づく→困惑→「犬が…」といった発言、といった思考の過程だと思われますし、事例3-2では、怪しい訪問者→一人暮らしでもあり、不安→娘にSOSといった思考の過程であることが推

第3章 認知症の医学的理解

察できます。どちらも、本人の行動、すなわち発言内容はそれほど重要なことではないようですし、どちらも背景に困惑、不安といったネガティブな感情が存在することがわかります。

BPSD のなかには、施設入所直後の帰宅欲求のように、環境が変わった直後に起こる症状や、もの盗られ妄想や嫉妬妄想のように特定の状況で起こりやすい症状、不潔行為のように日常生活動作（ADL）の状態と関連した症状などがあります。ここで強調しておきたいのは、BPSD が出現する状況では、そのほとんどで、本人はネガティブな感情をもっているということです。その点では、職員が困らないからといってそのまま放置するのではなく、少しでも快適な気持ちで過ごしてもらえるように積極的に支援するべきであると考えます。

 ## 認知症に起こりやすい合併症

認知症が進行するにつれ、さまざまな合併症が出現し、それが予後を左右することがあります。ケア現場で注意すべき合併症には、以下のようなものがあります。

便秘

便秘は高齢者によくみられる疾患ですが、多くの認知症では比較的早期から便秘が出現します。その原因はさまざまですが、アルツハイマー型認知症やレビー小体型認知症では自律神経障害のために腸管の蠕動運動が減弱することがあります。それ以外にも運動不足や食習慣の乱れなども関係しています。認知症の人は腹部の不快感を言語化することが難しいために、特に注意する必要があります。施設などで、急に食事を摂らなくなったり、食後、嘔吐したりした原因が頑固な便秘であったということはよく経験します。便秘が長期化すると腸閉塞などの生命にかかわる重篤な疾患に至りやすいので注意が必要です。

転倒、骨折

転倒は中等度以上の認知症で起こりやすい合併症です。運動不足による筋力低下や脳機能の障害による運動失調や失行などが原因であることが多いです。また高齢者では骨粗鬆症を合併していることなどが多いため、転倒した際に容易に骨折しやすいということがあります。骨折を機に認知症の進行が早まることも多いので留意

が必要です。高齢であっても筋肉のトレーニングを行うことにより、ある程度筋力が改善することが期待できます。

肺炎

　肺炎は認知症の人の死因のなかで最も頻度の高いものの一つです。認知症が中等度以上になると、誤嚥のリスクが増し、誤嚥性肺炎を起こしやすくなります。また、認知症の人は免疫機能も低下していることが多いので、感染症に伴い肺炎を併発しやすいといえます。口腔機能維持のためのリハビリテーションが誤嚥予防にある程度有効です。

脱水

　一般に高齢者は口渇を感じにくいとされます。認知症があるとその傾向はさらに顕著です。予防のためには水分補給が必要で、身体状況にもよりますが、おおむね食事以外に 1 日 1.5 ℓ 以上の飲水が推奨されています。脱水の初期の兆候を習得しておくとよいでしょう。

原因疾患別のとらえ方のポイント

1 認知症の原因となる主な疾患

　認知症は症候群または状態像であって、その原因となる疾患はさまざまですが、ケアにあたっては正確な診断がついていることが大前提です。なぜなら疾患ごとに、その症状や経過は異なり、したがってケアにあたって留意するポイントも異なるからです。

　認知症疾患群のうち、日常でよく遭遇する疾患はアルツハイマー型認知症、レビー小体型認知症、前頭側頭葉変性症、血管性認知症の4疾患です。これ以外にも、進行性核上性麻痺、皮質基底核変性症、特発性正常圧水頭症、嗜銀顆粒性認知症といった疾患があります。さらに、脳腫瘍や脳炎などの疾患でも認知症症状を呈することがあります。てんかんは高齢者によくみられる疾患ですが、認知症と誤診されていることもあります。

　ここでは、代表的な4疾患に加え、若年性認知症を取り上げ、それらについてケアを中心に概説します。

2 アルツハイマー型認知症

　アルツハイマー型認知症は、認知症疾患群のなかで最も頻度の高いものです。既存の認知症ケアに関する教科書は、そのほとんどがアルツハイマー型認知症を想定したものですので、ケアについてはそれらを参考にしてください。

　アルツハイマー型認知症の原因は、アミロイドβの脳内への蓄積であることは以前より知られていましたが、近年ではそのアミロイドβの蓄積が脳の生理的活動によって起こるとされてきています。したがって、私たち自身も含めていつかはなり得る疾患であると考えるべきです。

3 レビー小体型認知症

　レビー小体型認知症の頻度は、研究者によってまちまちなので明確ではありませんが、認知症の原因となる脳変性疾患では2番目に多いとされています。

　注意すべき点として、レビー小体型認知症とアルツハイマー型認知症は近縁疾患であり、共通する症状も多いです。臨床の現場では、この二つの診断名を同時につけることは通常はありませんが、病理解剖による診断では、この二つの診断が並列することはよくみられます。

　一般にレビー小体型認知症はアルツハイマー型認知症に比べ、予後不良であるとされますが、その原因の多くが転倒骨折や誤嚥性肺炎などの合併症であるため、以下に示すようなケアの工夫を進めることにより、予後を改善することもある程度可能です。レビー小体型認知症について、ケアの視点から概説したものは少ないので、ここでは他疾患より少し詳しく記載します。

1 前駆症状

　レビー小体型認知症は、その軽度認知障害期には、以下のような特徴的な症状を呈するものがあることが知られています。この時期からの介入により、認知症に至るのをある程度、遅らせることが可能であると考えられています。

レム睡眠行動障害

　人間の睡眠は、大きく非レム睡眠相とレム睡眠相に分けられ、おおむね90分おきに両相が交代しながら繰り返されます。このうち、レム相においては夢を見ているとされます。通常の場合、レム相においては全身の筋肉は弛緩していますが、この疾患では筋弛緩が起こらないために、夢の内容に従ってからだを動かしてしまいます。睡眠中の行動であるため本人はそのことを覚えていませんが、翌朝目が覚めると記憶にないけがをしていたり、睡眠中に一緒に寝ている人にけがをさせたりします。抗てんかん薬の一部が有効です。

シャルル・ボネ症候群

　シャルル・ボネ症候群は、認知障害がないにもかかわらず、主に夜間の覚醒中に幻視を体験する疾患です。幻視の内容は、ありありとしたものであり、記憶記銘障害はないので、本人はそのことをよく覚えています。

難治性うつ病

　うつ病は、全年齢によくみられますが、そのなかで、レビー小体型認知症の前駆症状とされるものは高齢発症であり、それ以前に明確なうつの既往がなく、明確な状況因がはっきりしないもの、抗うつ剤などによる治療が奏功しにくい、いわゆる遷延性難治性のものが多いとされます。若干の軽快や増悪を繰り返しながら緩やかに認知症に至る症例が多いので注意が必要です。

② レビー小体型認知症の症状とケア

認知レベルの変動

　レビー小体型認知症の特徴として、事例のふみさんのように、認知レベルが大きく変動することがあげられます。認知レベルの低下した時期には、注意集中力の低下や覚醒水準の低下がみられます。前者では、会話時に話がかみ合わなかったり、声かけへの反応が乏しくなったりすることであり、後者ではぼんやりしていたり、傾眠といった状態を呈します。例えば、通常は場所の認知に問題はないのに、認知レベル低下時にはトイレの場所がわからなくなったり、幻視などの症状がみられるときもあります。

　認知レベルが低下しているときには、転倒や誤嚥（ごえん）のリスクが高くなるので、ケアにあたっては、変動のパターンを見きわめ、意識のはっきりしているときに食事などのケアを重点的に行うことが望ましいでしょう。また、24時間のリズムを強化するためのケアの工夫を試みることは有効です。さらに、積極的に話しかけたり、軽作業を行ってもらうことも有効なことがあります。また、薬物療法として、ドネペジル塩酸塩が有効なことがあります。

視覚認知障害

　レビー小体型認知症を特徴づける症状として、視覚認知障害があげられます。これには、幻視（実際にないものが見える）、錯視（実際にあるものが別のものに見える）、変形視（実際にあるものの形が変形して見える）があります。これらの体験は、通常、ありありとしており、説明が可能です。本人はこの体験をよく覚えていることが多く、時にはそれを病的に解釈し妄想に至ったり、体感幻覚（からだの感覚の異常）を伴うこともあります。このような症状に対して、抗精神病薬を使用することもありますが、パーキンソン症状などの副作用のリスクが高いため、以下

のようなケアによる治療的介入を試みる必要があります。

● 否定しない
　体験に対し、否定せず（肯定もよくないが）、冷静に対応することが望ましい。また、本人が幻視に対し、心理的距離がとれているときは薬物療法の対象とはしない。

● 視覚情報の調整
　錯視の場合、その原因になっているものを撤去したり、環境を整理する。また、夜間の幻視・錯視の場合、部屋を明るくすることにより、より正確な視覚情報を提供する。

● 実体の確認
　実際に一緒に近づいて確認し、病的体験であることを確認する。多くの場合、その対象に近づくと、消えてしまう。

● 覚醒水準を上げる
　日中の幻視体験がみられる際には、覚醒水準の低下を伴っていることが多い。したがって、覚醒レベルが上がるよう工夫する。また、関心をほかに向けるケアも有効なことがある。

パーキンソン症状

　レビー小体型認知症では、パーキンソン症状がみられることが多くあります。その症状は本態性パーキンソン病と同じです。ただしレビー小体型認知症では、振戦は目立ちません。

　パーキンソン症状に対するケアとしては、以下のようなものがあげられます。

▶ 転倒のリスクを下げる工夫

　転倒が起こりやすいのは歩行開始時、体位変換時、階段や段差の昇降時、傾斜を歩行しているとき、認知機能低下時などです。したがって、このときに十分な見守りを行うことが望ましいといえます。また、転倒を防ぐために環境整備を行います。さらに、床に模様があると、色の違いを段差があるものと誤って認知し、段差がないにもかかわらず転倒してしまうことがあるので、床は単色にするとよいでしょう。

▶ 嚥下障害を防ぐ工夫

　嚥下（えんげ）障害は、認知症が重度ではなくても、認知機能低下時には起こりやすいので、認知レベルが低下していないときに食事をするほうがよいといえます。また、食形態の工夫によりある程度、嚥下（えんげ）障害を防ぐこともできます。

▶ 理学療法

　認知症の各ステージにおいて、運動療法や嚥下（えんげ）機能訓練といった理学療法により、転倒や誤嚥（ごえん）のリスクを一定程度下げることも可能です。

　レビー小体型認知症が重度になると、自律神経症状が出現することが多いです。代表的な自律神経症状として、以下のようなものがあげられます。

▶ 血圧の変動

　レビー小体型認知症では、起立性低血圧、臥位高血圧、食後低血圧などの症状がみられることがあります。起立性低血圧については、臥位から立ち上がる際には、ゆっくりと行うようにします。また、臥位高血圧では、その際に脳血管障害などを発症するリスクがあるために注意が必要です。食後低血圧は食事中や食後の意識レベルの低下といった症状として現れます。事例のふみさんのように「食事中に眠ってしまう」などといった状態であることもあるので、血圧を測定してみるとよいでしょう。食後低血圧がみられる際には、食後 30 分程度横になるなどの工夫を行います（30 分以上、睡眠すると睡眠覚醒リズムを乱すリスクがあるので注意します）。レビー小体型認知症ではこのような血圧の変動はよくみられる症状なので、さまざまな場面での血圧測定を行っておくことが望ましいでしょう。

▶ 排尿や排便の異常

　頻尿、切迫性尿失禁、頑固な便秘などの頻度が高いです。

▶ 発汗障害、体温調節障害

　頻度は高くありませんが、発汗障害、体温調節障害がみられることがあります。室温の適正化や体温低下の場合は服を着込むなどの環境調整を行います。

 ## 4 前頭側頭葉変性症

1 前頭側頭葉変性症の種類

　前頭側頭葉変性症は、頻度はそれほど高くありませんが、特徴的な症候を呈し、そのケアの進め方も大きく異なることから、留意すべき疾患です。大きく以下の 3 類型に分けられます。

　前頭側頭型認知症またはピック病は、前頭葉の障害から起こる疾患です。したがって、初発症状は性格変化です。ときに反社会的行動（例えば、お金を払わずに

商品を持って行ってしまう）が出現することがあります。

意味性認知症

意味性認知症は、側頭葉外側面の障害から起こる認知症です。初発症状は、語義失語（言葉の意味理解障害）です。例えば、知っているはずの有名人の名前を、初めて聞いた名前であるかのように反応するといった症状です。なお、劣位半球の障害では、相貌失認が起こります。

進行性非流暢性失語症

進行性非流暢性失語症は、失語症状（言葉がうまく出てこなくなる）より初発する疾患です。初期には他の症状は目立ちません。

2 前頭側頭葉変性症の症状

前頭側頭葉変性症では主に前頭葉と側頭葉外側面が障害されます。一方、側頭葉内側面や頭頂葉の障害は重度になるまで現れにくい特徴があります。ケアにあたってはこの特徴をよく理解しておく必要があります。前頭側頭葉変性症で初期からみられる症状として、以下のようなものがあります。

● 固執性、常同行動
　限られた特定の行動や物事に執着する。同じ行動を繰り返したり、同じものばかり食べたりする。

● 意欲自発性低下、無関心
　自発的行動の減少、セルフケアや身だしなみへの関心の低下がみられる。

● 社会性障害、周囲に対する共感性の欠如、感情平板化、「わが道を行く行動」
　周囲に対する関心の欠如、周囲を気にしない行動がみられる。また、笑う、泣く、怒るといった感情表出が乏しくなる。

● 脱抑制、反社会的行動
　状況にふさわしい行動ができなくなったり、自身の欲求を抑えることができなくなったりする。社会的ルールを気にしなくなる（信号無視、万引き、盗み食いなど）。

● 食事の嗜好の変化
　甘いものや味の濃いものを好むようになるなど、食の嗜好が変化する。

● 被影響性の亢進
　相手が立ち上がると自分も立ち上がったり、相手の言うことをオウム返ししたりする。

- ●注意集中の障害
  - 一つの行為を長時間続けられなかったり、周囲の刺激により注意がそれたりする。

③ 前頭側頭葉変性症で起こりにくい症状

前頭側頭葉変性症で起こりにくい症状は、以下のとおりです。

- ●記憶記銘障害
- ●空間認知障害
  - 「外出し、いつも同じルートをたどって帰ってくる」といった行動がみられることがあるが、道に迷うことは起こりにくい（徘徊と区別し、周徊と呼ぶ）。
- ●失行症状
  - 服を着る、箸を使って食事をするといった行為自体は障害されにくい。

④ 前頭側頭葉変性症のケア

時刻表的生活

　前頭側頭葉変性症の人のなかには、毎日、決められた時刻に特定の行動を行うことがあります。この行動のなかにデイサービスなどを組み入れ、望ましくない行動を、より適応的行動に置き換えることができることがあります。また文字の理解が良好であれば、壁にスケジュールを大きく書いておき、それに従って行動するよう励行していくことも有効なことがあります。

固執性を利用したケア内容

　前頭側頭葉変性症の人は、特定のことに対する執着があるので、デイサービスなどでは、例えば、漢字の書きとり、計算ドリル、塗り絵などのなかで本人が興味を示しそうなものを提示し、それができるように支援していきます。慣れるまでの間は職員が横について一緒にやってみる、うまくできたら褒めるなどといった工夫を進め、本人が習慣的に取り組めるように誘導していきます。

　このような介入の結果、デイサービスに到着したら、自ら引き出しから材料を取り出して、長い時間、その作業を楽しむようになることもあります。職員の支援を

全く必要としなくなることもあります。なお、この際にやってもらう作業内容は、本人の興味のあるものに限られるため、家族から本人の生活歴などを聴取しておく必要があります。

対人交流を促さないケア

前頭側頭葉変性症では社会性の障害が出現することが多いので、デイサービスなどでの集団活動は苦手であることが多いです。したがって、本人が気に入っている活動内容には参加してもらい、本人が好まない活動の時間にはほかの人から離れて個別の行動に取り組むよう支援するとよいでしょう。無理に対人交流を促すのは本人のストレスになり、通所を拒否することにつながりやすいので注意が必要です。

視覚的・聴覚的刺激のコントロール

前頭側頭葉変性症では注意がそれてしまうことがあります。例えば、食事どきに、向かい合わせの席に人が座っていると前の人の行動に注意がそれてしまい、自身の食事に集中できなかったり、職員が歩いているのが目に入ると、食事中にもかかわらず立ち上がって歩いて行ってしまうといった行動もみられます。このようなことから、余計な視覚的情報を遮断するために、例えば、ほかの人と少し離れた場所で壁に向かって座り、食事に集中できる環境を整えるとよい場合もあります。このように、視覚・聴覚情報を適宜コントロールすることで、本人の注意を適切な方向に向けることができる場合もあります。

5 血管性認知症

血管性認知症は、脳出血、脳梗塞といった脳の血管障害によって引き起こされた認知症です。脳の血流障害により脳神経の一部が機能低下するので、その症状は障害部位により異なります。ケアの点では、以下のようなことに注意する必要があります。

▶ 身体症状を伴うことが多い

麻痺、構音障害などの身体症状を伴う症例が多いため、身体ケアもより重要となります。

▶生活習慣病などの内科疾患を伴っていることが多い

　脳血管障害の原因となり得る、高血圧、糖尿病、高脂血症を合併していることが多いので、食事療法、血圧管理などの身体管理が必要となります。

▶変性疾患との経過の違い

　血管性認知症は、脳血管障害を契機に発症するので、突然、認知症症状が出現することになり、再発作を起こさない限り、状態は変化しません。しかし、なかにはその後も緩徐進行性の経過をたどるものがあります。このような症例ではアルツハイマー型認知症を合併しているものが多くなります（混合型認知症）。

6　若年性認知症

　若年性認知症は、65歳未満に発症する認知症疾患群です。老年期に発症する認知症と、さまざまな点で異なるため、支援にあたってはその特徴をよく理解しておく必要があります。

　若年性認知症が高齢者の認知症と異なる点は、以下のとおりです。

▶頻度が少ない

　2009（平成21）年に発表された厚生労働省研究班の実態調査によると、若年性認知症の頻度は10万人あたり47.6人、有病者数は3万7800人と推計されています。老年期認知症の有病者数が462万人（2012（平成24）年）と推計されているのに比べ、この頻度の少なさのために、本人・家族は孤立しがちとなります。

▶原因疾患がより多様

　老年期認知症は、前述のとおり四つの疾患が大部分を占めますが、若年期では、ハンチントン病、進行性核上性麻痺、一酸化炭素中毒、外傷性脳損傷など、その原因は多様であり、したがってそのケアのあり方も多様です。

▶一般に進行が速い

　通常、老年期の場合、年単位で進行する認知症が多いですが、時に若年期ではその数倍の速さで進行する事例があります。しかし、生命予後は老年期より長いことが多いです。これは、最重度となっても脳以外の内臓機能などが良好なことが多いことも理由の一つです。

▶本人・家族に精神的ショックが大きい

　認知症は、一般に高齢者の病気であると考える人が多いため、50代で認知症と

診断されることは本人・家族にとって大きなショックであることが多いです。より
きめ細かい精神的支援が必要です。

▶精神的・身体的エネルギーレベルが高い

若年性認知症の人は脳以外は健康であることが多いため、精神的・身体的エネル
ギーレベルが高いことが多く、例えば、易怒性といった認知症の行動・心理症状
（BPSD）がみられた場合、その症状は激しい暴力行為などになりやすく、注意が
必要です。また、デイサービスなどのケアを提供する際には、高齢者と同じ内容で
は不十分なことが多くなります。若い職員がへとへとになるほどの激しい運動が求
められる例もあります。

▶経済的問題

働き盛りの世代に発症する認知症であるために、症状の進行に伴って仕事をやめ
なければならないことも多くなります。また、子どもの養育や住宅ローンなど、人
生設計が大きく狂うことになり、そのことが大きな問題となる事例は多いです。配
偶者が仕事と介護を両立することができるかどうかも重要です。

▶ケアシステムの空白

若年性認知症では、診断確定時には、まだ就労していることが多いです。当初は、
産業医などと相談しながら会社内の配置転換などにより就労を継続する努力が行わ
れます。やがて仕事が続けられなくなった場合、退職することになります。多くの
場合、再就職は難しいので、さらに認知機能が低下し、デイサービスの対象となる
状態に至るまでの期間は社会から切り離されてしまうことになります（図3-1）。

図3-1　ケアの空白期間

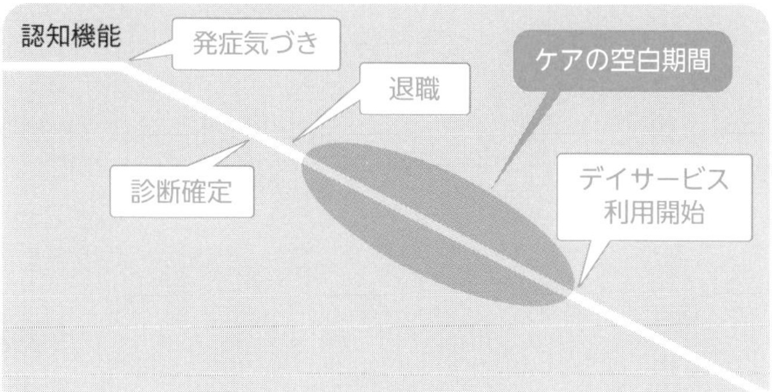

このケアの空白期間は自己肯定感の低下からくる BPSD のリスクともなりやすく、大きな問題です。この期間に、自立支援作業所や若年性認知症専用のデイサービスを利用することで、自宅にひきこもることを防いだ事例もあります。切れ目のない支援制度が望まれます。制度の詳細は第 4 章で学びます。

▶ 未成年家族の問題

　若年性認知症では、しばしばその子どもが未成年のことがあります。成人家族でさえそのショックは大きいですが、さらに、本人の BPSD としての攻撃性が子どもに向かうこともまれではありません。未成年であれば、そのことが成長に大きな影響を及ぼすことが危惧されます。通常の場合、医療・福祉による家族支援は配偶者などの成人家族を対象としたものが多いため、今後の支援制度の整備が望まれます。

認知症の治療
（医学的視点に基づいた介入）

1 認知症の薬物療法

認知症の治療は、大きく薬物療法と非薬物療法に分けられます。薬物療法は、中核症状に対するものと、行動・心理症状（BPSD）に対するものがありますが、それぞれはその方針が全く異なるため注意が必要です。

1 中核症状に対する薬物療法

現在、アルツハイマー型認知症に対しては、ドネペジル塩酸塩、ガランタミン臭化水素酸塩、リバスチグミン、メマンチン塩酸塩の4剤が国内外において使用されています。また、レビー小体型認知症に対しては、ドネペジル塩酸塩のみが認可されています。これらのうち、メマンチン塩酸塩以外の3剤は脳内アセチルコリンの濃度を増やす効果により、覚醒レベルや認知レベルの改善が期待できるとされます。

一方、メマンチン塩酸塩はこれらと違い、脳内NMDA受容体に作用し、神経変性を防ぐとされます。臨床場面では、感情の安定化に効果があることが観察されるので、BPSDの治療薬としても使用されることがあります。これら4剤については、原則として、初期から重度に至るまで継続することが望ましいとされます。

2 行動・心理症状（BPSD）に対する薬物療法

BPSDに対する薬物療法は、中核症状に対する薬物療法とは大きく異なり、消極的な治療であることに留意する必要があります。すなわち、BPSDに対しては、最初にケアの工夫や環境調整などによる治療的介入が十二分に試みられるべきであり、このような工夫によっても改善できないときに、薬物療法に踏み切るべきです。しかし、時には事例化した時点で家族介護者がかなり疲弊しているなど、時間的余裕がない場合には、薬物療法を優先することもあります。また、ケアによる治療的介入を効率よく進めるための側面からの支援として薬物療法を併用することもあります。

いずれにしても、BPSDに対する薬物療法はあくまでケアによる治療的介入を

補完するものであるという点で、中核症状に対する薬物療法と大きく異なることに留意が必要です。さらに、BPSD に対する薬物療法のほとんどが、長期連用により副作用の起こるリスクがあるため、できるだけ早期に減量・中止することが望ましいといえます。また、一般に高齢者では、肝臓や腎臓の薬物代謝・排泄能力や脳の感受性に個人差があるため、薬効が一定しないことがあります。薬剤使用にあたっては、成人量の2分の1から3分の1程度から開始するなどの工夫も必要です。

③ 行動・心理症状（BPSD）に対する薬物療法の実際

BPSD に対する薬物療法は、確定したものはなく、各主治医が経験に基づいて工夫しながら進めています。したがって、医師によりその処方の方針はさまざまです。連携にあたっては、その特性をよく理解しておくとよいでしょう。BPSD に使用される薬剤の代表的なものは、以下のとおりです。

▶ メマンチン塩酸塩

メマンチン塩酸塩は前述のとおり、中核症状に対する治療薬ですが、感情機能の安定効果もあるため、感情不安定性に使用されることがあります。

▶ 抑肝散

伝統的に子どもの「夜泣き」「疳の虫」といった感情不安定に対し使用されていた漢方薬です。認知症の感情の安定化に有効であることが報告されており、使用されることがあります。

▶ 抗精神病薬

抗精神病薬は統合失調症の治療に用いる薬剤ですが、認知症の BPSD に対しても使用されることがあります。ただし、量が多すぎたり、長期連用したりするとパーキンソン症状が出現することがあるため留意が必要です。

▶ 睡眠薬

従来、ベンゾジアゼピン系などの睡眠導入剤が使用されることがありましたが、高齢者に使用した場合、ふらつきやせん妄のリスクがあるため、高齢者には使用しないことが望ましいといえます。最近ではオレキシン受容体に作用する薬剤など、違った薬効の薬剤が使用されており、これらは筋脱力が起きにくいことから、これらを使用することが推奨されています。

▶ 抗うつ薬

意欲低下、うつ状態を伴う場合、使用されることがあります。

2　認知症の非薬物療法

1　非薬物療法とは

　非薬物療法とは、認知症の状態改善を目的とした、薬物療法以外のすべての治療的介入を指します。従来、非薬物療法といえば、回想法や音楽療法といったいわゆる「療法」を指すことが多かったですが、近年ではその概念は大きく広がり、例えば認知症本人の心理状態の安定を目的とした支持的精神療法や、本人を取り巻く環境の調整といったケアの工夫、さらには、家族心理教育などのような、認知症の本人以外に対する介入までを包括して指すようになってきています。このような経過から、近年では、より包括的に、「心理社会的介入」と表現することも多くなっています。

　ケアの現場では、非薬物療法を導入することにより、本人の心理が安定したり、BPSD が減少したりすることはしばしば経験することであり、個別の事例にとどまるものの、非薬物療法によって一定の効果が得られたと考えられるものも多くあります。一方で、非薬物療法が認知症の人に対して、悪影響を与えることもあります。

【事例 3 – 3】

C さん：70 代女性、アルツハイマー型認知症（中等度）

　C さんは家族と同居しており、長年デイサービスに通っています。毎回楽しみにして参加していました。ある日、そこで、ある非薬物療法が開始されました。当日、居合わせたほかの利用者は、それなりにそれをこなすことができましたが、C さんはうまくできず、自信を喪失してしまいました。それをきっかけにデイサービスに行きたがらなくなり、さらに食欲低下、体重減少、激しいうつ状態にまで至ってしまいました。

　このような事例は決して少なくありません。支援者は非薬物療法が時として認知症の人に対して悪影響を与える危険性もあることを十二分に理解したのち、一人ひとりに適応があるかどうか、また期待される効果以外に否定的な反応が出現していないか、さらに否定的な反応が出現した際にはどう対応したらよいかといったことについて、十分に検討しておく必要があります。

　非薬物療法のなかで、方法論が確立し、一定の評価が得られている代表的なものを**表3-2**に示します。大きく分けると、本人を対象とした治療的アプローチ、家族介護者や環境に対する介入法、介護専門職が修得するケアメソッドに分類することができます。さらに本人を対象とした治療的アプローチには、個人を対象としたものと、集団療法の形を用いるものがあります。

表3-2　代表的な非薬物療法

本人を対象とした「治療」的アプローチ	● リアリティ・オリエンテーション ● 回想法 ● 音楽療法 ● 支持的精神療法・心理療法 ● 動物介在療法 ● アートセラピー
家族介護者を対象としたもの	● 家族心理教育
介護専門職が修得するケアメソッド	● バリデーション法 ● ユマニチュード

　前述したとおり、近年では家族や介護サービスなどによるケアそのものも認知症の治療の一つであると考えられるようになっています。「デイサービスに行きはじめて明るくなった。家事をするようになった」といったことはよく経験します。

　ここでは精神医学的見地から認知症ケアの重要なポイントを二つあげておきます。

自己肯定感を高めること

　認知症に限らず、すべての人にとって自己肯定感は生活の質（QOL）や幸福度に関連する重要な因子です。認知症では、認知機能や身体能力の低下、社会的役割の喪失、対人交流の機会の喪失などにより自己肯定感は低下してしまう傾向があります。この結果、うつ、怒り、不安といったネガティブな感情が出現しやすく、さらにこのことが BPSD の要因となることがあります。このようなことから、本人の精神状態の安定のためには、自己肯定感を高めることが重要であると考えます。

▶ 家族介護者の対応

　初期には、家族介護者が本人の自己肯定感を低下させる対応をしていることもあります。この点で、家族心理教育などの介護者への介入が有効です。

▶ 対人交流の機会の提供

　人間にとって同じ立場の人同士の交流（ピアサポート）は必要なもので、認知症の人も例外ではありません。軽症であれば地域の活動や趣味活動に参加したり、介護保険導入後はデイサービスなどを利用し、継続して対人交流の機会が提供されることが重要です。

▶ 役割意識

　家庭の内外において、本人が必要とされていると感じること、あるいは人から感謝されることは自己肯定感を高めることにつながりやすく有効です。施設ケアにおいても、認知症の人が何らかの役割を担っていることが施設での適応を高めることはよく経験します。

　すべての人にとって、人とつながっていること、人から必要とされること、人から大事にされていると感じることが大切であることはいうまでもありませんが、認知症の人にとってもこのことは重要です。ケアの実践にあたっては、この点に配慮することが大切です。

睡眠覚醒リズムの補正・強化

　認知症においては、早期から日中の傾眠や覚醒水準の低下がみられ、そのことが夜間の睡眠の質の低下や夜間せん妄につながっている事例は多くあります。一般に睡眠学の理論では、日中の睡眠は30分以内にとどめることとされ、それ以上の昼寝は夜間の睡眠の質を低下させるとされています。夜間せん妄は、その大半は睡眠覚醒リズムの乱れから起こるものです。睡眠薬をはじめとした薬物療法を導入することは時に必要なこともありますが、同時にケアの工夫として、日中の覚醒を確保する工夫をしておかなければ、リズムの補正は困難なことが多くなります。さらに、そもそも日中の覚醒確保のためのケアが十分に行われれば、リズムの乱れは起こりにくいため、そのような点で、夜間せん妄はケアにより予防できるといえます。

　また、「夜間頻回にトイレに行く」「夜間台所に行って何か食べている」「夜間別居親族に電話をかける」といった夜間の不適切な行動もリズム不整に関連したBPSDといえます。さらに日中の覚醒障害は、誤嚥や転倒のリスクとなります。

このように睡眠覚醒リズムは生活の基本ですが、その乱れがさまざまな BPSD につながっている可能性は高いといえます。したがって、ケアの基本として、まず睡眠覚醒リズムの補正・強化に取り組むことは BPSD の予防やその結果として予後の改善につながる可能性があることを強調しておきたいと思います。

演習 3-2 認知症の医学的理解とケアの工夫

冒頭の事例について、以下の点を検討し、グループで共有しましょう。

● ふみさんのようなレビー小体型認知症の人にとっての生活上のリスクや困りごととを軽減するためには、どのようなケアや工夫が必要でしょうか。

● 隆さんのような血管性認知症の人が、ぼんやりしていたり急に怒ったりする背景には、どのような脳の機能の障害があるのでしょうか。前頭葉など脳の機能の障害によって生じる症状について確認しましょう。

● パーキンソン症状などの神経症状を含めた身体合併症をもつ認知症の人に対するケアの留意点や対応の工夫、薬物治療について確認しましょう。

● 認知症の薬物治療について、中核症状と BPSD に分けて理解し、それぞれの薬剤についての効果や副作用について確認しましょう。

● 認知症の人がもつ、不安やいら立ち、抑うつ感情などつらい心情について理解したうえで、自己肯定感を高めることなどによりそれらを軽減する方法を検討しましょう（第 2 章で学んだ内容も踏まえて検討しましょう）。

参考文献 ···

＊ 山鳥重『知・情・意の神経心理学』青灯社、2008 年

＊ 認知症介護研究・研修センター監『認知症介護実践者研修標準テキスト』ワールドプランニング、2016 年

＊ 日本認知症ケア学会編『認知症ケア標準テキスト 認知症ケアの基礎 改訂 4 版』ワールドプランニング、2016 年

＊ 日本神経学会監、「認知症疾患診療ガイドライン」作成委員会編『認知症疾患診療ガイドライン 2017』医学書院、2017 年

＊ 家族支援ガイドライン作成委員会監、矢吹知之・長田久雄・加藤伸司編著『認知症の人と家族を支えるガイドブック』ワールドプランニング、2021 年

＊ 髙橋正彦「第 6 章 非薬物療法」日本認知症ケア学会編『認知症ケア標準テキスト 認知症ケアの実際 2 改訂 5 版』ワールドプランニング、2016 年

＊ 諏訪さゆり編著『認知症のケアとお薬のガイドブック』ワールドプランニング、2011 年

第 **4** 章

認知症を取り巻く
社会的な課題への取り組み

（認知症の専門的理解）

目的
. . . .

一人の「人」としての理解を踏まえつつ、行動の背景の一つである認知症の病態を理解し、ケアが
できるよう、最新かつ専門的な知識を得る。

到達目標
. . . .

認知症の人を取り巻く社会的な課題に関する最新の知識を理解する。

特に関連する章
. . . .

第 2 章　認知症の人への共感的理解
第 3 章　認知症の医学的理解

　山本さんのユニットの利用者恵子さん（89歳）は、終末期を迎えています。入居前は定食屋を営み、一人暮らしをしていましたが、認知症の進行により、80歳のときにグループホームに入居しました。したいことを自由にしたい、したくないことはしたくないという性分で、明るく人あたりもよくおしゃべり好きで、よくほかの利用者や職員と話をしていました。その一方で、入居当初は、「自宅に帰りたい」と言って、施設の外に出て行くこともありました。

　恵子さんは、おなかの不調を訴え総合病院を受診したところ、末期の胃がんと診断され、人生の最終段階が近づいていることを説明されました。恵子さんは、「病院は嫌い」とグループホームで暮らし続けることを強く望んでいます。恵子さんには3人の子どもがおり、キーパーソンである長男は、恵子さんの希望をかなえたいと思いつつも「入院すれば何かできることがあるのではないか」と迷っていました。長女は、「しっかりと治療も受けられる環境で過ごすほうがよいのではないか」と入院を希望していました。一方、次男は「自宅で、あまり無理な延命はせず、自然な形で最期を迎えてほしい」と、兄弟間で意見が分かれている状況でした。

　そうした家族の葛藤について相談を受けていた山本さんは、総合病院の医師に相談することを提案しました。総合病院の医師は、恵子さんが終末期を過ごす場所について意見の異なる兄弟に対し、医学的所見や自宅、病院、グループホームでの看取りについての情報提供を行いました。また、総合病院の医師は、かかりつけ医に恵子さんに関する情報を提供し、今後の病状変化とその対応について恵子さんを中心に、繰り返し協議をしました。その後、かかりつけ医、グループホームの介護支援専門員（ケアマネジャー）、山本さん、兄弟で話し合いを行いました。その頃には恵子さんとの意思疎通は難しくなってきていました。率直に意見を交換し合った結果、本人が表明していた意向も踏まえ、このままグループホームでの看取りをしていくことになりました。そして、訪問診療と訪問看護の利用が提案され、末期がんのケアについて不安を感じていたグループホームの介護職員に対し、恵子さんの病状や日常生活における観察やケアの方法、急変時の対応や連絡方法について説明が行われました。また、今後の病状変化とその対応について協議が行われました。

　恵子さんは少しずつ食事がうまく摂れなくなっていきました。状態が変化するたびに、医師を交えて情報提供と話し合いの機会をもちました。すでに、本人の意思を確認することは難しい状態であり、話し合いの結果、胃ろうなどの処置はしない方向でケアを進めていくことになりました。最後の数か月は、液体のみを経口摂取するケアを続けました。

　ちょうどその頃、リーダーの山本さんは、いつも運営推進会議に参加してもらっている認知症地域支援推進員の佐藤さんから、近くに住む若年性認知症の研二さん（55歳）について相談を受けました。研二さんはレストランの厨房で働いていましたが、50歳

の頃から仕事でミスが続き、同僚からの勧めもあって受診をしたところアルツハイマー病の診断を受けました。その後、仕事内容を調整しながらなんとか働き続けていましたが、これ以上は難しいということで退職となりました。研二さんはまだまだ働きたい、社会の役に立ちたいという思いがありながらも、妻と話し合った結果、これ以上職場に迷惑をかけるのはよくないのではないかと退職することを決めました。子どもが大学を卒業し、なんとか独り立ちできたことも決断するタイミングになったようです。

しかし、退職した喪失感からしばらく家にひきこもりがちになっていました。認知症地域支援推進員の佐藤さんは、研二さんの主治医から紹介を受けてずっとかかわりをもっています。研二さんと会ってみると、まだまだしっかりとしている様子でした。リーダーの山本さんは、管理者の秋山さんとも相談し、まずはボランティアとしてグループホームに来てみないかと誘いました。研二さんは佐藤さんにも勧められ、試しにグループホームに来て食事の準備・後片づけ、庭の手入れなどを行いました。久しぶりに家の外で活動し、また、利用者や職員から感謝の言葉をかけられ、「また来たい」と話しました。その後、1か月の間、週2～3回の活動を続けた結果、研二さんは非常勤職員としてグループホームで働くことになりました。

山本さんの勤務するグループホームでは、ちょうど施設の一角を活用して認知症カフェを開く準備を進めていました。研二さんにもプロジェクトのメンバーとしてアイデアを出してもらうことになりました。無事に開設された認知症カフェは月2回の開催ですが、その日は研二さんもスタッフとして参加しています。研二さんは最近、福祉のことも勉強しており「子ども食堂もできたらいいね」といった希望を話しています。

演習 4-1　認知症を取り巻く社会的な課題

恵子さんと研二さんの事例を通して、それぞれの事例の背景にある社会的な課題をあげてみましょう。また、その社会的課題に対する施策や取り組みについて整理してみましょう。

認知症の人の意思決定支援

 認知症の人の意思決定支援

　わが国の成年後見制度が意思代行支援にとどまり、意思決定支援の必要性が生じ
たことを背景に、2018（平成30）年「認知症の人の日常生活・社会生活における
意思決定支援ガイドライン」（以下、意思決定支援ガイドライン）が策定されました。

　この意思決定支援ガイドラインは、イギリスの「2005 意思決定能力法（Mental
Capacity Act 2005）」、障害者の権利、意思および選好を尊重することを定めた「障
害者の権利に関する条約」（2014（平成26）年批准）、「障害福祉サービス等の提供
に係る意思決定支援ガイドライン」（2017（平成29）年）等を参考に作成されまし
た。

　イギリスの意思決定能力法では、支援付き意思決定の5原則（**表4-1**）が示され、
ガイドラインの考え方に影響を与えています。

表4-1　イギリスの「2005 意思決定能力法」の原則

> ①　意思決定能力存在推定の原則
> 　「人は、意思決定能力を喪失しているという確固たる証拠がない限り、意思決定能力があ
> ると推定されなければならない」
> ②　エンパワメントの原則
> 　「人は、自ら意思決定を行うべく可能な限りの支援を受けたうえで、それらが功を奏しな
> かった場合のみ、意思決定ができないと法的に評価される」
> ③　第三原則
> 　「客観的には不合理にみえる意思決定を行ったということだけで、本人には意思決定能力
> がないと判断されることはない」
> ④　ベスト・インタレスト（最善の利益）の原則
> 　「意思決定能力がないと法的に評価された本人に代わって行為をなし、あるいは意思決定
> するにあたっては、本人最善の利益に適うように行わなければならない」
> ⑤　必要最小限の介入の原則
> 　「そうした行為や意思決定をなすにあたっては、本人の権利や行動の自由を制限する程度
> がより少なくてすむような選択肢が他にないか、よく考えなければならない」

出典：菅富美枝『イギリス成年後見制度にみる自律支援の法理——ベスト・インタレストを追求する社会へ』ミネルヴァ書
　　　房、pp.27-28、2010 年を一部改変

そして、2014（平成26）年に日本が批准した「障害者の権利に関する条約」の第12条は、障害のある人の法的能力の完全なる行使を保障するため、行為能力の制限や代理・代行決定による支援からその「支援付き意思決定」のしくみへの転換を求めています（表4-2）。

表4-2　障害者の権利に関する条約第12条：法律の前にひとしく認められる権利

> 1　締約国は、障害者が全ての場所において法律の前に人として認められる権利を有することを再確認する。
> 2　締約国は、障害者が生活のあらゆる側面において他の者との平等を基礎として法的能力を享有することを認める。
> 3　締約国は、障害者がその法的能力の行使に当たって必要とする支援を利用する機会を提供するための適当な措置をとる。
> 4　法的能力の行使に関する措置における保障
> ①　本人の権利・意思・選考（好み）の尊重
> ②　不当な影響の排除
> ③　本人の変動する状況に適合
> ④　短期間の適用
> ⑤　定期的審査
> 5　締約国は、この条の規定に従うことを条件として、障害者が財産を所有し、又は相続し、自己の会計を管理し、及び銀行貸付け、抵当その他の形態の金融上の信用を利用する均等な機会を有することについての平等の権利を確保するための全ての適当かつ効果的な措置をとるものとし、障害者がその財産を恣意的に奪われないことを確保する。
> ※日本は2007（平成19）年9月28日に条約に署名。2014（平成26）年1月20日に批准書を寄託し、同年2月19日に効力を発生した。

注：第4項は、障害者の権利に関する条約第12条第4項を基に筆者作成

意思決定支援ガイドラインは、認知症と診断された場合に限らず、認知機能の低下が疑われ、意思決定能力が不十分な人を支援するためのガイドラインです。認知症の人の意思決定支援にかかわるすべての人が対象者となっています。

意思決定支援ガイドラインは、認知症の人の意思決定支援の基本的考え方を示すものであり、本人の意思決定能力が欠けている場合の、いわゆる「代理代行決定」のルールを示すものではないとされています。つまり、本人の代わりに誰かが決定しなければならない場面については取り扱っていません。意思決定支援のプロセスは、代理代行決定のプロセスとは異なるということを前提としています。

2 意思決定支援の基本的な考え方

1 意思決定支援とは

　認知症の人の意思決定支援について、意思決定支援ガイドラインでは、「認知症の人であっても、その能力を最大限活かして、日常生活や社会生活に関して自らの意思に基づいた生活を送ることができるようにするために行う、意思決定支援者による本人支援」としています。支援付き意思決定の考え方でいえば、意思決定能力を有していないという確固たる証拠がない限り、意思決定能力があると推定し、その人が自ら意思決定を行うべく可能な限りの支援を行うためのガイドラインであるといえます。

　なお、「障害福祉サービス等の提供に係る意思決定支援ガイドライン」では、意思決定支援について、「自ら意思を決定することに困難を抱える障害者が、日常生活や社会生活に関して自らの意思が反映された生活を送ることができるように、可能な限り本人が自ら意思決定できるよう支援」することに加え、そうした支援を行いつつ「本人の意思の確認や意思及び選好を推定し、支援を尽くしても本人の意思及び選好の推定が困難な場合には、最後の手段として本人の最善の利益を検討するために事業者の職員が行う支援の行為及び仕組み」としています。

2 意思決定を構成する要素

　意思決定はさまざまな要素が影響し合うなかで行われます。意思決定支援を行う際にはこれらの要素について評価し、本人の意思決定支援のあり方を検討していく必要があります。ここでは、①本人の意思決定能力、②意思決定支援が必要な場面、③人的・物理的環境による影響の三つの要素について説明していきます。

本人の意思決定能力

　本人の意思決定能力は、「同意能力」「判断能力」「意思能力」など、さまざまな名称で呼ばれてきました。意思決定支援ガイドラインでは、意思決定能力を「理解する力」「認識する力」「論理的に考える力」「選択を表明できる力」によって構成されるとしています。意思決定支援ガイドラインでは、この四つの能力の評価判定と本人の能力向上支援、意思決定支援の活動は一体的なものとしています。この四つの能力は「ある」「ない」の2分法で判定するものではなく、連続量として存在

しているもので、個々の意思決定の場面に応じて求められる量によって「ある」「ない」が判定されるものとしています。つまり、今日何を食べるかの意思決定と手術を受けるかどうかの意思決定では求められる量が異なるということになります。

表4-3　医療同意に必要な四つの能力

理解	意思決定に関連する情報と性質と目的を一般的な意味で理解していること。
認識	意思決定に関するさまざまな選択肢の利益とリスクを比較すること。
論理的思考	意思決定の行われる状況や意思決定の結果を認識していること。
選択の表明	ある意思決定の結果を他者に伝達することができること。

資料：五十嵐禎人「Ⅱ意思能力について　精神医学的立場から」松下正明編『司法精神医学4　民事法と精神医学』中山書店、p.47、2005年を基に筆者作成

グリッソ（Grisso, T.）とアッペルボーム（Appelbaum, P. S.）は、論理的思考を評価するうえで前提となる基本的機能をあげています（**表4-4**）。

表4-4　論理的思考を評価するための基本的機能

①問題への集中	選択する問題に集中していられる。
②選択肢についての考察	一つの選択肢だけでなく、複数の選択肢を視野に入れることができる。
③結果の考察および想像	選択の結果がどうなるかについて考察し、日常生活への影響を想像することができる。
④結果の起こる可能性の評価	結果について確率（可能性）の観点から考えることができる。
⑤結果の評価	結果の優劣を自分の主観的価値に基づいて比較し、考察できる。
⑥熟考	上記の作業を、熟考という形で行うことができる。

資料：T. グリッソ・P. S. アッペルボーム、北村總子・北村俊則訳『治療に同意する能力を測定する──医療・看護・介護・福祉のためのガイドライン』日本評論社、pp.56-57、2000年を基に筆者作成

　論理的思考では、「結果の優劣を自分の主観的価値に基づいて比較する」という点が重要です。つまり、選択する本人の価値判断が大切な要素となっており、必ずしも専門家や世間一般からみて妥当とされる判断・選択が行われるわけではないということです。

　本人が表出した意思を尊重できるかどうかの判断には、意思決定能力がその意思決定に必要な量に達しているかどうか検討することになります。意思決定能力の評

価を行う際、まず、本人の年齢や病名、あるいは外見、ふだんの言動などは重要な情報ですが、それらだけで安易に意思決定能力を結論づけてはなりません。つまり、認知症という診断があるからという理由だけで意思決定能力がないとする結論にはならないということです。

　また、選択肢の内容の複雑さや、その決定が及ぼす影響の大きさによって、必要な意思決定能力が異なります。例えば、何を食べるか、何を着るかといった日常生活行為の決定に必要な能力と、財産の処分や施設入所の選択について必要な能力は異なります。そして、一つの選択ができないからといって、すべての決定が難しいわけではなく、一つひとつの事項ごとに能力の評価と必要な支援を検討する必要があります。事例の恵子さんの場合は、終末期の治療や暮らし方にかかわる、非常に重要な決定に関する支援であるといえます。

　さらに、その能力はそのときの体調や支援者のかかわり、その他、人的・物的環境などによって影響を受けます。例えば、意思決定支援者の力量や信頼関係の深さなどが重要になります。また、本人の覚醒状態がよくない場合や騒々しく気が散る環境などでは十分な能力の発揮は難しいでしょう。日を改めて会いに行ってみたところ、十分に意思決定ができたということもあります。意思決定能力が変化するなかで重大な方針を決定する場合には、より慎重な評価が必要です。調子のよいときにいつも一貫した意思表示をしていれば、その意思の確かさが高まっているといえます。

　意思決定支援を行う際には、本人のもつ能力を最大限に発揮できるように支援しなければなりません。認知機能のテストのようなかかわりではなく、本人の意思決定能力の状況に配慮して、どのように情報を提供するか、どのように本人の意思表出を支援するかを検討しなければなりません。この支援を可能な限り検討し、かかわることが意思決定支援になります。複雑な説明を全く理解できないと思われても、落ち着いた雰囲気の部屋で、わかりやすい説明を受ければ一定程度理解に至る場合もあります。もちろん、適切な介入を行えば誰もが意思決定能力を高められるわけではありません。恵子さんの場合も、可能な限り、本人が理解できる形での情報の提供や、繰り返しの意思の確認をしていきましたが、状態が悪化していくなかで、本人の意思を推定した支援を行っています。

意思決定支援が必要な場面

　意思決定支援は、食事、衣服の選択、外出、排泄（はいせつ）、整容、入浴などの基本的な生

活習慣に関する場面のほか、複数用意された余暇活動プログラムを選択する場面など、日常生活において本人の生活にかかわる支援者が、ふだん行っている直接支援のすべての場面で必要になります。

　また、介護保険サービス等の利用に関する選択決定にかかわる場面も含まれます。訪問型サービス、通所型サービスの利用や介護保険施設やグループホーム、サービス付き高齢者向け住宅といった住まいの選択など、生活や人生に大きな影響を与える選択もあります。

人的・物理的環境による影響

　意思決定支援では、本人にかかわる支援者や関係者による人的な影響や環境による影響、本人の経験などが影響します。例えば、職員が本人の意思を尊重しようとする態度で接しているかどうか、本人との信頼関係を築くことができているかどうかなどです。

　また、意思決定の場面に立ち会う家族など、関係者との関係性も影響を与える可能性があります。ひと言で「家族」といってもその関係性はさまざまです。キーパーソンとして認知症の人の支援の窓口になる場合もあれば、心理的、手段的、経済的サポート等を通して生活を支える存在であることもあります。一方で心情的なもつれ、財産分与や生活費の問題などで対立関係になるなど、「本人の最善の利益」からみたときに、本人の支援者・代弁者という意味では、一面的にとらえることはできません。

　意思決定支援ガイドラインでは、本人をよく知る家族については、同居しているかどうかを問わず、意思決定支援者として意思決定支援チームの一員となってもらうことが望ましいとされています。しかし、事例における恵子さんの長男や長女のように、家族は、本人の意思に向き合いながら、どうしたらよいか悩んだり、場合によっては本人の意思と家族の意思が対立する場合もあります。例えば、家族がレスパイトケアを目的として介護サービスの利用を希望しても、本人がそれを望まない場合などでしょうか。このような場合、意思決定支援ガイドラインでは、専門職や行政職員などの意思決定支援者は、家族の悩みや対立の理由・原因を確認したうえで、提供可能な社会資源などを調査し、そのような資源を提供しても、本人の意思を尊重することができないかを検討するとしています。つまり、本人と家族両者の意思を反映させた解決策を見出していく必要性を指摘しています。

　また、本人と家族の意見が分かれたり、本人が過去に表明した見解について家族

が異なって記憶していたり、社会資源等を受け入れる必要性の判断について見解が異なる場合は、家族に対して、本人の意思決定を支援するのに必要な情報を丁寧に説明したり、家族が不安を抱かないように支援をすることが求められます。

　環境に関しては、初めての場所や慣れない場所で意思決定支援が行われる場合、本人が過度に緊張してしまい、ふだんどおりの意思表示ができないことも考えられます。安心して意思決定ができる配慮が必要です。また、サービスの利用の選択については、経験の有無によっても影響されることが考えられるため、体験利用を活用し経験に基づいて選択ができる方法を活用することが求められます。A 事業所と B 事業所のどちらのデイサービスがよいか、パンフレットや言葉での説明だけでなく、実際に体験利用をしてみることで、選択に必要な情報をしっかりと理解・認識できる場合もあります。

③ 意思決定支援のプロセス

　意思決定支援のプロセスは、①本人が意思を形成することの支援（意思形成支援）、②本人が意思を表明することの支援（意思表明支援）、③本人が意思を実現するための支援（意思実現支援）の三つのステップを踏んでいきます。

意思形成支援

　本人への支援は、本人の意思の尊重、つまり、自己決定の尊重に基づき行っていきます。そのために、自己決定に必要な情報を、認知症の人が有する認知能力に応じて、理解できるように説明しなければなりません。

　意思形成支援では、情報提供の支援として、本人が意思を形成するのに必要な情報が説明されているかどうか、本人が理解できるように説明されているかどうか、本人が理解している事実認識に誤りがないかの確認を行う必要があります。

　また、情報提供を行う際には、本人が自発的に意思を形成する環境になっていることが必要です。本人が何を望むかを開かれた質問（p.267 参照）で聞き、選択肢を示す場合には、可能な限り複数の選択肢を示し、比較のポイントや重要な点をわかりやすく示していきます。その際、口頭による説明だけではなく、文字にして確認できるようにしたり、図や表、動画、写真を使って示すなど、本人の能力に合わせた伝達方法を工夫していきます。情報の伝達や理解できているかどうかの確認のやりとりでは、認知機能障害に配慮することが大切です。例えば、記憶障害の影響から説明された内容を忘れてしまうかもしれません。その際は、そのつど、丁寧に

説明する必要があります。さらに、本人が理解していると答えていても、実際は理解できていない場合もあるため、本人の様子を見ながらよく確認することが必要になります。

意思表明支援

認知症の人は、言語による意思表示が困難なことが想定されるため、本人の身振り・手振り、表情の変化も意思表示として読み取る努力を最大限に行うことが求められます。また、本人の意思を表明しにくくする要因となる可能性があるため、意思決定支援者の態度のほか、人的・物的環境の整備に配慮が必要です。本人と時間をかけてコミュニケーションを図ることが大切で、決断を迫るあまり、本人を焦らせるようなことは避けなければなりません。

本人の示した意思は、時間の経過や本人がおかれた状況などによって変わり得るため、最初に示された意思に縛られることなく、適宜、その意思を確認する必要があります。重要な意思決定の際には、表明した意思を時間をおいて再度確認する、複数の意思決定支援者で確認するなどの工夫が求められます。また、本人の表明した意思が、本人の信条や生活歴、価値観などからみて整合性がとれない場合や表明した意思に迷いがあると考えられる場合などは、本人の意思を形成するプロセスを振り返り、改めて適切なプロセスを踏んで本人の意思を確認します。

意思実現支援

意思実現支援のステップでは、本人の能力を最大限に活用して、自発的に形成・表明された本人の意思を日常生活・社会生活に反映させていきます。このとき、多職種で協働し、利用可能な社会資源等を用いて行います。形成・表明された意思が、他者を害する場合や本人に見過ごすことのできない重大な影響を及ぼす場合でない限り、ほかからみて合理的な決定であったかどうかは問われませんし、その内容によって意思決定能力がないとみなされるものではありません。

ショートステイの体験利用など、実際に経験することで本人の意思が変わることもあるため、本人にとって無理のない経験を提案することも有効な場合があります。このような体験の機会の活用を含め、本人の意思確認を最大限の努力で行っていきます。また、必要に応じて関係者等が集まり、判断の根拠を明確にしながら、より制限の少ない生活への移行を原則として意思決定支援を進める必要があります。

④ 意思決定支援における基本姿勢

意思決定することができるという前提で支援する

　たとえ認知症の症状等から、意思決定が困難と思われる場合であっても、可能な限り本人が意思決定しながら尊厳をもって暮らしていくことが重要です。あらゆる方法を用いて、なお意思を確認できないと判断されるまでは、本人に意思決定能力があるという前提で、意思決定の支援を行います。

本人の意思、推定意思を確認し尊重することからはじまる

　私たちの日常は意思決定の連続で成り立っています。したがって意思決定の支援がどのタイミングで、どのような場面で必要になるかは人それぞれであるということが大前提になります。支援者が意思決定支援をすべきと判断した場合のみに支援するのでは、本当に本人が支援を要する場合に意思決定支援が行われないということが起こってしまいます。

　意思決定支援は、本人の表明した意思・選好（確認が難しい場合には推定意思・選好）を確認し、それを尊重することからはじまるということが大切になります。

本人の意思を尊重する

　本人の示した意思は、それが他者を害する場合や本人にとって見過ごすことのできない重大な影響が生じる場合でない限り、尊重されなければなりません。意思決定能力における論理的思考の評価でも示したように、意思決定はその人の主観的価値に基づいて選択肢を比較し、決定されます。必ずしも専門家や世間一般からみて妥当とされる判断・選択が行われるわけではありません。

⑤ 意思決定支援会議

　意思決定支援を行うなかで、本人の意思決定能力の判定や、支援方法に困難や疑問を感じる場面が生じます。また、本人の意思を日常生活や社会生活に反映した場合に、他者を害するおそれがあったり、本人に見過ごすことのできない重大な影響を及ぼす場合もあります。このような場合は、チームで情報を共有し、再度、適切な意思決定支援のプロセスを踏まえて、本人の意思決定支援の方法について検討していく必要があります。この意思決定支援チームを中心として開催される会議を

「意思決定支援会議」といいます。

　意思決定支援会議の参加者は、意思決定支援ガイドラインの内容を理解したうえで参加することが重要です。本人の参加が望ましいですが、本人の状態に十分に配慮した対応が必要です。検討の際には、本人の認知機能や身体および精神の状態を適確に示す医療に関する情報、本人の意思や好みを理解するための生活状況等に関する情報など十分な判断資料を得たうえで行われなければなりません。検討のプロセスで話し合った内容は、そのつど、記録として残すことが求められます。

認知症を取り巻く社会的課題

1 認知症の告知とその支援

1 認知症の告知

　認知症の告知は、本人の自己決定権を尊重するうえで重要なことです。特にアルツハイマー病は進行性で治癒が難しい疾患であり、個人差はありますが発症後も長い期間を病気とともに過ごしていくことになります。その後の人生を、どのように生きるべきなのかを自分の意思で決めていくうえで、自分がアルツハイマー型認知症であるということ、予後や治療方法、サポート体制について知ることはとても重要な意味をもちます。もし、本人が知らず、家族や支援者のみがそれを知っている状態であれば、家族や支援者はその後ずっと本人に対して誠実になれず、苦悩と葛藤を抱えることになるかもしれません。

　本人への認知症の告知は、原則として本人に意思決定能力がある場合に行われます。意思決定能力がない場合には、家族などの代理判断者に伝えることになります。認知症の告知は、本人や家族にとってさまざまな心理的、社会的な影響を及ぼします。自分の病気について知ることで、それまで感じていた「自分はなぜ以前にできていたことができなくなってしまったのか」という不安感や違和感の理由がはっきりし、現実を受け入れながら、今後の生活、医療、ケアについて考えていくことができます。また、早期に治療を開始することで病気の進行を遅らせ、日常生活を維持していくことで介護者の負担軽減にもつながります。一方、伝え方やタイミングによっては、大きな精神的ショックを受け、恐怖と不安のなかで生活を送ることになるかもしれません。このような状況に陥らないよう、本人や家族への心理的配慮、タイミング、伝える内容について十分な配慮が求められます（第 2 章参照）。

2 告知後の支援

　告知はそれだけで完結してはいけません。医師と本人・家族の信頼関係構築の出発点として継続的に支援していくことが前提になっている必要があります。「共有

された意思決定」という考え方があります。これは、どのような医療や介護を受けるべきかを判断する際に、自分だけで決められず、専門的な助言が必要と感じた場合に、家族や医療・介護の専門職からの助言を得ながら関係者間で話し合いながら決めていく方法です。認知症の進行により、将来、自分のことを自分で決められなくなる可能性があるなかで、まだ、さまざまなことが判断できる段階で告知を受けることによって、どのような場所で、どのようなケアを受けたいかを事前に決めておくことが可能になります。

　また、将来、意思決定能力を失った場合に備えて、医師に対して事前に医療やケアに関する指示を与えておくことを「事前指示」（アドバンスディレクティブ）といいます。例えば、アルツハイマー型認知症は、病気の進行とともに身体機能も低下し、終末期には嚥下機能の低下により口から食べることが難しくなることもあります。最近では、経皮内視鏡的胃ろう造設術（Percutaneous Endoscopic Gastrostomy：PEG）が普及しており、終末期の胃ろうの是非が課題となっていますが、こうした終末期の治療・ケア方針について事前に決めておくことは人生の最終段階でも自分の価値観に沿った生き方をしていくために重要な手続きになります。

　本人が意思表明できるうちに、終末期医療やケアについて考え、家族や近親者、医療・ケアチームと十分な話し合いを重ね、前もって医療・ケアの計画を立てることをACP（アドバンス・ケア・プランニング）といいます。ACPはわが国では「人生会議」の名称で普及が図られています。人生の最終段階において、自分がどのような状態になる可能性があり、どのような選択肢があるのか、その結果どのような生活になるのか、自分だけで決めることは難しい場合があります。また、人の意思は揺れ動くものであり、一度決めたことを再度考え直したいと思うことがあるのは自然なことです。したがって、人生の最終段階をどう過ごすのかについては、専門家や家族を交えた話し合いを繰り返す必要があります。

　以上のように、認知症の告知は適切に実施されることによって、認知症になっても自分の意思で人生のありようを選択し、生活を再構築していくための出発点となります。一方、告知のされ方によっては本人や家族は望みを失ってしまうかもしれません。告知後の支援の手が届かない「空白の期間」を生み出してしまうかもしれません。医療職だけでなく介護職としてもその重要性を理解し適切な支援を提供できるようになっていく必要があります。

2　認知症の人の終末期ケア

1　認知症の人の人生の最終段階での課題

　認知症の人の終末期には、会話が困難になる、生活行為についてほぼ介助を要する、誤嚥性肺炎や尿路感染症などの合併症が発症するなどが考えられます。また、嚥下機能の低下や食べ物の認識が難しくなること、食べることに関心を示さなくなる場合もあり、脱水や低栄養の状態、誤嚥性肺炎などが課題になります。PEGやほかの経管栄養の是非も含めて医療行為は患者の自己決定を最大限尊重すべきではありますが、認知症の終末期には意思疎通が難しい場合が多くなります。生活の質（QOL）をどのように考えるのかも重要になります。生活の視点についても十分に配慮された終末期ケアに焦点をあてる必要があります。

2　「人生の最終段階における医療・ケアの決定プロセスに関するガイドライン」

　「人生の最終段階における医療・ケアの決定プロセスに関するガイドライン」(2018（平成30）年)（以下、人生の最終段階の医療・ケア決定ガイドライン）では、人生の最終段階における医療・ケアのあり方について、医師等の医療従事者から適切な情報の提供と説明がなされること、そして、それに基づいて医療・ケアを受ける本人が多専門職種の医療・介護従事者から構成される医療・ケアチームと十分な話し合いを行い、本人による意思決定を基本としたうえで、人生の最終段階における医療・ケアを進めることが最も重要な原則であるとしています。

3　人生の最終段階における医療・ケアの方針の決定手続

　人生の最終段階の医療・ケア決定ガイドラインでは、人生の最終段階における医療・ケアの方針の決定手続は、本人の意思の確認ができる場合と、できない場合で手順を分けています。

本人の意思の確認ができる場合

　人生の最終段階の医療・ケア決定ガイドラインでは、本人の意思の確認ができる場合について、次のように示しています。

◎ 本人の意思の確認ができる場合の決定手順

> ① 方針の決定は、本人の状態に応じた専門的な医学的検討を経て、医師等の医療従事者から適切な情報の提供と説明がなされることが必要である。
>
> そのうえで、本人と医療・ケアチームとの合意形成に向けた十分な話し合いを踏まえた本人による意思決定を基本とし、多専門職種から構成される医療・ケアチームとして方針の決定を行う。
> ② 時間の経過、心身の状態の変化、医学的評価の変更等に応じて本人の意思が変化しうるものであることから、医療・ケアチームにより、適切な情報の提供と説明がなされ、本人が自らの意思をその都度示し、伝えることができるような支援が行われることが必要である。この際、本人が自らの意思を伝えられない状態になる可能性があることから、家族等も含めて話し合いが繰り返し行われることも必要である。
> ③ このプロセスにおいて話し合った内容は、その都度、文書にまとめておくものとする。

人生の最終段階についてどうあるべきかについての決定は、本人の意思の確認が何よりも大切になります。したがって、本人の意思の確認ができる場合はまずしっかりと本人の意思を確認していかなければなりません。しかし、どうしても本人の意思の確認ができない場合もあります。その場合には、家族等による代理判断を検討しなければなりません。

「事前指示」（p.89 参照）があることによって、自己決定の権利を尊重することもでき、また、家族や支援者にとっては、本人の意向がわからないまま終末期の医療やケアを進める心理的苦悩や感情的苦痛の軽減になります。事前指示はその指示がどのようなプロセスで作成されたのかが重要です。もし、本人が一方的に事前指示書を書き、医師に渡すだけであれば、医学的事項の理解が不十分なまま書いてしまった可能性があります。また家族ら関係者を交えずに作成された場合は、関係者間で本人意思の共有ができていないことにもなり、本人の願望に対する共感が得られない事態に陥ってしまいます。だからこそ、本人が意思表明できるうちに、終末期医療やケアについて考え、家族や近親者、医療ケアチームと十分な話し合いを重ね、前もって医療職が医療ケアの計画を立てる ACP が重要なのです。

ACP を進める際に重要なのは、繰り返しの話し合いです。人の意思は時間の経過、心身の状態の変化、医学的評価の変更などに応じて変化します。医療・ケアチームにより、適切な情報の提供と説明がなされ、本人が自らの意思をそのつど示し、伝えることができるような支援が行われることが必要になります。この過程で、本人が自らの意思を伝えられない状態になる可能性もあるため、家族等も含めて話し合いが繰り返し行われることも必要です。難解な医療に関する情報を伝えなければ

ならない場合や本人の理解力や記憶力が低下している場合は、意思決定支援のプロセスに沿って、本人の意思形成や意思表明の支援をしていく必要があります。事例の恵子さんは、「グループホームで暮らしたい」という意思を明確に表明していますが、適切な医療の情報が提供されたり、本人の状態が悪化するといった変化のなかでその意思は揺らぎ変わる可能性があります。したがって、本人の状態に合わせた繰り返しの情報提供と対話が重要になります。

また、公正性の視点から、密室の決定にならないよう透明性を確保することも重要です。このプロセスにおいて話し合った内容は、そのつど、文書にまとめておく必要があります。さらに、医療・介護従事者からの押しつけにならないように配慮し、医療・ケアについての本人の意思が十分に示されたうえで行われる必要があります。また、第三者の意見を聞くなどして、中立性に留意することも重要です。事業所内の職員はもちろんのこと、外部の専門家から助言を受けるなどのしくみ（倫理コンサルテーション、倫理カンファレンス）を整えておくとよいでしょう。

この医療・ケアチームにおいては、社会的な側面に配慮するソーシャルワーカーやケアにかかわる介護支援専門員（ケアマネジャー）などが参加することが望まれます。人が人生の最終段階を迎える際には、さまざまな精神的・社会的問題も発生するからです。事例においても、かかりつけ医に加え、グループホームのケアマネジャーやユニットリーダーの山本さんが加わり検討が行われています。

本人の意思の確認ができない場合

人生の最終段階の医療・ケア決定ガイドラインでは、本人の意思の確認ができない場合について、次のように示しています。

◎ 本人の意思の確認ができない場合の決定手順

> ① 家族等が本人の意思を推定できる場合には、その推定意思を尊重し、本人にとっての最善の方針をとることを基本とする。
> ② 家族等が本人の意思を推定できない場合には、本人にとって何が最善であるかについて、本人に代わる者として家族等と十分に話し合い、本人にとっての最善の方針をとることを基本とする。時間の経過、心身の状態の変化、医学的評価の変更等に応じて、このプロセスを繰り返し行う。
> ③ 家族等がいない場合及び家族等が判断を医療・ケアチームに委ねる場合には、本人にとっての最善の方針をとることを基本とする。
> ④ このプロセスにおいて話し合った内容は、その都度、文書にまとめておくものとする。

人生の最終段階における医療・ケアの決定プロセスにおいて家族等が果たす役割は決して小さくはありません。とはいえ、家族にはさまざまな事情があり家族の代理判断が常に適切とは限りません。長い間に形成されてきた本人との関係性は複雑で、介護を放棄したいと思っている家族もいます。また、本人の利益と家族の利益が相反していることもあります。こうした背景に注意を払いつつ、家族の意見が「本人の思いを代弁し、最善の利益を反映しているか」を見きわめていく必要があります。

なお、医療の同意については、法的には、「権利または義務が特定人に専属しほかの者に移転しない性質のもの」とされます。つまり、本人が意思表明できなくなっても、本人の医療に対する同意権は家族に移譲されるわけではなく、「家族等による同意は、本人の同意権の代行にすぎず、第三者である家族に同意権を付与しているものではない」とされています。したがって、家族の意向で自由に決めてよいということではありません。あくまで本人の意向を家族が代わりに行っているということなので、家族の代理判断においては、「このようなとき、本人だったらどうするのか」という問いが大切であり、その判断が、本人の価値観や意向を適切に反映し、本人の最善の利益に沿ったものなのか、慎重に検討されなければなりません。事例においては、恵子さん本人の意思確認が難しい状況のなか、胃ろうなどの処置はしない方向でケアを進めていくことになりました。こうした決定を慎重に進めていく必要があります。

3 若年性認知症の人の社会生活と就労

1 若年性認知症の人の社会生活と就労

若年性認知症の人は、働き盛りの年代で発症すると、高齢期に発症する場合と比較し、就労や子育てなどの社会生活上の課題が顕著になります。一般的に、認知症は高齢期の疾患と認識されています。そのため、本人も家族や職場の上司・同僚も病気を受け入れることが難しく、今後どのようになるのか、どうしていけばよいのかという見通しが立たずに大きな不安を抱えてしまいます。

個人差はありますが、多くの場合は認知症とともにその後の長い人生を生きていくことになります。子どもの進学・結婚・出産や子育て、親の介護などのライフイベントが控えていることもあります。就労していた場合、責任ある立場にいる人も

少なくありません。事例の研二さんのように仕事の失敗から異変に気づき早期診断に至った場合は、日常生活ではまだまだできることがたくさんあります。そうした状況のなかで、なんとか能力や経験を活用して仕事を継続したいという思いをもっていても、納得できない形でそれをあきらめた場合、その後の人生を後悔や喪失感を抱えて生きていくことにもなりかねません。家族の生活を支える立場である場合は、家族の生活費、教育費等の経済的な問題もあります。

　認知症は高齢者がなるものだと思っていたのに「どうして自分が」という苦しみ、気持ちの落ち込みや自信の喪失のなかで、社会とのつながりを失い、自分でできることまで続けられなくなることも少なくありません。これまでの何気ない日常、将来の生活への希望を継続したいという思いと、思いどおりにはならない現実の間で葛藤し、現実に直面するなかで大きな喪失感に襲われてしまうことが考えられます。また、こうした本人の姿に、家族などの周囲の人も不安やストレスを抱えてしまうことになります。まだまだできることがある状態の人は介護保険サービスの対象にはなりづらく、また対象になったとしても高齢者が利用する介護保険サービスに抵抗感がある場合もあります。

　以上のように、若年性認知症の人やその家族に対しては、①将来を見据えた中・長期的な支援、②経済的な支援と就労に対する支援、③社会とのつながりの支援、④家族の負担を軽減するための支援、⑤症状の進行に伴う健康面に対する支援が必要です[1]。

② 若年性認知症の人への支援施策

　若年性認知症の人の生活支援は高齢期の認知症の人の支援と異なり、障害者の日常生活及び社会生活を総合的に支援するための法律（障害者総合支援法）等の障害者福祉施策の活用や雇用・就労継続支援の視点を含めて検討していく必要があります。制度の狭間におかれてしまい、何も支援につながらない「空白の期間」や必要な情報が届かず活用可能な資源を利用できない状況に陥ってしまうことのないよう、支援者は、本人を含む関係者への情報提供や相談窓口へのアクセスなど、複数の異なるシステムで運用されている社会資源をコーディネートし、連携していく視点が欠かせません。事例の研二さんの場合は、退職後、家にひきこもってしまうことになりましたが、主治医と認知症地域支援推進員の佐藤さんとの連携により、社会とのつながりを再構築する機会が訪れています。

　「認知症の医療と生活の質を高める緊急プロジェクト」（2008（平成20）年）では、

今後の認知症施策の基本方針となる5本柱のなかに、「若年性認知症施策の推進」が明記され、これを受け、「若年性認知症施策総合推進事業」として、若年性認知症にかかるネットワークの構築やニーズ調査などに要する経費の一部の助成が行われたほか、若年性認知症について相談できる全国で1か所の若年性認知症コールセンターが設置されました。

オレンジプラン

「認知症施策推進5か年計画（オレンジプラン）」（2012（平成24）年）では、七つの柱の一つに「若年性認知症施策の強化」があげられています。具体的な施策として、若年性認知症支援のハンドブックを作成し、医療機関、市町村窓口などで若年性認知症と診断された人とその家族に配布すること、若年性認知症の人の意見交換会を都道府県で開催していくこととされました。

この若年性認知症支援のハンドブックでは、若年性認知症の人の状態や環境に応じて、今後の生活などの相談、雇用の継続や障害福祉サービスである就労継続支援事業の利用、障害者手帳の取得や障害年金の受給など、さまざまな制度につながることができるように紹介しています。

新オレンジプラン

「認知症施策推進総合戦略（新オレンジプラン）」（2015（平成27）年）では、「オレンジプラン」から引き続き「若年性認知症施策の強化」が七つの柱の一つとしてあげられています。具体的な施策として、新たに若年性認知症の人の自立支援にかかわる関係者のネットワークの調整役として「若年性認知症支援コーディネーター」を配置することになりました。若年性認知症支援コーディネーターは、都道府県ごとに配置され、若年性認知症の人やその家族からの相談の窓口となります。

具体的な支援内容としては、意見交換会の開催などを通じた若年性認知症の人のニーズ把握、若年性認知症の人やその家族が交流できる居場所づくり、事業主に対する若年性認知症の人の就労について理解を図るための周知、若年性認知症の人がハローワークによる支援などを利用できることの周知など、若年性認知症の特性に配慮した就労・社会参加支援を推進することが期待されています。

認知症施策推進大綱

「新オレンジプラン」を引き継いだ「認知症施策推進大綱」（2019（令和元）年）

では、「認知症バリアフリーの推進・若年性認知症の人への支援・社会参加支援」が五つの柱の一つとして取り上げられました。具体的な施策としては、若年性認知症支援コーディネーターの活動に関する好事例を収集し、それを基に効果的な配置のあり方やコーディネーターの資質の向上策について検討していくことが示されました。また、若年性認知症支援コーディネーターが就労・社会参加のネットワークづくりに加え、認知症地域支援推進員や地域包括支援センター職員との広域的なネットワークづくりを推進するとしています。若年性認知症の人の就労支援については、障害者施策における就労継続支援事業所などでの若年性認知症の人の受入れの実態の把握と、好事例の収集を行うこととされています。

③ 若年性認知症の人の就労支援

　若年性認知症の人を支援する場合に、特に課題となるのが就労支援と参加や活動が可能な居場所などをつくるための支援です。働くということは、「自分の役割を果たしたい」「能力を発揮したい」というニーズを満たすための手段でもあります。そして、誰かに必要とされ、自分の役割を果たすことによる周囲の肯定的な反応を通じて、自身を肯定的にとらえていくことができるようになると考えます。

　若年性認知症の人や家族の支援は、若年性認知症支援コーディネーターや認知症地域支援推進員、地域包括支援センター、主治医、行政機関等の支援機関、職場、その他地域の諸資源との連携のなかで展開される体制づくりが進められています。どのような段階で、どのような立場でかかわるかの違いはありますが、連携体制の構築や推進を想定しながら、本人・家族の意向に沿った支援を展開していく必要があります。

本人に合った就労継続の検討

　若年性認知症といっても、人によってその症状、進行はさまざまです。認知症の早期発見・早期診断が可能となった現在においては、認知症と診断されたとしても、まだまだできることも多く、適切な配慮のもとであれば就労を継続することが可能な場合もあります。例えば、支援機関や支援制度を活用したり、症状に応じた職務内容の変更や配置転換を行うなどにより、若年性認知症の人の雇用を継続できる可能性があります。まずは本人の意向や状態をよく確認し、本人の意向に反した結果にならないよう十分に配慮しながら支援を進めていくことが大切です。

　現役の人が仕事を継続するためには、会社の同僚や上司の理解と協力が必要にな

ります。会社自体や同僚・上司がいかに認知症のこと、本人がおかれた状態、気持ち等を理解しているか、また仕事において協力してもらえるかが重要になります。会社に認知症に対する理解が十分にない場合には、退職を余儀なくされる可能性があり、そのような心配から本人が診断内容を告げられず葛藤を続けてしまう場合もあります。そうでなくても、本人は会社に迷惑をかけているのではないかといった思いを抱えていることは少なくありません。

障害者雇用としての就労継続

　障害者雇用としての就労継続を検討する場合は、就労継続の手段として利用の可能性があることや、そのためには障害者手帳の取得が必要であることなど、制度利用に伴うメリットとデメリットを十分に理解しておく必要があります。そのうえで、本人や家族が障害者雇用枠での採用を希望する場合には、会社側に障害者雇用について説明・提案し、理解を求めていく必要があります。障害者雇用枠を利用する場合、本人の給与、退職金などに影響する場合もあるので、どのような働き方がよいのかを、本人・家族・会社等を交えて十分に話し合うことが重要となります。

　休職する場合は、一定の条件を満たすと傷病手当金の支給が受けられます。休職中も、生活のリズムを崩さないことが大切です。市町村や地域包括支援センターの担当者、認知症地域支援推進員などと連携し、本人の希望や状態に配慮しつつ、地域の「本人・家族の交流会」や認知症カフェ等への参加を促し、本人にとっての「家庭以外の居場所」となる場を確保し、その情報を提供するなどの支援を行います。この場合、市町村の担当者または認知症地域支援推進員が認知症ケアパスを作成するなかで把握した、認知症（若年性認知症を含む）の本人・家族の交流会、認知症カフェ等の地域の社会資源の情報を踏まえて支援することが必要です。

　復職する場合は、配置転換になることも多く、前述の配置転換の場合と同様の支援が求められます。復職のタイミングについては、主治医や会社の産業医の意見を踏まえ、本人・家族・会社等で十分に話し合うことが重要です。その際には、復職後の仕事内容や労働時間等の労働条件や復職後の職場の上司や同僚の理解が得られるような受け入れ準備についても調整を行います。

退職・解雇になった場合

　本人が会社に診断内容を告げたとしても、会社の規模、経営状態、本人の希望する仕事の内容等によっては、同じ職場あるいは配置転換での雇用を継続できないこ

とがあります。退職・解雇になった後も、本人に勤労意欲と就業能力がある場合は、地域障害者職業センター、障害者就業・生活支援センター、ハローワーク等を通じて、さまざまな支援を受けることができます。

　地域障害者職業センターは、専門性の高い就労支援として、職業評価、ジョブコーチ支援、職場復帰支援等を行います。長らく健康に働いてきた人が病気やけがなどによって、それまでの働き方が難しくなった場合の相談や職場復帰、就労の継続に関する支援も行っています。障害者手帳の有無は問いません。また、障害者就業・生活支援センターは、各都道府県に複数か所設置されています。職場定着にあたって就業面や生活面の支援を必要とする障害者を対象として、身近な地域で雇用、保健福祉などの関係機関との連携拠点として連絡調整を行いながら、就業やこれに伴う日常生活・社会生活上の相談・支援を一体的に行います。

　なお、ハローワークに求職の申し込みを行い、受給資格の決定を受けた後、失業の認定を受ければ、雇用保険の失業給付を受けることができます。

福祉的就労を行う場合

　一般就労とは別に、福祉的就労として障害者総合支援法による就労移行支援事業所や就労継続支援事業所（A型、B型）を利用することも視野に入れましょう。これらの事業所は一般就労に向けた訓練や生産活動による工賃を受け取ることができます。事業所によって訓練内容や生産活動はさまざまなものがあるため、本人の状態や希望に沿ったサービスを利用できるよう、地域の特定相談支援事業所や基幹相談支援センター、障害者就業・生活支援センターと調整し、支援します。

　障害者総合支援法に基づく福祉サービスの利用には、年齢や障害者手帳の有無は問われません。

常に本人・家族に寄り添う

　配置転換により同じ会社で就労を継続する場合も、退職や転職をする場合も、本人の能力の見きわめとともに、本人の意向に沿っているかどうかが重要になります。認知症になったという現実や、それに伴う社会生活を送るうえで起こる失敗や障害、社会的な地位を失うという喪失感などを本人が受け入れ、前向きに暮らすというのは、簡単にできることではない場合が多いでしょう。どのような場合でも、本人のプライドを傷つけない配慮が重要です。

　また、本人は仕事をやめたくても、家族が仕事の継続を希望するという場合もあ

ります。支援者は、本人や家族のそうした苦悩や葛藤に寄り添いながら、今後の病状や就労継続に伴う周囲のサポートの必要性などを十分に説明し、必要に応じて主治医に相談することを勧めるなど、本人・家族の意向に沿った環境を整えるために、一緒に考えていく姿勢が重要です。

4 本人・家族が交流できる居場所づくり

　本人や家族が交流できる居場所として、「本人・家族の交流会」「認知症カフェ」などがあります。本人や家族の交流会はピアサポートの場として、同じ立場の人が集い、悩みを話し合ったり、暮らしのヒントを伝え合ったりして、精神的な負担を軽減することができます。また、認知症カフェは、本人や家族、専門職や地域の人が集まり、日頃の介護に関する悩みや各種制度の活用法等の相談、情報交換などを行っており、本人同士または家族同士が交流する場として、全国で開催されています。また、地域によっては多様なサロン活動が行われている場合もあります。

　年齢にかかわらず、心身ともにまだまだ健康でやれることがたくさんある場合、一方的に支援を受ける側になるだけでなく、その力を活かしてこれらの集まりの運営に協力してもらうといった取り組みも必要です。新たなプログラムの開発やその運営に力を発揮してもらえるかもしれません。「認知症の人」「要介護高齢者」「障害者」を「支援を受ける立場の人」という枠組みのなかで見ることで、その人の人生において選択し得る多くの可能性がみえなくなってしまう可能性があります。地域には多くの資源と可能性があります。本人とともに、その人のもつ可能性と強み、地域のもつ可能性と強みを活かして、よりよい生き方を本人が選択するための「選択肢」を生み出していく視点が重要になります。

　事例の研二さんは、一方的に支援を受ける立場でなく、グループホームで非常勤職員として他者から必要とされる存在となることで、少しずつ前向きになっていく様子がみられます。他者から期待され求められる、その人だからこそ担える、こうした「役割」と「出番」の存在が、前向きに生きる力を与えてくれているといえます。

演習 4-2 認知症を取り巻く社会的課題に対する施策や取り組み

　恵子さんと研二さんの事例を振り返り、それぞれの事例の背景にある社会的課題に対する施策や取り組みをあげ、その特徴を整理してみましょう。グループで共有することで、理解が深まります。

引用文献 ···

1）認知症介護研究・研修大府センター編『若年性認知症支援コーディネーター配置のための手引書』若年性認知症の人に対する支援コーディネートのあり方に関する調査研究事業検討委員会、p.8、2016年

参考文献 ···

* 厚生労働省「認知症の人の日常生活・社会生活における意思決定支援ガイドライン」2018年
* 菅富美枝『イギリス成年後見制度にみる自律支援の法理──ベスト・インタレストを追求する社会へ』ミネルヴァ書房、2010年
* 厚生労働省社会・援護局障害保健福祉部長「障害福祉サービスの利用等にあたっての意思決定支援ガイドラインについて」（平成29年3月31日障発0331第15号）
* T. グリッソ・P. S. アッペルボーム、北村總子・北村俊則訳『治療に同意する能力を測定する──医療・看護・介護・福祉のためのガイドライン』日本評論社、2000年
* 五十嵐禎人「Ⅱ意思能力について　精神医学的立場から」松下正明編『司法精神医学4　民事法と精神医学』中山書店、2005年
* 名川勝・水島俊彦・菊本圭一編著『事例で学ぶ福祉専門職のための意思決定支援ガイドブック』中央法規出版、2019年
* 箕岡真子『エンド・オブ・ライフケアの臨床倫理──ACPの歴史的背景から理論・実践事例まで網羅』日総研出版、2020年
* 箕岡真子・稲葉一人『ケースから学ぶ高齢者ケアにおける介護倫理＝ Ethics in nursing care for the elderly 第2版』医歯薬出版、2019年
* 厚生労働省「人生の最終段階における医療・ケアの決定プロセスに関するガイドライン」2018年
* 人生の最終段階における医療の普及・啓発の在り方に関する検討会「人生の最終段階における医療・ケアの普及・啓発の在り方に関する報告書」2018年
* 認知症介護研究・研修大府センター編「若年性認知症ハンドブック（改訂4版）」2020年
* 認知症介護研究・研修大府センター編「若年性認知症支援ガイドブック（改訂4版）」2020年
* 認知症介護研究・研修大府センター編「若年性認知症支援コーディネーターのためのサポートブック──若年性認知症の人の『就労支援』・『居場所づくり支援』」2017年

第 **5** 章

施策の動向と地域展開

目的

認知症施策の変遷と最新の動向を理解する。地域における認知症施策の展開例を知り、地域包括ケアシステムの構築に必要な関係機関との連携・参画できる知識を修得する。

到達目標

1 認知症施策の変遷を理解し、説明できる。
2 認知症ケアに関連する最新の施策の動向を理解し、説明できる。
3 認知症施策の具体的な展開方法を理解する。

特に関連する章

第 4 章　認知症を取り巻く社会的な課題への取り組み
第 6 章　チームケアを構築するリーダーの役割
第 9 章　認知症ケアにおけるチームアプローチの理論と方法

　ユニットリーダーの山本さんは、運営推進会議の企画・運営をまかされることになりました。これまでグループホームの活動報告をするだけでマンネリ化し、うまく活用できていなかったため、管理者の秋山さんからはグループホームと地域の人たちの関係性を深める場になるよう検討してほしいとの指示を受けました。そこでまず、運営推進会議のテーマを検討することにしました。

　その頃、ある地域で大雨による土砂崩れや河川の氾濫が発生し、高齢者施設も被災したという報道を耳にしました。山本さんは、自分が勤務するグループホームを含め、この地域が被災した場合を想定し、備えておかなければならないと考えました。そこで「防災」というテーマを運営推進会議で取り上げる方向で検討しました。まず、ふだんから会議に出席している地域包括支援センターの認知症地域支援推進員の佐藤さんに相談をしたところ、市の防災課の担当者や自治会で防災活動を行っている中野さんを紹介してくれました。運営推進会議では佐藤さん、中野さんから地域の防災活動の状況について説明を聞き、その後も意見交換を重ね、「地域合同避難訓練」を行うことになりました。本人や家族の声を聞くことが基本であるため、この会議には、グループホームの利用者の民子さんとふみさん、ふみさんの家族も参加し、認知症の人は具体的にどのようなことに困るのか、どのような支援が必要なのかを話し合いました。

　また、話し合いのなかで、地域でも認知症の人が増えており、つい最近も、外出して家に帰れなくなり警察に保護された人がいたという話になりました。グループホームの利用者のなかにも、同様のリスクがある人がいます。地域には、ほかにも障害のある人、妊婦、小さい子どものいる家庭など、特に災害時には、何らかの支援が必要な人がいるため、認知症地域支援推進員とも相談し、自治会と協力して災害時に支援が必要な人への安否確認・避難誘導の模擬訓練を企画していくことになりました。

　さらに、地域には認知症の人に対する偏見もまだまだあり、「何もわからない人」「困った行動をする人」といったイメージを抱いている人も少なからずいることがわかりました。そこで、まずは「地域合同避難訓練」の際に、認知症サポーター養成講座を併せて実施する方向で検討を進め、地域の小学校や中学校にも声をかけることになりました。

演習 5-1　地域の関係機関との連携

　運営推進会議の担当になった山本さんが進めている地域での「地域合同避難訓練（安否確認・避難誘導）」について、この取り組みの意義と目的を整理してみましょう。また、このときのリーダーの役割をまとめてみましょう。

認知症施策の変遷

1 認知症施策の歴史

1 老人福祉法の制定

　戦前は、認知症の人は精神科医療の対象として、自宅でケアすることができない場合は、精神科病院へ入院するというのが一般的でした。戦後に制定された日本国憲法のもと、現在につながる社会保障制度のしくみが形づくられていきます。日本は急速な経済発展をとげ、防貧のしくみである医療保険、年金保険といった社会保険のしくみが整備されていきます。そして、今後の高齢者人口の増加を背景に、1963（昭和 38）年に老人福祉法が制定されました。

　それまでの高齢者福祉の政策は生活保護法による経済的困窮を理由とした救済保護に関するものが中心でしたが、介護を目的とした特別養護老人ホームの設置が規定され、養護老人ホーム、軽費老人ホーム等と併せて体系化されました。また、後のホームヘルプサービスの前身となる家庭奉仕員派遣事業等の在宅福祉施策が実施され、現代につながるしくみが整えられていきました。

　一方、1950 年代以降、農村部から都市部への人口移動が増え、1 世帯の構成人数は減少の一途をたどっていきました。その結果、地域コミュニティのもつ相互扶助機能や家族機能は低下し、重度化、長期化する介護を家族だけで担うことが難しい状況が生じてきました。このような状況のなか、当時増加していた老人病院などでの社会的入院が社会問題となっていきました。

2 老人保健法の制定から介護保険制度施行まで

　社会的入院の増加とそれに伴う医療費の増大を背景に、1982（昭和 57）年に老人保健法が制定されました。この法律には老人保健施設や訪問看護事業が位置づけられていきます。

　そして、この時期には認知症を対象とした医療・福祉サービスの整備が進められます。具体的には、1988（昭和 63）年に「老人性痴呆疾患治療病棟」「老人性痴呆

疾患デイ・ケア施設」、1992（平成4）年に「デイサービスセンター（E型)」が創設されています。また、1984（昭和59）年には認知症介護実践研修の前身ともいえる「痴呆性老人処遇技術研修」が開始されました。

1989（平成元）年の「高齢者保健福祉推進十か年戦略」いわゆる「ゴールドプラン」、1994（平成6）年には「新・高齢者保健福祉推進十か年戦略（新ゴールドプラン)」によって、高齢者福祉施策は計画的な整備目標を定めて進められていくようになります。

1995（平成7）年にグループホームの制度化に向けたモデル事業が開始され、1997（平成9）年に国庫補助事業によって本格的に開始されます。小規模化したケアの有効性が主張され、大型施設にもユニットケアの導入がはじまっていきます。

③ 介護保険制度の制定

2000（平成12）年にスタートした介護保険制度により、老人福祉法や老人保健法に規定されていたサービスが社会保険のしくみで利用できるようになりました。そして、高齢者本人の意思に基づいた、自立のための利用型のシステムとして、契約利用のしくみが導入されました。また、認知症高齢者等の権利擁護の必要性から成年後見制度が施行されました。

「新ゴールドプラン」の後継である「今後5か年間の高齢者保健福祉施策の方向」いわゆる「ゴールドプラン21」では、痴呆性高齢者支援対策の推進が取り上げられ、「痴呆介護の質的向上」や「早期相談・診断体制の充実」等が掲げられました。2001（平成13）年以降は、現在の認知症介護実践研修の前身である「痴呆介護指導者養成研修」「痴呆介護実践者研修（基礎課程・専門課程)」が全国で開始されていきます。

④ 「2015年の高齢者介護」「『認知症を知り地域をつくる10ヵ年』の構想」

2003（平成15）年、「ゴールドプラン21」に続く高齢者施策の方向性について検討することを目的に厚生労働省老健局長の私的研究会として発足した「高齢者介護研究会」において、「2015年の高齢者介護——高齢者の尊厳を支えるケアの確立に向けて」が報告されました。そのなかで「地域包括ケアシステム」の理念が明確に示されるとともに、従来の身体介護中心から、認知症ケアモデルへと、標準モデルの転換が示されました。

2004（平成 16）年、「痴呆」という行政用語が「認知症」に変更になりました。これは、「痴呆」という用語が侮蔑的な意味合いを含んでいることや、症状を正確に表していないことを問題として決定されたものでした。その用語変更の周知とともに、認知症に関する普及・啓発を目的に、2005（平成 17）年以降、「『認知症を知り地域をつくる 10 ヵ年』の構想」のなかで、「認知症サポーター 100 万人キャラバン」「『認知症でもだいじょうぶ町づくり』キャンペーン」「認知症の人『本人ネットワーク支援』」「認知症の人や家族の力を活かしたケアマネジメントの推進」などが展開されていきます。

⑤ 地域包括ケアシステムの構築に向けた展開

　2006（平成 18）年の介護保険法改正によって、新たな予防給付や地域包括支援センター、地域密着型サービスが創設されました。地域密着型サービスには、小規模多機能型居宅介護、認知症対応型共同生活介護（グループホーム）、認知症対応型通所介護など、認知症の人が住み慣れた地域で暮らし続けていくために必要なサービスが含まれます。なお、後に地域支援事業のなかに、認知症総合支援事業として、認知症地域支援推進員や認知症初期集中支援チーム等が位置づけられていきます。地域包括ケアシステムの構築については、地域包括ケア研究会報告（2008（平成 20）年、2013（平成 25）年）が示され、団塊の世代が 75 歳以上になる 2025（令和 7）年をめどに、各地域で地域包括ケアシステムを構築していくための取り組みを行うこととなりました。

⑥ 「今後の認知症施策の方向性について」から「認知症施策推進大綱」

　その後、2012（平成 24）年に、報告書「今後の認知症施策の方向性について」が発表されました。これは、それまでの過去 10 年間の認知症施策を再検証したうえで、今後目指すべき基本目標とその実現のための認知症施策の方向性について検討したもので、これを受けて各種整備目標を掲げた「認知症施策推進 5 か年計画（オレンジプラン）」が発表されました。

　その後、2015（平成 27）年に「認知症施策推進総合戦略（新オレンジプラン）」、2019（令和元）年に「認知症施策推進大綱」が策定され、「共生」と「予防」を車の両輪として施策を展開していくことになりました。

2 認知症の人やその家族の視点を踏まえた施策

「今後の認知症施策の方向性について」(2012 (平成24) 年) では、これまでの認知症施策を「かつて、私たちは認知症を何も分からなくなる病気と考え、徘徊や大声を出すなどの症状だけに目を向け、認知症の人の訴えを理解しようとするどころか、多くの場合、認知症の人を疎んじたり、拘束するなど、不当な扱いをしてきた」と、批判的にとらえました。そのうえで、「認知症になっても本人の意思が尊重され、できる限り住み慣れた地域のよい環境で暮らし続けることができる社会」の実現を目指すとしました。

その後の「認知症施策推進総合戦略 (新オレンジプラン)」(2015 (平成27) 年)においては、七つの施策の柱 (図5-1) のうちの7番目に示された「認知症の人やその家族の視点の重視」は、ほかの六つの柱に共通するプラン全体の理念として位置づけられました。そして、その基本的な考え方として「これまでの認知症施策は、ともすれば認知症の人を支える側の視点に偏りがちであった」と示しています。

図5-1 ● 「新オレンジプラン」の七つの柱

認知症高齢者等にやさしい地域づくりの推進

I 普及・啓発	II 医療・介護等	III 若年性認知症	IV 介護者支援	V 認知症など高齢者にやさしい地域づくり	VI 研究開発

VII 認知症の人やご家族の視点の重視

出典：厚生労働省「認知症施策推進総合戦略 (新オレンジプラン) ――認知症高齢者等にやさしい地域づくりに向けて (概要)」p.1、2015 年

つまり、認知症の人やその家族の視点を踏まえた施策とは、「何もわからなくなり、おかしな行動をする病気」という認知症観から脱すること、認知症を支援する立場に偏らず、本人の声に耳を傾け、本人や家族と協働して施策をつくり実行していくことであるといえます。

その意味で、「新オレンジプラン」における「認知症の人やその家族の視点の重視」

を、ほかの六つの柱に共通するプラン全体の理念として位置づけるというコンセプトは非常に重要です。例えば、認知症の状態に応じた地域資源を整理した認知症ケアパスや行方不明の認知症の人を探すネットワークの構築やその訓練、あるいは見守りのしくみ、認知症の早期発見・早期対応のための認知症初期集中支援チームなどの施策を、認知症の人の視点を踏まえずに、「何もわからなくなったおかしな行動をする人」への対応のためといった視点から行うことを想像してみましょう。認知症ケアパスは、支援する側の都合から認知症の人の地域での生活の仕方を決めつけるものになってしまうかもしれません。行方不明の認知症の人を探すネットワークの構築やその訓練、見守りのしくみは、認知症の人を監視するしくみとなってしまうかもしれません。また、認知症初期集中支援チームなどの早期発見・早期対応を促進するしくみは、認知症の人を地域から排除し専門機関へ押しつけるしくみとなってしまうかもしれません。これらの施策が、認知症の人の生きづらさを軽減し、希望をもって生きていけるよう機能するためには、その企画や評価において、本人の声を聴くことや本人の参画が欠かせません。

　家族の声を聴き、家族の参画を求めることも同様ですが、家族は必ずしも本人の声を代弁できるとは限りません。家族は家族としての生きづらさを抱えています。また、本人の声についても、声をあげられた認知症の人がすべての認知症の人の想いを代弁しているわけではありません。こうした難しさがあることを認識しつつ進めていく必要があります。

　こうした認知症施策の展開と冒頭の事例との関係を考えてみましょう。事例では、ユニットリーダーの山本さんは、認知症地域支援推進員の佐藤さんに相談をして、市の防災課の担当者や自治会で防災活動を行っている中野さんを紹介してもらうなど、地域合同避難訓練に向けたネットワークの構築を行っています。認知症地域支援推進員は認知症を切り口に地域のさまざまな人や機関とのネットワーク構築や連携・調整を行っているため、認知症地域支援推進員と協働していくことで地域の多様な諸資源とつながっていくことが可能になります。また、事例では、地域の認知症に対する偏見を取り除いていくために、認知症サポーター養成講座を活用しています。これは、認知症施策推進大綱における「共生」を進めていく活動ともいえます。そして、医療・福祉関係者のみならず、地域の小学校や中学校にも声をかけているところも「共生」に向けた重要なアプローチです。

認知症施策の動向と
「認知症施策推進大綱」の内容

1 「オレンジプラン」から「認知症施策推進大綱」
に至る施策の動向

1 「オレンジプラン」の策定

　2012（平成24）年に発表された報告書「今後の認知症施策の方向性について」
を受けて各種施策とその数値目標等を設定したものが「認知症施策推進5か年計画
（オレンジプラン）」です。「今後の認知症施策の方向性について」では、認知症の
人は、精神科病院や施設を利用せざるを得ないという考えを改め、認知症になって
も本人の意思が尊重され、できる限り住み慣れた地域のよい環境で暮らし続けるこ
とができる社会の実現を目指すため、次の七つの視点からの取り組みを掲げていま
す。

---

① 標準的な認知症ケアパスの作成・普及
② 早期診断・早期対応
③ 地域での生活を支える医療サービスの構築
④ 地域での生活を支える介護サービスの構築
⑤ 地域での日常生活・家族の支援の強化
⑥ 若年性認知症施策の強化
⑦ 医療・介護サービスを担う人材の育成

　「オレンジプラン」では、認知症ケアパス（状態に応じた適切なサービス提供の
流れ）の作成と普及、かかりつけ医認知症対応力向上研修、認知症サポート医養成
研修の受講者数の増加、認知症初期集中支援チームの設置、認知症地域支援推進員
の配置、若年性認知症支援のハンドブックの作成（p.95参照）、「認知症ライフサポー
トモデル」（認知症ケアモデル）の策定などを、達成目標を示しつつ取り上げてい
ます。

2 「オレンジプラン」から「新オレンジプラン」へ

　「オレンジプラン」では、2017（平成29）年までの数値目標が設定され推進していくことになりましたが、その途中の2015（平成27）年に「認知症施策推進総合戦略（新オレンジプラン）」が策定されました。

　その背景には、2013（平成25）年にイギリスのロンドンで「G8認知症サミット」が開催され、2014（平成26）年に「認知症サミット日本後継イベント」が開催されたことがあります。そこで認知症施策を厚生労働省だけでなく省庁横断的な総合戦略とすること、認知症の人やその家族の視点に立った施策を推進するための見直しを行うこととなりました。こうした経緯を経て、「新オレンジプラン」の策定に至りました。「新オレンジプラン」は、内閣官房、内閣府、厚生労働省、警察庁、金融庁、消費者庁、総務省、法務省、文部科学省、農林水産省、経済産業省、国土交通省といった関係省庁が共同で策定したもので、以下の七つの柱からなります。⑦の「認知症の人やその家族の視点の重視」は、ほかの六つの柱に共通するプラン全体の理念として位置づけられています（図5-1参照）。

---

① 認知症への理解を深めるための普及・啓発の推進
② 認知症の容態に応じた適時・適切な医療・介護等の提供
③ 若年性認知症施策の強化
④ 認知症の人の介護者への支援
⑤ 認知症の人を含む高齢者にやさしい地域づくりの推進
⑥ 認知症の予防法、診断法、治療法、リハビリテーションモデル、介護モデル等の研究開発及びその成果の普及の推進
⑦ 認知症の人やその家族の視点の重視

2　「認知症施策推進大綱」の内容

1 「共生」と「予防」

　「認知症施策推進大綱」（以下、大綱）は、2015（平成27）年に策定された「新オレンジプラン」の後継にあたるプランとして、2019（令和元）年に認知症施策推進関係閣僚会議においてとりまとめられました。

　大綱の基本的な考え方は、「認知症の発症を遅らせ、認知症になっても希望を持っ

て日常生活を過ごせる社会を目指し、認知症の人や家族の視点を重視しながら、『共生』と『予防』を車の両輪として施策を推進していく」とされています。

「認知症の人が、尊厳と希望を持って認知症とともに生きる、また、認知症があってもなくても同じ社会でともに生きる」という従来の「共生」のための施策を進めることと併せて、大綱では新たに「予防」をもう一つの柱に据え、「70歳代での発症を10年間で1歳遅らせることを目指す」という具体的な目標を明記しました。この背景として、運動不足の改善、糖尿病や高血圧症等の生活習慣病の予防、社会参加による社会的孤立の解消や役割の保持などが認知症の発症を遅らせる可能性があると示唆されていることをあげています。大綱では、認知症の予防に関するエビデンスの収集・普及とともに、通いの場における活動の推進など、正しい知識と理解に基づいた、予防を含めた認知症への「備え」としての取り組みに重点をおくとしています。

一方で、この「予防」をめぐっては、検討段階から「認知症はなってはいけないもの」「認知症になるのは予防してこなかったから」という自己責任論につながり、新たな偏見が生じかねないと危惧する意見がありました。これでは、もう一方の「共生」の考え方と相反するものになってしまいます。こうした経緯から、大綱においてはこの「予防」の考え方について、認知症にならないという意味ではなく、「認知症になるのを遅らせる」「認知症になっても進行を緩やかにする」という説明が付されました。

② 五つの柱

大綱の具体策は以下の五つの柱にまとめられ、それに関する数値目標が定められました。また、「新オレンジプラン」の七つ目の柱であり各施策を貫く理念とされていた「認知症の人やその家族の視点の重視」を引き継ぐ形で、大綱における施策についても認知症の人やその家族の意見を踏まえ、立案および推進することとされています。

---

① 普及啓発・本人発信支援
② 予防
③ 医療・ケア・介護サービス・介護者への支援
④ 認知症バリアフリーの推進・若年性認知症の人への支援・社会参加支援
⑤ 研究開発・産業促進・国際展開

普及啓発・本人発信支援

　一つ目の柱である「普及啓発・本人発信支援」においては、認知症の人やその家族が地域のよい環境で自分らしく暮らし続けるためには、認知症への社会の理解を深め、地域共生社会を目指すなかで、認知症があってもなくても、同じ社会の一員として地域をともに創っていくことが必要であるとし、引き続き、認知症サポーターの養成を進め、認知症に関する正しい知識をもってもらうこと、社会の理解を深めていくこととしています。また、地域包括支援センターおよび認知症疾患医療センターの周知の強化、相談窓口の周知に取り組むとしました。

　加えて、認知症の人からの発信支援に力を入れていくとしています。その理由として、「認知症の人が生き生きと活動している姿は、認知症に関する社会の見方を変えるきっかけともなり、また、多くの認知症の人に希望を与えるものでもあると考えられる」としています。具体的には「認知症とともに生きる希望宣言」「本人にとってのよりよい暮らしガイド（本人ガイド）」「本人座談会（DVD)」「本人ミーティング」等の普及があげられています。

予防

　二つ目の柱である「予防」については、「新オレンジプラン」における「認知症の容態に応じた適時・適切な医療・介護等の提供」の内容を一部引き継ぎつつ、身近な通いの場として、社会参加活動・学習等の活動など認知症予防に資する可能性のある活動を推進していくことになりました。また、予防に関するエビデンスの収集の推進や民間の商品やサービスの評価、認証のしくみを検討するとしています。

医療・ケア・介護サービス・介護者への支援

　三つ目の柱である「医療・ケア・介護サービス・介護者への支援」では、「新オレンジプラン」における「認知症の容態に応じた適時・適切な医療・介護等の提供」「若年性認知症施策の強化」「認知症の人の介護者への支援」の施策の一部が引き継がれ、「オレンジプラン」「新オレンジプラン」の内容を推し進めるものになっています。

　具体的には、認知症の早期発見・早期対応、医療体制の整備、医療従事者等の認知症対応力向上の促進、介護サービス基盤整備・介護人材確保、介護従事者の認知症対応力向上の促進、医療・介護の手法の普及・開発、認知症の人の介護者の負担軽減の推進等が示されました。

認知症バリアフリーの推進・若年性認知症の人への支援・社会参加支援

　四つ目の柱である「認知症バリアフリーの推進・若年性認知症の人への支援・社会参加支援」は、複数の要素が含まれています。「認知症バリアフリーの推進」は、「新オレンジプラン」の「認知症の人を含む高齢者にやさしい地域づくりの推進」を引き継いだもので、移動や消費、金融、小売などさまざまな生活環境を改善することで、認知症の人が暮らしやすい社会を形成する「認知症バリアフリー」の考え方が示されました。具体的な施策としては、バリアフリーのまちづくりの推進、移動手段の確保の推進、交通安全の確保の推進が盛り込まれました。また、これまでの住宅の確保の推進、地域支援体制の強化（地域の見守り体制の構築支援、見守り・探索に関する連携、地方自治体等の取り組み支援）に加え、ステップアップ講座を受講した認知症サポーターが認知症の人やその家族への支援を行うしくみ（「チームオレンジ」の構築）が新たに盛り込まれました。

　「若年性認知症の人への支援・社会参加支援」については、「新オレンジプラン」における「若年性認知症施策の強化」に関する内容が引き継がれています。具体的には、就労・社会参加のネットワークづくりに加え、認知症地域支援推進員や地域包括支援センター職員との広域的なネットワークづくりを若年性認知症支援コーディネーターが推進するとしています。若年性認知症の人の就労支援については、障害者施策における就労継続支援事業所等での若年性認知症の人の受入れの実態の把握と、好事例の収集をするとしました。

　「社会参加支援」に関する施策としては、社会参加活動や社会貢献の促進と介護サービス事業所利用者の社会参加の促進が掲げられました。前者については、農業、商品の製造・販売、食堂の運営、地域活動やマルシェの開催等に参画する取り組みを推進するとしています。後者の介護サービス事業所利用者の社会参加の促進としては、通所介護（デイサービス）などの介護サービス事業所における認知症の人をはじめとする利用者の社会参加や社会貢献の活動を後押しするための方策について検討するとしています。

研究開発・産業促進・国際展開

　五つ目の柱である「研究開発・産業促進・国際展開」については、「新オレンジプラン」の「認知症の予防法、診断法、治療法、リハビリテーションモデル、介護モデル等の研究開発及びその成果の普及の推進」の内容を引き継いだものとなっています。

認知症発症前の人や認知症の人等が研究や治験に容易に参加できるしくみの構築、研究開発の成果の産業化とともに、アジア健康構想の枠組みも活用し、介護サービス等の国際展開を促進することが盛り込まれています。

③ 「認知症施策推進大綱」と地域包括ケアシステム、地域共生社会の構築

① 「認知症施策推進大綱」と地域包括ケアシステム

2012（平成24）年の「今後の認知症施策の方向性について」以後、「オレンジプラン」「新オレンジプラン」、そして、大綱と、国をあげる形で一連の継続性をもった認知症施策が展開されています。

「今後の認知症施策の方向性について」では、「認知症になっても本人の意思が尊重され、できる限り住み慣れた地域のよい環境で暮らし続けることができる社会」を実現することを掲げましたが、これはその後の計画においても貫かれている考え方であるといえます。認知症の人が地域で暮らし続けるには、認知症の状態に合わせて必要なサービスを適時に利用できる体制づくりが欠かせません。認知症ケアパスをはじめ、認知症地域支援推進員等のコーディネーター、認知症初期集中支援チームといったしくみづくり、医療と介護をはじめとする多職種連携のための研修などはそうした体制を地域に創出するための施策であり、認知症の人のための地域包括ケアシステムを構築しているといえます。

「地域包括ケアシステム」とは「ニーズに応じた住宅が提供されることを基本とした上で、生活上の安全・安心・健康を確保するために、医療や介護のみならず、福祉サービスを含めた様々な生活支援サービスが日常生活の場（日常生活圏域）で適切に提供できるような地域での体制」を指します。

2008（平成20）年の地域包括ケア研究会では、地域包括ケアシステムの概念が定義され、介護保険サービス（共助）、医療保険サービス（共助）、住民主体のサービスやボランティア活動（互助）、セルフケアの取り組み（自助）等数多くの資源について、各地域がもつ「自助、互助、共助、公助」の役割分担を踏まえながら、有機的に連動して提供されるようなシステムを構築する必要性が示されました。

認知症の人の地域生活を支えるうえでは、状態が悪化してきた場合には介護サービスの利用が必要になりますが、初期段階から認知症の進行を予防するためのサー

ビス、早期発見・早期対応をするための医療機関や日常診療を担当する医療機関、合併症や状態が悪化した際に対応する医療機関などの医療サービスが不可欠です。また、地域での見守りやちょっとした生活支援、居場所づくりなどは認知症の初期から終末期まで一貫して必要なかかわりであるといえます。認知症の人の支援において、それらが有機的に連動して提供されるようなシステム構築が必要であることはいうまでもありません。

② 地域共生社会と認知症施策

地域共生社会の実現に向けた動き

「新オレンジプラン」から登場した「認知症への理解を深めるための普及・啓発の推進」「認知症の人を含む高齢者にやさしい地域づくりの推進」は大綱の「普及啓発・本人発信支援」「認知症バリアフリーの推進・若年性認知症の人への支援・社会参加支援」に引き継がれ、まさに「共生」のための施策が展開されているといえます。

「普及啓発・本人発信支援」「認知症バリアフリーの推進・若年性認知症の人への支援・社会参加支援」の基本的考え方は、現在、厚生労働省が進めている「地域共生社会」の実現に向けた動きと連動しています（図5-2）。

地域共生社会の実現に向けた検討は、2015（平成27）年の「新たな時代に対応した福祉の提供ビジョン」（新たな福祉サービスのシステム等のあり方検討プロジェクトチーム）を端緒とし、2016（平成28）年の「ニッポン一億総活躍プラン」（閣議決定）に地域共生社会の実現が盛り込まれたことによりはじまりました。「新たな時代に対応した福祉の提供ビジョン」において問題とされたのは、これまでの福祉サービスは、高齢、障害、児童その他対象者ごとの建付けになっており、近年増加している「8050問題」や「ダブルケア」といった複合化するニーズに対して単独の機関によるアプローチでは、十分対応できないという点でした。

また、高齢化と人口減少が進むなかで、地域社会で社会経済の担い手の減少を招いています。福祉的な機能に目を向ければ、地域の相互扶助や家族同士の助け合いなど、地域・家庭・職場といった人々の生活のさまざまな場面において、支え合いの機能が低下しています。

図5-2　地域共生社会とは

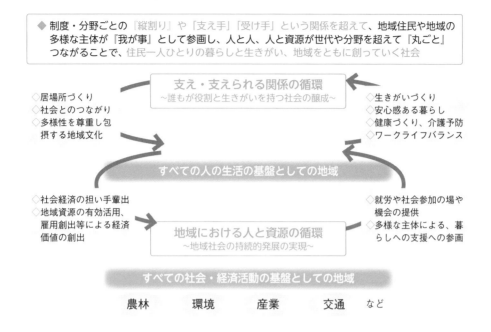

◆ 制度・分野ごとの『縦割り』や「支え手」「受け手」という関係を超えて、地域住民や地域の多様な主体が『我が事』として参画し、人と人、人と資源が世代や分野を超えて『丸ごと』つながることで、住民一人ひとりの暮らしと生きがい、地域をともに創っていく社会

支え・支えられる関係の循環
〜誰もが役割と生きがいを持つ社会の醸成〜

◇居場所づくり
◇社会とのつながり
◇多様性を尊重し包摂する地域文化

◇生きがいづくり
◇安心感ある暮らし
◇健康づくり、介護予防
◇ワークライフバランス

すべての人の生活の基盤としての地域

◇社会経済の担い手輩出
◇地域資源の有効活用、雇用創出等による経済価値の創出

◇就労や社会参加の場や機会の提供
◇多様な主体による、暮らしへの支援への参画

地域における人と資源の循環
〜地域社会の持続的発展の実現〜

すべての社会・経済活動の基盤としての地域

農林　　環境　　産業　　交通　など

出典：厚生労働省「『地域共生社会に向けた包括的支援と多様な参加・協働の推進に関する検討会』（地域共生社会推進検討会）──最終とりまとめ（概要）」p.22、2019 年

日本の社会保障制度はもともと地縁や血縁、社縁等による福祉的機能を前提に、障害、高齢、児童といった属性別のリスクや課題に対応できる形で縦割りの制度が発展してきました。今その前提となっていた地縁や血縁、社縁などのつながりや「共同体」機能が低下し、家族や社会との関係が希薄で他者との接触がほとんどない状態、いわゆる「社会的孤立」が社会問題化しています。

こうした地域の課題は、認知症ケアにも共通しており、社会的に孤立している一人暮らしの認知症の人や育児をしながら認知症の人の介護をする介護者、知的障害や精神障害をもつ人と同居する認知症高齢者の問題などの形で、顕在化してきています。また、施設や事業所の周囲を見渡せば、シャッターの閉まった商店街や空き家、廃校となった小学校、放棄された田畑などの地域の状況があります。公共交通機関も縮小し、かつて人と人を結びつけていた空間、機会、手段が失われています。「地域共生社会」への取り組みはこうした問題を背景に生まれてきています。

地域共生社会の実現に向けたその後の動き

このように、地域共生社会が求められる背景として、複雑化したり、複合的な支

第 **5** 章　施策の動向と地域展開

115

援を必要とするといった状況に対応するため、従来の支援制度の「『縦割り』の限界を克服」すること、「社会的孤立」や「制度の狭間」を生み出さないための地域の「『つながり』の再構築」をすることがあげられています。

　地域共生社会の実現に向けた検討のなかで、この複雑・複合的な課題に対応するために、包括的相談支援体制の構築、地域福祉計画の充実が行われることになりました。加えて、生活に身近な地域において、住民が世代や背景を超えてつながり、相互に役割をもち、「支え手」「受け手」という関係を超えて支え合う取り組みの育成が掲げられました。また、耕作放棄地の再生や森林などの環境の保全、空き家の利活用、商店街の活性化など、地域社会が抱えるさまざまな課題は、逆に、高齢者や障害者、生活困窮者などの就労や社会参加の機会を提供する資源でもあるとされました。そのうえで、社会・経済活動の基盤でもある地域において、社会保障・産業などの領域を超えてつながり、人々の多様なニーズに応えると同時に、資源の有効活用や活性化を実現するという「循環」を生み出していくことで、人々の暮らしと地域社会の双方を支えるとしています。

　今後の対人支援について求められるアプローチとしては、「具体的な課題解決を目指すアプローチ」と本人と支援者や地域住民が継続的につながりかかわり続ける「つながり続けることを目指すアプローチ（伴走型支援）」の二つのアプローチを両輪として、地域のセーフティネットを強化し、重層的なものにしていく必要があると提案されました。また、地域における重層的なセーフティネットを確保していく観点として、対人支援の観点から取り組む人・団体、あるいは町おこしの観点から取り組む人・団体など多様な地域づくりの担い手が出会い、さらなる展開が生まれる「場」となるプラットフォームの構築についても示されました。

　「地域包括ケアシステム構築に向けた制度及びサービスのあり方に関する研究事業報告書 地域包括ケア研究会 報告書——2040年に向けた挑戦」では、地域共生社会と地域包括ケアシステムの関係について整理が行われました。そのなかで、「『地域共生社会』とは、今後、日本社会全体で実現していこうとする社会全体のイメージやビジョンを示すものであり、高齢者分野を出発点として改善を重ねてきた『地域包括ケアシステム』は『地域共生社会』を実現するための『システム』『仕組み』である」[1)]とされています。

　「認知症になっても本人の意思が尊重され、できる限り住み慣れた地域のよい環境で暮らし続けることができる社会」の実現には、地域包括ケアシステムを構築し、

介護が必要になった際の在宅生活の限界点を向上させていくことが重要です。大綱においても、地域包括ケアシステムの構築とリンクした医療・介護の専門性や連携の向上のための施策が展開されています。そして、「認知症バリアフリー」のための取り組みとして、従来の支援システムの枠を超えた、地域社会のさまざまな担い手との協働が目指されています。そのなかで認知症の人も一方的な支援の「受け手」としてではなく、ともに地域をよくしていくための「担い手」としています。こうした認知症施策が目指す地域のありようは、まさに地域共生社会というビジョンと同じ方向性を示しているといえます。そして、一人ひとりの認知症の人の支援に向き合う専門職等と、環境や教育、防災などさまざまな角度から地域課題に取り組む担い手が出会い、新たな価値を生み出していくことが期待されているといえます。

　一方で、認知症が、「8050問題」や「ダブルケア」等の複雑・複合化した課題に関与している事例も顕在化しています。こうした問題のなかにある人や家族を支援する際、短期間での解決は難しく、まさに、「具体的な課題解決を目指すアプローチ」と「つながり続けることを目指すアプローチ」が必要とされているといえます。そして、その背景にある高齢化と人口減少がもたらす公共交通機関の減少や介護の担い手不足等のさまざまな地域の課題は、認知症の人の暮らしにも大きな影響を与えます。

　つまり、認知症施策と地域共生社会、地域包括ケアシステムとは、その背景にある課題と解決に向けた取り組みのあり方は同じ方向を向いており、一体的なものであるといえます。

　これらは、「断らない相談支援」「参加支援」「地域づくりに向けた支援」の三つの支援を一体的に行う新たな事業として、2021（令和3）年度からは、重層的支援体制整備事業として法定化されています。

4 認知症施策上の認知症介護実践リーダー研修の位置づけ・意義

　認知症介護実践リーダー研修の推進については、大綱の三つ目の柱である「医療・ケア・介護サービス・介護者への支援」の「介護サービス基盤整備・介護人材確保・介護従事者の認知症対応力向上の促進」に位置づけられています。認知症介護実践者研修、認知症介護指導者養成研修と併せて、認知症についての正しい理解のもと本人主体の介護を行い、できる限り認知症の症状の進行を遅らせ、認知症の行動・

心理症状（BPSD）を予防することが求められています。

　認知症介護実践リーダー研修および認知症介護指導者養成研修の修了者が介護サービスを提供する場合は、「認知症専門ケア加算Ⅰ」および「認知症専門ケア加算Ⅱ」が算定されます。認知症専門ケア加算とは、認知症ケアについて一定の経験をもち、国や自治体が実施したり指定したりする認知症ケアに関する専門研修を修了した職員が介護サービスを提供することを評価するものです。

　2021（令和3）年度の介護報酬改定では、地域包括ケアシステムの改定事項のうち、「認知症への対応力向上に向けた取組の推進」のなかで、介護サービス全般の認知症への対応力を向上させるため、居住系サービスに加え、訪問系サービスでも算定されることになりました。また、介護サービス事業者の認知症への対応力の向上と利用者の介護サービスの選択に資する観点から、すべての介護サービス事業者（居宅療養管理指導を除く）を対象に、研修の受講状況など、認知症に関する事業者の取り組み状況について、介護サービス情報公表制度において公表することとなりました。具体的には、認知症介護指導者養成研修、認知症介護実践リーダー研修、認知症介護実践者研修、その他の研修の欄を設け、受講人数の入力が義務づけられています。

　以上のように、実践リーダーは、認知症施策に明確に位置づけられており、認知症施策の方向性やその考え方、内容を理解し、自らに課せられた役割・機能を果たしていくことが求められています。また、介護保険の加算の対象となっているということは、利用者の自己負担、さらには保険料にも反映されているということです。その社会的な意味をしっかりと踏まえ、サービスの提供や自己研鑽をしていく必要があります。

地域における
認知症ケア関連施策の展開

1 認知症ケアの実践と施策の関係

　認知症施策推進大綱（以下、大綱）に示された施策は、介護保険制度をはじめ、施設や地域での認知症ケアの実践にかかわるさまざまな分野を包含したものとなっています。各市町村で策定されている介護保険事業計画策定においては、各市町村で、大綱を踏まえて計画づくりをするように求められています。つまり、自事業所が行っているサービスや事業も、地域の認知症施策を進めるために位置づけられているといえます。そして、大綱の方針である「認知症の発症を遅らせ、認知症になっても希望を持って日常生活を過ごせる社会」を目指して、その地域全体の取り組みの一部として機能することが求められているのです。

　認知症ケアは地域と切り離して考えることはできません。第2節で述べたとおり、大綱では、「認知症の人が、尊厳と希望を持って認知症とともに生きる、また、認知症があってもなくても同じ社会でともに生きる」共生社会の実現を目指しています。認知症の正しい知識を普及・啓発する機会や、認知症の人の視点に立った交通や施設・設備の改善、金融機関や小売店へのアクセス方法の工夫に向けた認知症バリアフリーの取り組みや社会参加支援のため、地域の医療・福祉関係者以外のさまざまな人や機関と連携・協働する機会もあるでしょう。また、認知症ケアの研究開発にかかわる機会やその研究成果を活用していくこともあると思われます。

2 地域の認知症施策の把握

　各地域で展開されている認知症施策を把握するためには、大綱に示された内容や各整備項目について把握したうえで、それが市町村ごとにどのように進められているのかをみることが必要です。市町村の規模や高齢化率、これまでの取り組み状況等によって、さまざまな形で認知症施策が進められています。大綱に示されたものとは別のしくみも併用しながら施策を進めている場合もあります。

大綱の内容を踏まえ、各市町村の認知症施策について、介護保険事業計画や認知症ケアパス等がまとめられたしおりやWEBサイトがあればそれらを通して確認をします。また、地域の認知症カフェや認知症疾患医療センター等に足を運び、認知症地域支援推進員や認知症初期集中支援チームのメンバーに話を聞くことによって施策の展開の様子などを把握できると同時に、連携や活用のための関係づくりを行うことができます。

③　地域における認知症施策の展開方法

　大綱の内容とそれを踏まえて自施設・事業所のある市町村の認知症施策の状況を把握し、自施設・事業所に求められる役割を理解していきましょう。そのうえで、実際の業務に反映していくことで認知症施策の推進に寄与することができます。また、地域の認知症カフェに足を運ぶ、認知症地域支援推進員や認知症初期集中支援チームのメンバー、認知症サポート医といった人々と顔のみえる関係性を築き、自施設・事業所とのかかわり方を検討するといった方法も考えられます。

　医療職や介護職の連携・協働においては、地域包括ケアシステムや認知症ケアパス等を踏まえた対応が必要になります。厚生労働省は、認知症の早期発見・早期対応およびその後の支援のあり方について、認知症初期集中支援チームや、認知症疾患医療センター等の専門医療機関、日常の診療を行うかかりつけ医の役割を整理しています。そして、状態が悪化しても施設や病院等での対応が固定化されず、状態が安定すればまた自宅等の生活に戻っていく循環型のしくみを構築していくことが示されます。こうしたしくみづくりの進行状況は地域によってさまざまです。それぞれの地域でどのようなしくみづくりが進められているのかを理解し、関係機関と連携していく必要があります。

　これらのしくみづくりを含めた地域のコーディネーター役として認知症地域支援推進員、地域医療体制の中核的な役割を担う認知症サポート医が養成されています。地域でこうした役割を担っている人と関係を築き、必要に応じて連携がとれるようにしておくことが重要です。事例においても、認知症地域支援推進員の佐藤さんとの顔のみえる関係を通して活動が展開されています。

　認知症の正しい知識の普及・啓発や、社会参加支援の取り組みについては、ふだんの業務と直結している部分であり、その業務が大綱に沿ったものであるといえま

す。大綱によれば、「認知症の人やその家族が地域のよい環境で自分らしく暮らし続けるためには、認知症への社会の理解を深め、地域共生社会を目指すなかで、認知症があってもなくても、同じ社会の一員として地域をともに創っていくことが必要である」としています。そのための施策として、認知症サポーターの対象を拡大するとしています。認知症サポーター養成講座については、自施設・事業所で行う場合もあれば、自治体が主催する講座に協力する機会もあるでしょう。事例でも、地域住民の認知症に対する偏見をなくしていくための手段として活用されています。

　大綱においては、普及・啓発における本人の発信支援にも力を入れています。「認知症とともに生きる希望宣言」「本人にとってのよりよい暮らしガイド（本人ガイド）」「本人座談会（DVD）」等を用いてはたらきかけていくことも考えられます。

　認知症バリアフリーの取り組みについては、家族とのかかわりや施設内の行事やアクティビティの企画立案、ボランティアの活用、防災訓練や祭礼などの地域のイベントへの参加などを通じて認知症に対する偏見を取り除き、「認知症の人が、尊厳と希望を持って認知症とともに生きる、また、認知症があってもなくても同じ社会でともに生きる」地域づくりに貢献することができます。

4　地域における実践リーダーの役割

① 地域における実践リーダーの役割と地域資源

　実践リーダーには、自施設・事業所等において、認知症の人を支援するチームリーダーとしてほかの職員を指導し、チームケアのための調整を行うなど、認知症ケアの質を向上させるための方策を具体的に展開していく役割・機能が期待されています。加えて、地域においては、各地域の特性を活かして事業者等との連携を図るなど、地域の社会資源を活用して認知症の人を支援していくための方策を実践することが期待されています。

　では、この社会資源とはどのようなものを指すのでしょうか。社会資源とは、「福祉ニーズを充足するために活用される施設・機関、個人・集団、資金、法律、知識、技能等々の総称」[2]とされています。つまり、支援対象となる人を支援するために用いられる人や物、知識などを指します。社会資源のなかで特に地域に根差したものを「地域資源」といいます。地域資源の例として、家族、親族、近隣、友人・同

僚などの人的資源のほか、ボランティア組織、特定非営利活動法人（NPO法人）、町内会などの地域の団体、組織、行政、企業等のほか、伝統技術等の文化資源があげられます[3]。つまり、地域資源とは、社会資源のうち、より地域に根差し、地域の特性が反映されている資源ということになります。

実践リーダーには、介護保険制度などの地域性にあまり左右されない資源に加えて、地域資源の活用も求められています。地域資源の活用においては、創造的で柔軟な発想がなければなりません。そのためには、その地域に存在するさまざまな人、場所、組織には、多くの可能性があることに気づく必要があります。例えば、教育機関、農協や企業などの団体・機関、農地や商店街の空き店舗といった場所、自治会や防災組織、PTAといった組織、語学や伝統芸能などの特殊な技能や知識をもつ人のほか、祭礼や地域の運動会といったイベントも含まれると考えられます。

❷ 実践リーダーによる社会資源の活用・協働

実践リーダーの地域での活動は多様であり、個々の認知症の人やその家族の支援を通じて地域にかかわる場合もあれば、認知症施策の推進や自施設・事業所の活動を通じて地域にかかわる場合もあるでしょう。そのありようの全体を示すことは難しいですが、期待も込めて、実践リーダーの地域での活動において求められる視点やポイントをあげておきたいと思います。

認知症の人の生活と社会資源との関係を理解する

認知症の人の生活はさまざまな社会資源とのかかわりから成り立っています。認知症の人は、社会資源とのかかわりを通して、認知症によって生じるさまざまな生きづらさを癒し、軽減し、希望を取り戻す、あるいは希望を実現していく力としていきます。実践リーダーには、認知症の人の暮らしを支え、より豊かにしていくために、こうした社会資源と連携・協働していくことが期待されます。

認知症の人は、認知症になる前から、地域でさまざまな社会資源とのかかわりをもち、暮らしていたはずです。まず大事になるのは認知症になる前から続く暮らしのありようについて知ることです。認知症の人の暮らしにおいて大切な資源には、いつも世話になっていた八百屋や散歩道の途中の公園、行きつけの喫茶店などがあるかもしれません。それらはほかの地域の八百屋や公園、喫茶店では代替できないものです。ましてや居場所だからといって通所介護（デイサービス）に置き換えることはできません。

そして、認知症になったことで、そのつながりが維持できなくなっていく場合もあります。私たちはさまざまな関係性のなかで自分自身の存在を意味づけていきます。人や物とのつながりは本人のアイデンティティと深いかかわりをもっているのです。認知症の人は、年をとり、認知症になり、自分の生を意味づけていたつながりが保てなくなるという喪失感やアイデンティティの危機に直面しているかもしれません。支援者は、そのつながりが維持できるのか、あるいは再構築できるのかについて検討する必要があるでしょう。本人にとって大事な場所や人とのつながりが、誰かに伝えられることも、知られることもなく介護サービスの利用に結びついてしまうこともあります。その場合には、本人とのかかわりのなかで、そのようなつながりの存在や本人にとっての意味を知り、ほかの専門職や事業所と共有していく必要があります。

　一方、社会資源との関係は以前からのつながりを維持するだけではありません。認知症になることによって以前のような関係でいられなくなっても、再構築していくこともできます。そして新しい出会いのなかで新しいつながりをつくっていくこともできます。認知症であることを自然に受け入れてくれる地域の人や場所、組織になっていけば、「認知症になっても大丈夫」と感じられ、新しい関係性を構築していくこともできるかもしれません。

　認知症が進行し、さまざまな障害が顕在化してくると、介護保険サービス等の利用を増やさざるを得なくなり、介護保険サービス等の専門サービスが暮らしのなかに多く入り込んできます。しかし、このときも可能な限り、これまでの本人のつながりを維持・強化、再構築していく視点が大切です。

社会資源の特性を理解する

　社会資源には、介護保険サービスのように、認知症の人を支援するために制度化されているものもあれば、近所の人やボランティアなど、制度化されていないものもあります。前者をフォーマル資源、後者をインフォーマル資源とする考え方があります。

　フォーマル資源には、例えば、介護保険の訪問介護（ホームヘルプサービス）では本人以外の部屋の掃除やペットの世話ができないといったように、提供時間や提供内容について一定の制限やルールがあります。そのため、さまざまな生活のスタイルや突発的な事態などに柔軟に対応することが難しいという特性があります。一方で、契約内容に基づいて訓練を受けた専門職による一定の水準にあるサービスを

第**5**章　施策の動向と地域展開

123

継続的に提供することができるという特性もあります。

インフォーマルな資源では、そのようなルールや制限がないので、柔軟で多様な対応が可能です。しかし、継続性や専門性が担保されているわけではありません。つまり、必ずしも認知症の人に配慮したかかわりが確保されているわけではなく、また、必要なときに必要な内容のサービスが必ず提供されるといった保証はありません。さらに、例えばボランティアでは、ボランティアを行う人の都合や動機とその活動がマッチしていることが必要になります。つまり、インフォーマルな資源による支援活動は提供する側の動機やメリットと受け手側のメリットとのマッチングが重要な場合があります。動機が弱くなったり、メリットがないといった状態になると、活動は維持できなくなってしまいます。したがって、提供する側のニーズを把握したうえで、ウィン―ウィンの関係を形成していくことが大事になります。

このような意味で、インフォーマルな地域資源は、必ずしもフォーマルな地域資源の代わりになることはできません。またその逆もしかりです。こうした社会資源の特性を踏まえ、活用していく必要があります。地域資源の活用という点からみれば、特にインフォーマルな社会資源との協働関係の構築が重要になります。

認知症の正しい理解を拡げる

認知症の人の暮らしを支え、豊かにしていくためには、地域で活動する専門職や専門機関・事業所、学校や企業、住民組織など、ふだん認知症ケアにかかわる人や組織・機関との連携や協働が欠かせません。そして、連携・協働をしていくためには、認知症に対する認識を共有しておくことが重要になります。例えば、地域で頻回に外出してしまう認知症の人に対して、「早く施設に入れたほうがよい」「どうやって徘徊しないように監視するか、あるいは薬や身体拘束による抑制をするか」といった考えの人や組織との連携や協働は困難であり、その後の活動で支障をきたす可能性があります。

認知症に限らず、偏見や差別は無知や無関心がその背景にあります。認知症に関する正しい知識を深めること、認知症について関心をもつことは、認知症に対する偏見や差別を解消し、連携・協働していくためのベースをつくります。実践リーダーは、ふだんのケアや連携・協働の場面で、時には講師役としてなど、さまざまな場面で認知症を正しく理解できるよう発信していく必要があります。

その際に、「認知症を正しく理解する」というのはどのようなことなのかを改めて考える必要があると思います。これまでもさまざまな専門家が研修やテレビ、書

籍等を通じて認知症についての説明を行ってきました。しかし、残念ながら「認知症になると何もわからなくなり、おかしな行動をする」といった誤解や偏見をかえって深めてしまい、恐怖や不安感をより強めている場合もありました。一方で、希望や可能性を伝えるだけでは、認知症に伴う暮らしづらさ、生きづらさを伝えることはできません。どのような内容をどのように伝えることが、認知症の人やその家族にとって暮らしやすい社会にするために「正しい」のか、常に本人や家族の視点に立ち、検討し続けていく必要があります。

自施設・事業所を地域の資源として活かす

　介護保険施設や事業所がどのような協働や連携ができるのかは、それぞれの地域性や施設・事業所のあり方、経営者の考え方などによって多様です。

　例えば、家族介護者教室や認知症カフェ、認知症サポーター養成講座の開催を通じて日々の認知症ケアの実践における知識や技術を地域に還元することができます。また、地域住民の活動の場所として、施設のスペースを提供することもできます。その資源を開放し、さまざまな地域資源と連携・協働することで地域に多様な価値を生み出していくことが可能になります。子ども食堂やコミュニティカフェ、サロンの会場になることもありますし、ボランティアやサークルの活動場所、子どもたちの遊び場や勉強する場所となることも可能です。災害時には避難場所として、地域住民やほかの施設・事業所から避難してきた人々の受け入れ先となります。

地域に受け入れられる施設となるよう活動する

　施設や事業所の敷地内に閉じこもり、提供されるサービスのみを受ける暮らしは豊かといえるでしょうか。その地域の自然環境や文化、住民とのかかわり合いを通して人の生活はより豊かなものになっていくと思います。なじみの定食屋さんに出かけて、帰りに和菓子を買って帰る、小学校の運動会に参加する、施設に来てくれた小学生の活躍の場面をみる、祭りに参加して住民と一緒に盆踊りを踊るなど、その地域でしかできないさまざまな連携・協働のあり方があると思います。自施設・事業所が地域に受け入れられていくことで、提供できるサービスはより豊かで多様性に富むものとなり、利用する認知症の人の暮らしも豊かで生き生きとしたものになっていきます。

　自施設・事業所が地域に受け入れられるためには、日々、質の高いケアを提供し、利用者や家族の信頼を得ていくことが基本になります。また、日常のあいさつから

はじまり、地域の清掃活動や祭礼、防災訓練などに参加し、地域の一員としての役割を積極的に果たしていくことでお互いの関係性がつくられていきます。地域の喫茶店やレストランへの外食の機会、商店街での買い物の機会などを積極的につくり、関係者と顔見知りになることも大切です。

実践リーダーは、施設のイベントを企画したり、運営推進会議の企画や進行を任されたりすることもあるでしょう。夏祭りや敬老会を企画する際に、地域の人と一緒に行うという方法もあります。現在、あるいは過去の利用者の家族との関係から拡げていくこともできると思います。事例の山本さんは、運営推進会議を活用し、地域支援推進員の佐藤さんを通じて、市の防災課や自治会の中野さんとつながり、防災訓練の企画を充実させています。

認知症の人の思いをケアチーム、地域と共有し、活動する

専門職間の連携、地域での協働の軸となるのは、認知症の人の思いや声でなければなりません。実践リーダーは、自身が直接かかわっている認知症の人や自分がリーダーを務めるチームメンバーがかかわっている認知症の人の病気や障害の状況といった情報のみならず、介護という仕事だからこそ知り得る、本人の得意なこと、本人が心地よいと感じる暮らし方、声かけの仕方などに関するケアのノウハウをチームや関係者間で共有することができます。そして、認知症の人の生活に寄り添うなかで知り得た、その人の生きづらさ、不安や寂しさ、苦悩、喪失感等の精神的な課題や大切にしている生き方、夢や希望といった本人の思い・声を伝え、それを軸にチームや関係者が活動していくようはたらきかけていく必要があります。

こうした活動は、専門職だけでなく、地域の人たちと一緒に行うことが大切です。身近で本人のことを知る介護職員は、認知症の人の「こう生きたい」という思いを軸に人や組織がつながっていけるよう、活動していく必要があります。

チームや地域関係者間の軋轢、対立の解決に貢献する

チームや地域の関係者の活動はさまざまな軋轢（あつれき）や対立を生み出す可能性があります。自施設・事業所の職員間においてもケア方針や倫理的な対立、利害関係などから総論賛成、各論反対のような状態になることもあります。ましてや地域の別の施設・事業所、あるいは認知症ケアを専門的に行っていない地域のさまざまな人、組織・機関となれば、それぞれの事情や背景から、一つのことに合意するプロセスも複雑なものとなるでしょう。

こうした軋轢や対立を調整していくために、認知症地域支援推進員や地域包括支援センター、介護支援専門員（ケアマネジャー）、社会福祉協議会などが力を発揮することが期待されます。実践リーダーは、それらの人や機関と力を合わせ、軋轢や対立を調整し、乗り越えていけるようはたらきかけていくことが重要です。

③ 地域連携や地域資源開発の取り組み

地域連携というと、医療と介護の連携が思い浮かびます。また地域資源の開発というと、見守りネットワークや認知症カフェをつくる、といったことが思い浮かびます。もちろん、それらも地域連携や地域資源開発の一つですが、ここではもう少し視野を広げて地域資源に着目した連携や資源開発の取り組みについて考えてみたいと思います。

山田さんは、山あいの人口1万2000人ほどの町の小規模多機能型居宅介護施設で、リーダーとして働いています。この町はもともと農業をなりわいにしている住民が多く、利用者の多くも農家出身です。現在、町は住民の高齢化と人口減少が進み、耕すことができずに放棄された畑も増えていました。あるとき、利用者の森本はなさんと、施設の周りを散歩していると、はなさんが「畑がしたいねえ」と言いました。山田さんが「誰も耕していないなら、借りて、できたらいいね」と言うと、はなさんも「そうだねぇ」と答えました。その日、施設から帰宅する途中、運転する車の窓の外に見えたのは、耕す人がいなくなり荒れてしまった畑が点々としている風景でした。

次の日、山田さんは思い切って管理者の浅井さんに昨日のエピソードを話し、「畑をしたいのははなさんだけではないはず。せっかく畑があるのだから施設で借り受けて、利用者の皆さんに畑仕事をやっていただく機会にできないか」と提案しました。

管理者の浅井さんは、1か月前に亡くなった利用者の夫の武田信夫さんが、「妻の思い入れのある畑だからなんとかしたいが、私も年をとってしまって、どうにもならん」と話していたことを思い出しました。職員に聞くと、ほかの利用者も畑仕事の話になると楽しそうに話をしたり、施設の周りの草むしりを生き生きとしたりしているということでした。管理者の浅井さんは、山田さんに「武田さんの家は施設の近くなので、相談してみたらどうか」と活動に賛同してくれました。さっそく、武田さんを訪ね、亡くなった奥様の話などを振り返りながら、思い切って畑を活用したい旨を打ち明けたところ、喜んで賛同してくれました。

とはいえ、畑を耕すノウハウもありません。すると武田さんは、知り合いの農家の丸山さんを紹介してくれました。早速、丸山さんに相談すると、手伝ってくれることになり、丸山さんに協力してもらいながら、すでに使われなくなった農具なども再利

用しつつ準備を進めました。いつもはじっとしている利用者も、畑に出て一緒に作業をはじめると生き生きと草をむしったりしながら、職員の慣れない手つきを笑ったりしていました。丸山さんは、友だちにも声をかけて時々手伝いに来てくれました。

　はなさんは、その後車いすの生活となってしまいましたが、畑仕事の際は一緒に出かけ、作業の様子を見たり、ほかの利用者と昔の話をしたりしながら楽しんでいました。そして収穫の日には、大きく育った大根で「風呂吹き大根」をつくり、お世話になった武田さんや丸山さんにも声をかけてみんなで食べることができました。

　ふだんの認知症の人へのケアの一場面から、地域とつながっていった事例です。以前の利用者の家族である武田さんやその友人の丸山さんとつながり、連携しながら、畑という資源を開発している場面です。この事例の重要なポイントをみていきましょう。

認知症の人の「こう生きたい」という思いを大切にする

　関係者とつながり、実際に動かす軸になっているのは、利用者である森本はなさんの「畑がしたい」という思いでした。その思いの実現に向けて関係者が連携・協力しながら進めていきました。その過程で、はなさんだけでなく、ほかの利用者や職員の声も聴きながらニーズを推定・把握していったところも重要なプロセスです。

関係者と一緒に取り組む

　施設や事業所の規模、経営に対する考え方、リーダーがおかれている立場などによって、地域との連携や資源開発に対する向き合い方は変わってくると思います。とはいえ、地域とかかわる機会はふだんの業務のなかでもたくさんあります。家族会を開催したり、アクティビティや夏祭り、外出の企画を立てる役目になることもあるでしょう。

　一方、事業所の一職員ができることには限界があります。また、自分に与えられた職責のなかですべきこと、できることが決まっていることもあります。山田さんはまず管理者の浅井さんに相談しましたが、相談すべき人は、上司や同僚、リーダーなど、各施設・事業所の組織やその人がおかれている立場により異なります。いずれにしても価値観や問題意識を共有できる同志を得て進めていくことが、活動を展開するうえで重要になります。特に、外部の機関・組織と一緒に行う活動では、取り組む課題によって、誰の協力を得て進めるかが重要なポイントになります。

取り組みの規模が大きくなれば、実行委員会のようなコアメンバーを組織する必要も出てくるかもしれません。すべてをリーダー自身が背負い込んでしまうと、大きな負担になるだけでなく、リーダーがいなくなればその活動は終わってしまいます。運営資金や必要物品の確保も含め、活動が持続可能なものになるためにも、必要な人や組織と一緒に取り組む必要があります。

幅広い視野から地域資源に着目する

　山田さんが勤務している地域は、人口の高齢化や減少が進み、元気がなくなってきています。介護サービスに従事する人も減って、バスや電車の本数も少なくなり、公共サービスも不十分かもしれません。また、地域には空き家やシャッターの閉まった商店街があるかもしれません。しかし、一見すると元気がないように感じられる風景も、見方を変えてみると、実はさまざまな可能性や資源があることに気づきます。この事例では、耕されていない畑が認知症の人の生活を豊かにするための地域資源に生まれ変わっています。また、介護分野の資源を超えて、その地域の特色を活かした形でさまざまな人とつながり、点と点が結ばれ地域に新たな価値を生み出しているといえます。

支援する側、される側の役割を超えて取り組む

　リーダーの山田さんは、いざやってみると、農業のノウハウもなく、どうしたらよいのかよくわかりませんでした。しかし、利用者にしてみれば、昔取った杵柄です。畑仕事という機会とのマッチングが利用者の力を引き出しています。職員も利用者も、そして手伝いに来てくれた地域の人も、それぞれが少しずつ力を出し合い、そして少しずつ配慮しながら、「専門職─非専門職」「支援する側─支援される側」という関係性にとらわれない、フラットな関係性でいられる機会をつくり出しているといえます。

演習 5-2　地域における認知症施策と実践リーダーの役割

　自身の事業所のある地域で、「オレンジプラン」「新オレンジプラン」「認知症施策推進大綱」で整備が進められている施策の実施機関や現在の関係者（担当者）を調べてみましょう。また、自身の事業所としてどのような地域活動ができるのか、そのなかで実践リーダーとしてできることを具体的に検討し、グループで共有しましょう。

引用文献

1）三菱 UFJ リサーチ＆コンサルティング株式会社「平成 28 年度 老人保健事業推進費等補助金老人保健健康増進等事業 地域包括ケアシステム構築に向けた制度及びサービスのあり方に関する研究事業報告書 地域包括ケア研究会 報告書——2040 年に向けた挑戦」p.6、2017 年
2）中央法規出版編集部編『4 訂 社会福祉用語辞典』中央法規出版、p.213、2007 年
3）日本認知症ケア学会認知症ケア用語辞典編纂委員会編『認知症ケア用語辞典＝ Dictionary of Dementia Care』ワールドプランニング、p.209、2016 年

参考文献

＊「痴呆」に替わる用語に関する検討会「『痴呆』に替わる用語に関する検討会報告書」2004 年
＊公衆衛生審議会「老人精神保健対策に関する意見」1982 年
＊地域包括ケア研究会「地域包括ケア研究会報告書——今後の検討のための論点整理」2009 年
＊高齢者介護研究会「2015 年の高齢者介護——高齢者の尊厳を支えるケアの確立に向けて」2003 年
＊厚生労働省認知症施策検討プロジェクトチーム「今後の認知症施策の方向性について」2012 年
＊厚生労働省「認知症施策推進 5 か年計画（オレンジプラン）（平成 25 年度から 29 年度までの計画）」2012 年
＊厚生労働省「認知症施策推進総合戦略（新オレンジプラン）——認知症高齢者等にやさしい地域づくりに向けて（概要）」2015 年
＊認知症施策推進関係閣僚会議「認知症施策推進大綱」2019 年
＊厚生労働省「『地域共生社会』の実現に向けて」2017 年
＊厚生労働省「我が事・丸ごと」地域共生社会実現本部「『地域共生社会』の実現に向けて（当面の改革工程）」2017 年
＊地域における住民主体の課題解決力強化・相談支援体制の在り方に関する検討会「地域力強化検討会最終とりまとめ——地域共生社会の実現に向けた新しいステージへ」2017 年
＊Clark, M. S., ed., Wills, T. A., 'Social support and interpersonal relationships', *Prosocial behavior*, Sage Publications, Inc., pp.265–289, 1991.
＊Cohen, S., Syme, S. L., eds., House, J. S., Robert, L. K., et al., 'Measures and concepts of social support', *Social support and health*, Academic Press, pp. 83–108, 1985.
＊House, J. S., *Work stress and social support*, Addison Wesley Pub. Co., 1981.
＊WHO ガイドライン『認知機能低下および認知症のリスク低減』邦訳検討委員会「認知機能低下および認知症のリスク低減——WHO ガイドライン」2019 年
＊認知症介護研究・研修東京センター『認知症地域支援推進員活動の手引き』2019 年

第 **6** 章

チームケアを構築する
リーダーの役割

目的

チームの構築や活性化のため、チームリーダーとしての役割を理解し、円滑にチームを運用する者
であることを自覚する。次に、チームにおける目標や方針の設定の必要性を理解し、目標を踏まえ
た実践の重要性と展開方法を理解する。

到達目標

1 チームの意味や目的、種類を理解しチームの特徴を説明できる。
2 チームの構築や活性化のための基本的な考え方や方法を説明できる。
3 チームの方針や目標を設定する必要性や、目標を踏まえた実践の展開の重要性を理解する。

特に関連する章

第 1 章　認知症介護実践リーダー研修の理解
第 7 章　ストレスマネジメントの理論と方法
第 9 章　認知症ケアにおけるチームアプローチの理論と方法
第10章　職場内教育の基本視点
第11章　職場内教育（OJT）の方法の理解

　山本さんは、ユニットリーダーとして3年の経験があります。ユニットのメンバーは、2人の新人以外は、5年以上の経験のある職員で構成されており、山本さん自身も介護職員として7年以上の経験があります。

　山本さんは、今月入居した敏夫さん（75歳）の認知症の行動・心理症状（BPSD）に対する対応や危険を認知しない行動への対応について悩んでいました。山本さん自身は、今までの経験や研修等を通じた学びで、認知症の人に対する考え方やパーソン・センタード・ケアの視点をしっかりと理解しています。したがって、入居間もない今は、敏夫さんの心理的なニーズや行動の意味をアセスメントしながら適切なケアや対応を探る時期であると考えています。しかし、チーム内では、敏夫さんのケアについて、2人の新人職員（社会人経験のある田中さんと福祉系大学で学んだ木村さん）の間で意見の対立があります。

　ケアに関する意見としては、社会人経験のある田中さんは、敏夫さんの言動に振り回されて、その言動の背景にある気持ちや心理的なニーズに目を向けようとしません。敏夫さんの言動を問題としてとらえ、介護記録にも「不穏」「不安定」という言葉が頻回にみられます。敏夫さんが「私はいつ家に帰るのですか」と聞くと、「いつ帰るのか、息子さんに聞いてみます」「今日は帰る日ではありません」などと、その場限りの対応をしています。また、敏夫さんの行動を制止・抑制しようとするためか、敏夫さんの表情も険しく、混乱や不安が増し落ち着きません。そうなると田中さんはますます敏夫さんの行動を管理しようとするので、敏夫さんのBPSDはエスカレートしていくといった状況です。敏夫さんへの対応に奮闘する田中さんのケアのあり方や発する雰囲気は、チームの空気を重くしていきます。田中さんは、自分は一生懸命に敏夫さんのケアをしているのに評価されていないと感じています。

　一方で、福祉系大学を卒業して入職した木村さんは、認知症ケアの理念を基軸にしっかりと知識も修得しています。しかし、ケアの理念を前面に打ち出して正しいことをしていると言わんばかりの態度です。チームの体制に沿った具体的な工夫や提案はなく、突然、敏夫さんを散歩に誘って出かけるなど、ほかの職員との連携がとれない行動もみられます。その結果、勤務時間内にすべき業務を終えることができず、ほかのメンバーにしわ寄せがいくこともあります。田中さんは、木村さんに「現実的な対応が必要なのでは。限られた職員と体制では、できることに限界があるし、理想的なことを求めても職員が大変」と主張します。2人の新人職員は互いに自分のやり方を主張して、感情も高ぶり言い争うこともあります。

　この意見の対立は、チームのほかの職員も巻き込み、田中さんと木村さんに気を遣ってどちらの意見にも賛同できないといった状況に困っています。新人職員の2人以外の職員は、敏夫さんの気持ちからニーズを把握しようとかかわり、うまくいったケアや、かかわり方で表情が明るくなり行動が落ち着いたなどの経験を重ねてきています。その

ことを記録に残し、申し送りで報告してはいますが、チーム全体の動きには反映されないまま経過していきました。定期的に開催されるケアカンファレンスでは、田中さんと木村さんの対立を避けてか、踏み込んだ議論には発展しないまま、形だけの現状報告にとどまっています。チームのメンバーは、それぞれにモヤモヤと、ストレスを感じながら勤務しているといった状況です。

　リーダーの山本さんは、この状況をなんとかしなくてはと考え、自分だけでは抱えきれないと判断して、上司に相談することにしました。

演習 6-1　チームの課題の整理

● 山本さんのチームの「強み」と「弱み」は何かを考え、具体的に書き出してみましょう。
● 山本さんのチームに起きている課題は何かを考えてみましょう。個々の職員の問題ではなく、問題の背景にあるチームの課題について考察を進めて整理してみましょう。

チームの目的と種類

1 チームとは

　介護の現場でのケアは、「チーム」の機能を使ってチームケアとして提供していることが一般的です。特に、介護保険制度の導入以降は、利用者の尊厳を支え、その能力に応じた自立した日常生活の支援を目指し、個別性の高いケアが求められています。個別性の高いケアの実現に向けて、個々の利用者のニーズを深く知るために、施設ケアにおいてもそれまでの大きな介護単位から小規模の介護単位によるチームケアが導入されました。制度上も認知症対応型共同生活介護（グループホーム）、ユニット型介護老人福祉施設、小規模多機能型居宅介護等において小規模チームでの職員配置が基本となっています。

　認知症ケアにおいても、なじみの関係をつくりやすい数人で形成されたチームの職員が丁寧に深くかかわり、心理的なニーズも把握しながら生活環境を調整し、支援することは有効とされています。ここでは、ふだん当たり前のように使っている「チーム」という言葉の定義とその機能について、しっかりと共通認識をもち、学習を進めていきます。チームについて、サラス（Salas, E.）は次のように定義しています。

---

① 達成すべき目標がある。
② メンバーには役割がある。
③ メンバーは互いに依存する。
④ メンバーとそれ以外の境界が明確である。

　以上の四つの要素に加えて、チームには小人数であるという特徴もあります。

　サラスの定義の一つ目は「目標」をもっていることです。つまり「目標」が明確ではない場合は、チームという形態をとってはいても実際にはチームとして機能していない状態であると考えられます。ケアの理念である「尊厳の保持」「自立支援」「自己決定」の実現を目指すことは、「目的」にあたり、「達成すべき目標」とは少し異なります。ここで示した「達成すべき目標」とは、目的に向かって進む際の課

題を解決するためにチームで行う具体的な行動、つまり「やるべきこと」ととらえることができます。

　二つ目に、目標達成のために、チームの誰が、何をするのか、といった役割があることがあげられます。リーダーは、チームメンバーの力量や得意なこと、苦手なことを把握して的確に役割を振り分けます。

　三つ目に、チームでは、各メンバーは、与えられた役割だけを担うのではなく、互いに助け合うことがあげられます。介護のチームは、経験年数や職務能力の異なった職員で形成されています。リーダーや先輩が、後輩のできないことをサポートするだけではなく、できるように育成しながら仕事を進めていきます。役割を認識して行動しながら助け合うという意味では、「依存」という表現よりも「連携」「協働」に置き換えるほうがよいかもしれません。

　四つ目に、チームでは、メンバーとそれ以外との境界がはっきりしていることがあげられます。異動や入職などでメンバーは変わってもその境界は変わりません。そして介護現場におけるチームにはリーダーが配置されています。

　以上のチームの定義を理解したうえで、そのチームが機能するためには、やはり「目標」を定めることが欠かせません。そして、チーム運営を進めるなかで課題が生じるたびに目標を確認することで浸透させることが必要となります。事例では、リーダーの山本さん自身がチームの目標に立ち返ることなく、新人職員の田中さんと木村さんの対立に翻弄されてしまっていますが、ここは、一度、チーム全体で目標を確認することが必要ではないでしょうか。小規模であることが、チームのケアの質を高めるのではなく、チームが機能して初めてケアの質の向上を生み出します。

2　チームの形成過程について

　チームは「ある」ことではなく、「つくる」という側面を重視します。事例の山本さんのチームは、チームの形成過程において、どの状態にあるでしょうか。チームのリーダーは、まず、チームの状態をしっかりアセスメントすることが必要です。このとき、問題ばかりに目を向けるのではなく、「チームで課題を解決する」という指向性でチームを形成し、一体的に動くために、メンバーの「強み」や「弱み」を把握していくことも大切です。一見「弱み」にみえることも見方を変えると「強み」となる側面が発見できることもあります。例えば、事例の田中さんの認知症ケ

アにおける考え方や行動には課題がありますが、一方で、その場から逃げず、一生懸命に職務を遂行しようとする姿勢をもっているとみることもできるのではないでしょうか。リーダーは目指す方向や考え方を今一度確認し、軌道修正してもらえるようなかかわりをすることで、チームが目標に向かうための推進力としてメンバーをチームに取り込むことも考えられます。大切なのは、目標達成のためにどのようなチームを「つくる」のかということです。チームをつくる過程について、タックマン（Tuckman, B. W.）は図6-1のように4段階で示しました。

図6-1　チームの発達段階（タックマンモデル）

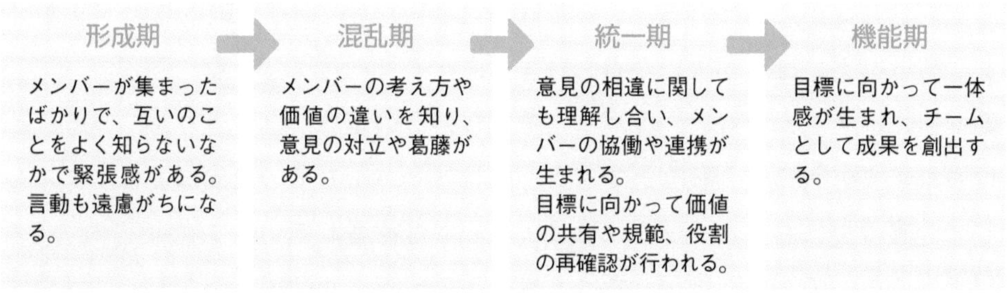

形成期	→	混乱期	→	統一期	→	機能期
メンバーが集まったばかりで、互いのことをよく知らないなかで緊張感がある。言動も遠慮がちになる。		メンバーの考え方や価値の違いを知り、意見の対立や葛藤がある。		意見の相違に関しても理解し合い、メンバーの協働や連携が生まれる。目標に向かって価値の共有や規範、役割の再確認が行われる。		目標に向かって一体感が生まれ、チームとして成果を創出する。

　第1段階は、形成期です。メンバーが最初に出会い、人間関係をつくる段階で、新規開設の施設のチームなどがこれに該当します。この状況では、メンバー同士、互いに十分に知り合えていないので遠慮しがちですが、リーダーは目的やチームの目標を話し合う場を意図的につくり、合意形成を図るように進めます。ここで目標に向けて率直にコミュニケーションをとることがその後のチーム形成に大きく影響します。

　第2段階は、混乱期です。チームとしてともに行動していくと、ケアの方法や手順などの違いに反応して意見の対立や葛藤が生まれます。これは、チームを形成するための「通過儀礼」でもあり、考え方を擦り合わせていく大事な段階です。しかし、対立する状況に目を背けて回避しようとすると一人の意見にチームメンバーが流されてしまうことや、ほかのメンバーの意見が潰されるような状況を生みます。この段階をうまく乗り越えて次の段階に進むには、対立や葛藤などのいわゆるコンフリクトをどのように取り扱っていくのかが鍵となります。

　第3段階は、統一期です。混乱期を乗り越えるとチームメンバーは互いに協働して動けるようになり、自発的に課題解決にも取り組みはじめます。チームとしての規範も生まれ、それに沿わないことは改善しようとする動きがみられるようになり

ます。

　第4段階は、機能期です。メンバー同士の信頼、業務遂行にあたっての連携と協働により非常に高い効果を生み、一体感が生まれチームで動いているということが感じられるようになります。しかし「機能期」でとどまることは難しく、チームは常に変化します。タックマンの形成過程も実際には、リーダーやメンバーの異動や入職、利用者の状態の変化などにより行ったり来たりしますが、常に機能期を目指し続けることが重要です。

　また、どの段階においても、メンバー同士の率直なコミュニケーション、目標を共有しようとする姿勢、目標に向かっていく強い意志が必要となります。

3 対人援助におけるチームの特徴

　認知症ケアの現場では、利用者を支援するケアチームが中心となっています。このチームには、大きく二つの特徴があります。

　特徴の一つ目は、ケアは利用者と専門職が直接かかわる場、いわゆるサービスエンカウンターで生み出されているという点です。したがって、ケアチームはサービスエンカウンターチームということになります。ユニットケア型の施設などは、複数のサービスエンカウンターチームがあり、それらを組織的にバックアップする役職者と専門的にサポートする他職種やプロジェクトチーム、委員会などが重層的に支える組織体制となっています（図6-2）。

図6-2　サービスエンカウンターチーム

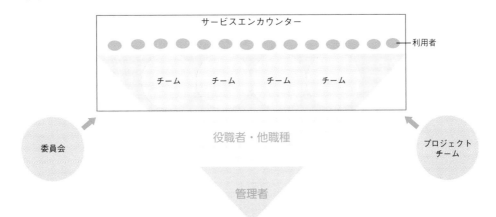

137

したがって、チームを束ねるリーダーは、チーム内の連携や協働にとどまるのではなく、組織やほかのチームと連携する姿勢、コミュニケーション能力が必要となります。事例では、リーダーの山本さんは、自身のチーム状況に悩み、自分だけでは解決の糸口を見つけることができないと判断し、上司に相談しようとしています。

　特徴の二つ目は、経験や能力が均一ではないうえに、雇用形態もさまざまなメンバーで構成されているということです。事例においても、同じ新人職員といっても、田中さんは他分野で社会人経験を経て入職している一方で、木村さんは福祉系大学を卒業して入職しているというように、メンバーの経験は一様ではないことが一般的です。したがって、チーム力を高めるためには、チームが一定レベルの知識や技術をもてるように、十分でないメンバーを育成する職場内教育（On the Job Training：OJT）、Off-JT（Off the Job Training）に力を入れることも必要になってきます。事例では、対立する田中さんと木村さんはともに新人職員です。リーダーの山本さんは新人職員の育成についてどのように考えているのでしょうか。2人がチームの先輩職員のケアに学ぶ機会やお手本にしたりするOJTについてもチームの課題はありそうです。職場内教育については、第10章で深く考察していきましょう。

チームの構築および活性化のための方法

1 チームの目標や方針の設定と実践への展開

　本節では、目標や方針を設定したり、実践の場面で展開したりする方法について具体的に考えていきます。

　まず、方針の設定については、「尊厳の保持」や「自立支援」は大前提となります。そのうえで、認知症ケアを実践するチームにとっての方針は、パーソン・センタード・ケアの考え方を軸にして支援することであり、これは認知症ケアの基軸になるものといえます。リーダーには、パーソン・センタード・ケアについての基本的な理解を踏まえ、それを自分の言葉でチームのメンバーに説明できることが必要となります。例えば、「Aさんにとって、私たち専門職はどう見えているのかを意識してケアしよう」「『認知症のAさん』ではなく、Aさんという人を理解していこう」「利用者の行動の背景にある気持ちや感情を大事にしよう」など、「理想」としてではなく、実践に引き寄せて個々のチームメンバーが理解できるように繰り返し説明することが求められます。

　次に目標の設定です。目標はリーダーが一人で設定するのではなく、チームメンバーと一緒に議論する場を設けて参加型の手順でまとめていく方法が望ましいでしょう。目標に対して合意形成が図れると同時に、自分たちで決めたという認識（責任）をもって取り組むことができます。目標は、先ほど示した「方針」に沿ったケアを実現するためのものであることが重要です。リーダーは、メンバーの意見を引き出し、まとめながらも、方針に沿っていない目標設定の議論になる場合は、軌道修正をする役割も担います。

2 メンバーの編成と方法、考え方

　多くのケアチームでは、リーダーの望みどおりのメンバーを選択できるわけではありません。したがって、チームを機能させるには、与えられたチームメンバーに

適切に役割を振り分け、一人ひとりの力を最大限発揮してもらえるようにしたいものです。そのためにリーダーは、メンバー一人ひとりについて十分に理解する必要があります。事例に登場する新人職員の田中さん、木村さんの強みや弱み（課題）を適切に把握して、強みをチーム力に統合していくことが大切です。また、2人の課題をチームの課題として発展させ、チーム全体で解決する動きをつくっていくこともリーダーの役割です。

　チームにおけるメンバーの役割を整理したベルビン（Bellbin, M.）の役割理論では、チームのメンバーの役割として次の九つを示しています。①まとめ役、②形をつくる人、③種をまく人、④調査する人、⑤実行する人、⑥管理・評価する人、⑦チームのために働く人、⑧完成させる人、⑨専門家の九つです。一人のメンバーが複数の役割を担っている場合はありますが、誰も担っていない役割がないか、また一人に多くの役割が集中して負担がかかっていないかといった点に注意する必要があります。メンバーの強みと役割のマッチングは、能力開発や人材育成、人材の定着にもかかわってきます。

3　チームを活性化させる方法

1　コミュニケーション支援

　チームを活性化させるためには、何よりコミュニケーションが必要です。コミュニケーションは、質も大切ですが、量も必要です。報告、連絡、相談だけでなく、気になることや問題が発生するたびにチームメンバーが集まって話し合うこと、取り組みの成果などを伝え合って共有することもとても大切です。まずは、リーダーが行動で示していきます。リーダーは報告や連絡、相談を受けるばかりでなく、チームメンバーに対してきちんと報告、連絡、相談をするという態度を見せてその重要性をメンバーに伝えていきます。

　また、会議やケアカンファレンス以外でも、何か問題が発生すれば、勤務しているメンバーに呼びかけて短時間でもミーティングの場を設けて、課題について話し合い対応をします。このように、チームをメンテナンスしながら同時に目標に向かって課題を解決して推進力を高めていきます。

　チーム内のコミュニケーションを豊かにすることと同時に、リーダーは、一人ひとりのメンバーの仕事に対する期待や欲求を把握して、モチベーションを高め前向きに仕事に取り組めるように支援します。

　マズロー（Maslow, A.）は、人間の欲求を5段階で示しています（図6-3）。事例の2人の新人職員のモチベーションは、どの段階に該当するでしょうか。田中さんは、チームのなかでの自分の頑張りを認めてもらいたいという気持ちはもっていそうですが、認知症のある敏夫さんの行動を管理しようとする対応には周囲は賛同していない様子です。一方、木村さんは、大学で学んだ知識を実践の場で展開したいという欲求がありそうです。マズローの示した階層の低位は外的に満たされますが、上位は内面的な要素が強く心理を的確に把握することは難しいでしょう。それでも、動機と仕事の関係を理解するために知っておくとよいでしょう。

　リーダーの山本さんは、2人の新人職員について、個別面談などで日頃の頑張りに対して承認やねぎらいの言葉をかけて、気持ちや悩み、志向性などをしっかりと聴き取り、仕事に対する欲求や動機づけのポイントを把握しておく必要があります。

図6-3　マズローの欲求段階

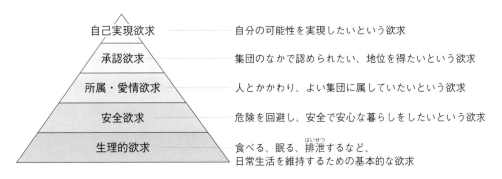

4　ストレスマネジメント

　リーダーの役割の一つに、チームメンバーのストレスマネジメントがあります。常に、過度なストレスを抱えているメンバーがいないかどうか注意しておかなければなりません。ストレスを抱えているメンバーがいる場合は、どのようにかかわっ

たらよいでしょうか。

　まずは、過度なストレスを感じる要因となっているストレッサーを把握する必要があります。本人の行動や勤務の様子を観察したり、ほかのメンバーにも聞いたりして情報を集めます。日々の言葉かけはもちろんですが、本人の思いや気持ちを聴く場をもつことも大切です。気になるメンバーがいる場合は、年間で計画的に実施している個別面談とは別に、随時、面談の場をつくりましょう。放置することなく、早めに把握し、対応することで、チームにも悪い影響を与えないようにします。

　面談におけるリーダーの姿勢や態度としては、まず十分に相手の気持ちを聴き取り、続いて考えを聴きます。聴きながら、相手の悩みや話の内容を要約して思考を整理するサポートをしたり、自ら解決の道筋をつかめるようにサポートしたりすることに注力します。決して、説得したり、リーダーの考えを押しつけたりしないようにしましょう。ストレスマネジメントについては第7章で、面接の技法については第11章で詳しく学びます。

5　教育指導

　ケアチームは、多くの場合メンバーの経験やスキルにばらつきがあります。したがって、チームメンバー間で連携・協働して経験やスキルのばらつきを補完しながら動くことが重要になります。同時に新人職員や中途入職者を育成しながらチームケアを行うといった特徴があります。つまり、ケアチームには「人材育成」の機能があるということです。メンバーの成長は、チームケアの推進力となります。職場内教育（On the Job Training：OJT）の方法については、第10章、第11章で詳しく学びますが、ここではリーダーの役割として教育や指導について考えます。

1　職場内教育（OJT）の活用

　介護職員の専門性として、知識、技術、態度（価値）があります。一通りの知識と技術は新人研修や採用時研修で学んでも、実際にケアの場面で「知識」を活用したり、「技術」を展開したりするには、OJTの機能が欠かせません。また、「態度（価値）」についても実践を通じて浸透させることが重要であり、その意味でもOJTは欠かせません。OJTは担当者を専任にすることもありますが、その場合でも担当者だけで担うものではなく、チーム力を活かして進めていきます。リーダーは、

OJT の進捗を管理する役割があります。

　事例のリーダーの山本さんの立場としては、新人職員の教育に際して、必要な教育内容の全体像を理解できていること、場面に応じてそれをほかのチームメンバーや新人職員に説明できることも必要となります。さらに、専門職チームのリーダーとしては、専門性についてのリーダーシップが必須となります。

② 職員に対する教育指導のポイント

　新人職員の田中さんと木村さんに対する育成のポイントや新人職員として習得すべき点について整理してみましょう。田中さんは、社会人としての経験があり、与えられた環境のなかで勤務を遂行することはできるようです。しかし、認知症ケアの理念や考え方については、その行動から見ると課題があります。一方で木村さんについては、認知症ケアの理念や考え方、方法については学習しており修得していますが、その知識が先走り、敏夫さんのニーズに合わせてケアをするといった点には課題がありそうです。また、ほかのメンバーへの相談なしに行動するといった点も課題です。

　リーダーの教育と指導のポイントは、2人の新人職員に対して、まずは適切なアセスメントによるニーズ把握が質の高いケアにつながることをしっかりと伝える必要があります。具体的には、ケアカンファレンスの場で、敏夫さんに対する支援の方針として明確に打ち出してもよいでしょう。また、一対一の場面では、コーチングの技法を用いて、新人職員に考えさせる場面を意図的につくってもよいのではないでしょうか。敏夫さんの行動を管理しようとする田中さんには、「敏夫さんの心理面や環境面については、どのように考えているのかな」と行動面以外に視点を広げるようにはたらきかけてみてはどうでしょう。木村さんに対しては、「敏夫さんが散歩に行きたいと言ったのね、お疲れ様。今度、散歩に出かけるときは、先輩にひと声かけてね。急にいなくなったから皆が心配して探していたのよ」というように、敏夫さんのニーズや思いからケアを考えることやチームのメンバーとしての立場の理解と連携への気づきを引き出すはたらきかけを指導する場面が必要と考えられます。コーチングにより、自己覚知や価値に照らして成長を促すスーパービジョンも必要となります。具体的な指導の技法については、第11章で学びます。

チームの方針や目標と展開

1 チームの方針や目標

　チームケアを展開する場合には、目標を達成するための課題整理が必要となります。はじめに「理念」「方針」「目標」「課題」について整理をしておきましょう（図6-4）。

図6-4　「理念」「目標」「課題」の整理

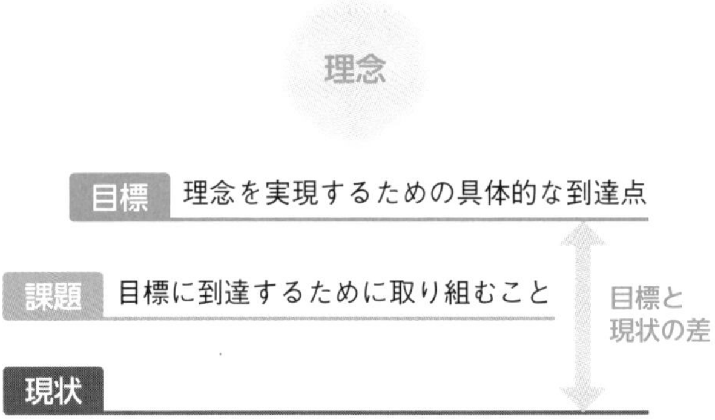

理念

目標　理念を実現するための具体的な到達点

課題　目標に到達するために取り組むこと　　目標と現状の差

現状

　まず、「理念」には、所属する法人の理念と専門職として大事にする理念の二つが考えられます。所属する法人の理念は、例えば「地域で尊厳ある暮らしを支える」「すべての世代が集まるひろばに」などが掲げられていると思います。専門職として大事にする理念は、「尊厳の保持」「自立支援」「パーソン・センタード・ケア」といった考え方です。「方針」は、理念と関連してケアの方向性を示します。例えば、認知症を抱える利用者に対して、「まず、生活全体を理解する姿勢でかかわろう」といったことなどです。そして、「目標」は、理念を実現するための具体的な到達点です。通常、この到達点と現状には差があるため、リーダーは、現状を正確に把握して、目標との差をチームで共有し、現状を目標に近づけるために解決すべき「課題」を導き出します。

　繰り返しになりますが、現状の把握から目標を設定し、課題を抽出するプロセス

は、チームメンバーと一緒に進めていくことが大切です。このとき、目標の「標語」をつくることが目的化しないように、また、「理念」と「目標」を混同しないように留意します。一つの例として、「尊厳あるケアを実践する」といった目標はどうでしょうか。とても大切なことですが漠然としていて、具体的に何を目指せばよいのかが明確ではありません。例えば、「利用者の生活スタイルや生活文化を尊重した暮らしと住環境をつくる」というように到達点が明確になるように検討しましょう。「理念」の確認と共有→現状把握→「目標」の設定→「課題」の設定の順に進めていくことが重要です。

2　チームケアの推進と展開

1　コンフリクトの考え方とマネジメント

　ここからは、チームづくりやチームケアの展開について考えていきます。第1節で示したように、チームの形成過程においては、コンフリクトが生まれる「混乱期」が重要です。チームの成長期にあっては通過儀礼であり、「混乱期」を乗り越えて「統一期」「機能期」へとチームが成長していくことを考えると、チームの「頑張りどころ」ということでもあります。「混乱期」では、コンフリクトのとらえ方とコンフリクトのマネジメントがポイントになります。「対立」や「葛藤」というとすべてよくないことのようにとらえられがちですが、コンフリクト自体は悪いものではありません。コンフリクト（対立や葛藤）の状況を適切に把握して効果的に活用する視点をもち、チームづくりを進めることが大切です。

　コンフリクトには、感情的な対立や非生産的なコンフリクトばかりでなく、生産的なコンフリクトもあります。生産的なコンフリクトは、その状況を活かしてチームづくりを進める役割を果たします。

生産的コンフリクト

　生産的コンフリクトは、チームの目標達成に導くもので、チームパフォーマンスを高めます。例としては、仕事についての目標や意義、価値観の対立などがあげられます。生産的コンフリクトが生じている場面では、回避せず、しっかりと議論することが大切です。これはチームとしての価値をつくるための生産的なコンフリク

トであり、「タスクコンフリクト」と呼ばれます。

非生産的コンフリクト

　非生産的コンフリクトには、権限や責任、仕事のやり方や手順に関する対立などの「プロセスコンフリクト」と個人間の感情的な対立による「関係コンフリクト」があります。「プロセスコンフリクト」は、些細(ささい)なものであれば、現場のミーティングやコミュニケーションによって解消できるものもあり、その場合は生産的コンフリクトと考えることもできます。「関係コンフリクト」は、チームの目標達成を阻害する要因になると考えられます。

表6-1　**コンフリクトのタイプ**

仕事そのもの	タスクコンフリクト	仕事についての目標や意義、価値観の対立	生産的コンフリクト
	プロセスコンフリクト	権限や責任、資源配分、仕事のやり方や手順に関する対立	非生産的コンフリクト
関係コンフリクト		個人間の感情的な対立	

２　コンフリクトの解決方法

　コンフリクトの解決方法としては、「競争」「回避」「受容」「妥協」「協調」があります。このうち、望ましいのは「協調」です。「協調」は、個々の考え方を否定せず、その考え方の類似点と相違点を明確にしてチーム全体にメリットのある解決策を導き出していく方法です。

　事例の山本さんのチームの状況をコンフリクトに照らして考えてみると、表面的に気になるのは「関係コンフリクト」です。新人職員の田中さんと木村さんは、利用者の対応に関して言い争う場面がみられます。単なる「関係コンフリクト」とも考えられますが、その背景には、ケアのやり方や人的な資源の配分に対する認識の違いもあることが考えられます。さらにその背景には、認知症ケアに関する考え方や価値の違いがありそうです。一方で、リーダーの山本さんや先輩職員たちの行動からは、認知症ケアの考え方や価値は共有されていると推測されます。

　「チームの形成過程」やチームの強み・弱み、チームの課題の側面からもみていくと、「目標」や「方針」を共有してきたチームに新人職員が配置されたことで、チー

ムの形成過程が変化したことがわかります。このときリーダーは、田中さんと木村さんの対立を個人の問題としてではなく、「チームの課題」としてとらえ、チームの現状を客観視する必要があります。個人の感情やケアの手順の違いなどに目を向けるのではなく、チームを客観視し、背景にある課題を整理していきましょう。

チームの「目標」（タスク）の共有や方針については、どのような状況にあるでしょうか。チームのパフォーマンスを高める「タスクコンフリクト」ととらえ、「協調」を図れるように、新人職員の2人も含めて率直にコミュニケーションをとれる場面をつくることを提案できるとよいでしょう。

このようなプロセスを経て、山本さんがリーダーとしてチーム全体の課題を整理できれば、上司に相談する際には「○○の課題があると考えていますが」と課題を自分なりに整理したうえで、「自分としては課題に対して○○しようと考えています」と、自らの考えを伝えることができ、具体的な助言やサポートを得やすくなります。

事例を通じて「方針」や「目標」「課題」の設定、チーム形成過程におけるコンフリクトのとらえ方と活用について考えてきましたが、リーダーとして、自身のチームや実践に引き寄せて振り返り、チームづくりを推進していきましょう。

演習 6-2　チームの目標と課題

● 冒頭の事例を活用して、山本さんのチームの「目標」と「課題」について書き出し、グループで共有しましょう。
● 目標を達成するための具体的な行動目標や方法を課題ごとにあげてみましょう。チーム全体にはたらきかけることと、特定のメンバーにはたらきかけることを整理し、「方針」「目標」「コンフリクトの活用」などのキーワードを意識して取り組みましょう。

参考文献 ....

＊ 山口裕幸『セレクション社会心理学 24 チームワークの心理学——よりよい 集団づくりをめざして』
　 サイエンス社、2008 年
＊ M. A. ウェスト、下山晴彦監、高橋美保訳『チームワークの心理学——エビデンスに基づいた実践へ
　 のヒント』東京大学出版会、2014 年
＊ 井上由起子・鶴岡浩樹・宮島渡・村田麻起子『現場で役立つ介護・福祉リーダーのためのチームマネ
　 ジメント』中央法規出版、2019 年
＊ A. C. エドモンドソン、野津智子訳『チームが機能するとはどういうことか——「学習力」と「実行力」
　 を高める実践アプローチ』英治出版、2014 年
＊ S. P. ロビンス、高木晴夫訳『組織行動のマネジメント——入門から実践へ 新版』ダイヤモンド社、
　 2009 年
＊ 諏訪徹・坂本洋一編著『「地域ケアを拓く介護福祉学」シリーズ 介護福祉の組織・制度論』光生館、
　 2015 年
＊ 溝渕隆・森上秀樹・早津英哉「チームを『騒乱期』から『規範期』へ移行させたことによるパフォー
　 マンス向上事例」2011 年度春季、2011 年
＊ 津曲陽子・古川久敬「チーム能力の形成と定着を促進させる課題遂行前後の意識化習慣」『産業・組
　 織心理学研究』第 25 巻第 1 号、2011 年
＊ 池田浩「チーム・メンタルモデルおよびチーム・パフォーマンスを規定する要因に関する検討——チー
　 ム力およびチーム・リーダーシップの効果」『福岡大學人文論叢』第 44 巻第 2 号、2012 年

第 **7** 章

ストレスマネジメントの
理論と方法

目的

チームケアを円滑に運用するため、ストレスのしくみと対処法を理解したうえで、実践リーダーとして介護職員等のストレスの緩和やメンタルヘルスのマネジメントを実践することができる。

到達目標

1 チームにおけるストレスマネジメントの意義と必要性を理解する。
2 ストレスのしくみと対処法を理解する。
3 認知症ケアにおけるストレッサーと対処法を理解する。
4 組織のメンタルヘルス対策や実践リーダーが果たすべき役割を理解し、チームメンバーへの支援
　方法を理解する。

特に関連する章

第 1 章　認知症介護実践リーダー研修の理解
第 6 章　チームケアを構築するリーダーの役割
第 9 章　認知症ケアにおけるチームアプローチの理論と方法

　ある日のケアカンファレンスのこと、新人職員の田中さんがふみさん（65歳、レビー小体型認知症）の介護方法について議題にあげました。何かを見て怖がっているふみさんの様子を見かけたとき、どのように対応すればよいのか田中さんは迷っているようです。職員でしばらく議論した後、リーダーの山本さんは、ふみさんは入居してきたばかりなので、これまでの情報を提供するとともに、まずはどのようなときに何を見て怖がっているのかを把握しようと提案しました。しかし、田中さんは「ただ見ているだけでいいのだろうか。怖がっているのだからそばに付き添ってあげたほうがいいのではないか」と持論を述べます。さらに、業務の効率化を行うことや、以前企業で働いていた経験からフレックスタイム制を導入してふみさんに付き添うべきなど、ほかの仕事の話とからめながら矢継ぎ早に話します。山本さんはシフト調整も難しく、仮になんとかなったとしてもユニットだけで決められる問題ではないため、すぐに導入はできないと伝えました。そして、まずできることとして、アセスメントからはじめようと改めて方針を示しましたが、田中さんの不満顔は解けません。ベテランのほかの職員は話を早く進めてほしいのにと言わんばかりの表情で田中さんを見ていました。

　その翌週、リーダーの山本さんは人事考課のための面談をユニットのメンバーに行いましたが、考課面接における話のなかで、職員間に溝ができていることがうかがえました。まず、土井さんは伊藤さんに特にいら立ちを感じているようでした。介護の仕事に熱心に取り組んでいる土井さんにしてみれば、伊藤さんがシフトにしばしば穴を開けたり、研修を欠席したりしている一方で、趣味活動に熱心に取り組む様子を明け透けに話しているのが許せないようです。「なんであんな人と一緒に働かなければいけないのですか」とリーダーの山本さんにも食ってかかります。実際、伊藤さんに対しても直接あたりがきつくなっているようです。

　最近、利用者への対応がおざなりになってきているパート勤務の栗山さんも、よく話を聞いてみると同じくパート勤務の藤井さんに不満をもっており、ほかの職員に藤井さんの悪口を言っているようです。与えられた時間のなかで、きっちりと仕事をこなしていく栗山さんにとっては、利用者から呼び止められるたびに手を止めて、丁寧に話を聞く藤井さんが疎ましく感じられるとのことでした。結局、自分をはじめ、ほかの人がこれだけあわただしく働かなければならないのは、藤井さんが利用者にいい顔をするせいなのだといいます。

　田中さんと同期入職した新人職員の木村さんも悩みを募らせているようでした。新卒ということで、リーダーの山本さんはことあるごとに木村さんに声をかけてきましたが、どうやら先日のケアカンファレンスで田中さんが問題提起したこととも関連しているようです。木村さんは、「大学では介護が必要な方に寄り添うことが大切だと学んできました。でも、実際には記録などの事務仕事もたくさんやらなければならないし、寄り添うことができません」「事実と違うことを言う利用者さんに話を合わせてあげるこ

とも、嘘をついていることにはならないのでしょうか」「対応が悪いのか利用者さんに怒鳴られてしまうこともしばしばあるし、自分はこの仕事には向いていないのではないでしょうか」と山本さんに訴えます。

　リーダーの山本さんは、職員の人間関係がこのまま悪化すれば、連携がうまくいかなくなるおそれが出てくると考えました。しかし、どのように対応していけばよいのか、特に木村さんの話を聞いていて、利用者への介護サービスの質も高めながら、職員をチームとして運営していくことに難しさを感じました。ここ数日は、眠ろうとすると職員の顔が浮かんできて、うまく寝つくこともできません。そして明日は田中さんとの面談です。児童福祉施設で働く山本さんの夫も、浮かない表情の最近の山本さんを心配しているようです。

> **演習 7-1** 　ストレスの原因や問題、対処、資源、リーダーのケア
>
> 　登場する職員それぞれについて、①ストレスの原因や問題、②ストレス反応、③問題への対処方法（何を大事にしているか）、④問題に対処するための外的資源について整理してみましょう。さらに、リーダーの山本さん自身のストレスの原因や問題、対処の努力、外的資源を考え、そのうえでユニットリーダーとして対応可能であることを書き出してみましょう。

◎ 演習 7-1 用シート：ストレスの原因や問題、対処、資源、リーダーのケア

登場人物	ストレスの原因や問題	ストレス反応	性格、価値観、問題への対処方法	問題に対処するための外的資源	ユニットリーダー（セルフケア）としてどんなケアが可能であるか
山本さん（ユニットリーダー）					
田中さん					
土井さん					
栗山さん					
木村さん					

チームにおけるストレスマネジメント
の意義と必要性

1 チームにおけるストレスマネジメントの意義と
必要性

1 ストレスとは

　「ストレス」という用語は、日常的によく使われる言葉です。どのような環境で働いているにせよ、必ずといってよいほど聞かれますし、現在では、50人以上の労働者が働く事業場には、ストレスチェックが義務づけられていますので、イメージが湧きやすいと思います。「ストレス」はもともと、物体のゆがみを意味する言葉でしたが、セリエ（Selye, H.）というカナダの生理学者が生体に生じるゆがみについてもこの言葉を使用し、精神面・肉体面の両面で用いられるようになりました。「ストレスマネジメント」というのは、このストレスをマネジメントする、つまりストレスを管理することを意味します。ではなぜ、ストレスをなくすことではなく、管理することが必要なのでしょうか。

　一つにはストレスを全くなくすということが非常に難しいことがあげられます。ストレスには仕事に関連するもの、プライベートなものなどさまざまなものがあります。そして、何をストレスとして感じるかは人それぞれだといわれています。つまり、職場に関連するストレスが存在したとして、それをどの程度ストレスと感じるかは人それぞれなので、ストレスをゼロにすることは難しいのです。もう一つには、ストレスがゼロであるという状態が仮にあったとして、それがよい状態なのかという問題です。例えば、筋力トレーニングは筋肉に負荷（ストレス）をかけることで筋肉の成長を促します。同様に心理的にも一定のストレスがかかることで、その後の成長や、乗り越えた喜びを感じることができます。このように、ストレスには肯定的な側面もあるのです。

　ただし、過度なストレスは、やはり結果として深刻な問題を生み出すおそれがありますので、管理（マネジメント）が必要になります。

チーム、職場におけるストレスマネジメントの必要性

　ストレスマネジメントは、個人の視点のみならずチーム全体という視点でも重要です。個人のストレスが高すぎると、その人自身の精神的健康（メンタルヘルス）の悪化が生じる可能性があります。また、精神的健康の悪化は結果として生産性の低下や仕事の質の低下を生み、安全にかかわるミスが生じる可能性も高まります。精神的健康が悪化した個人がチームにいる場合、必要な情報の伝達がなされなかったり、チーム全体の生産性や質の低下を引き起こし、予想外のトラブルが起こるリスクを高めたりすることが予想されます。そのような個人についてチームや組織として何の対処も行わないということは、チームや組織自体が問題解決を怠り、物事を先延ばしにすることなかれ主義であるということになります。

　さらに、そこで働く人が、自分の所属するチームや組織にそのようなネガティブな組織風土があることを認識していると、さらに個人のストレスが増加する可能性があります。このように、個人のストレスとチームや組織のパフォーマンスは密接に関連しているため、ストレスマネジメントはチームとして行われる必要があります。また、職場における職員の精神的健康の向上や悪化の予防という視点からも、ストレスマネジメントは重要です。

３ **リーダーの役割**

　メンタルヘルス対策としては、メンタルヘルスの不調を未然に防止する一次予防、メンタルヘルス不調の早期発見と対応を行う二次予防、専門医療機関と連携してすでに治療を受けている人の職場復帰の支援を行う三次予防があります。リーダーはもちろんこのすべてにかかわることが予想されますが、なかでも一次予防に相当するストレスの適切な管理により、問題を未然に防止するストレスマネジメントは、重要な役割であると考えられます。

　さらに、メンタルヘルスには、四つのケアが必要であるとされます。一つ目は「セルフケア」です。これは、職員自身が自分自身のストレスやメンタルヘルスの状況を確認し、自ら管理、対処するケアです。二つ目は「ラインによるケア」です。これは、職員と日常的にかかわる中間管理者層すなわちユニットリーダーなどが、そこで働く職員のメンタルヘルスの向上を目指し、職場環境の改善や職員の相談等の対応をするケアです。三つ目には「職場内産業保健スタッフ等によるケア」があります。これは、職場内の担当者や契約している産業医等の医療保健職等が職場内で

のメンタルヘルス対策の提言や推進を行うケアです。そして、四つ目が「職場外資源によるケア」です。これは、地域の医療機関や精神保健福祉センター、保健所における相談対応です。このように考えると、職員に対する「ラインによるケア」の中核を担うのはまさに「実践リーダー」であり、メンタルヘルスケアやストレスマネジメントの観点から、非常に重要な役割を果たすことになるのです。

② ストレスの考え方

　ストレスをより細かくみていくと、いくつかの要素に分けてとらえることができます。まず、ストレスをもたらす原因やきっかけになるものを、ストレッサーといいます。特に仕事に関連するものを職場ストレッサーと呼びます。これには多様なものがあてはまりますし、個人によってストレスと認識するかどうかも異なりますが、例えば、仕事の量の多さや時間の負担、大きな精神的負担を伴う仕事であること、職場の人間関係の悪さ、教育機会の少なさ、問題となる出来事などがあるとされています。次に、ストレスがかかることによって表れる精神的、肉体的反応のことをストレス反応といいます。この「ストレッサー－ストレス反応」という関係性が、ストレスが生じるプロセスを理解するうえでの中心になります。例えば、事例の栗山さんの場合、仕事量の多さやばらつきがストレッサーになっていて、ストレス反応としては不満やいら立ちが生じていると考えられます。

　このストレッサー－ストレス反応の関係性に影響を与えているのが、個人的要因やその人がもっている外的資源です。事例の栗山さんの場合、もともと物事を手早くすませたいという栗山さんの志向性や、問題を誰かのせいにしてすませるというストレスへの対処（コーピング）が個人的要因として、ストレス反応に影響を与えているといえるでしょう。コーピングには、問題解決を積極的に図ろうとする「問題焦点型」、考え方や気持ちの切り替えを図ろうとする「情動焦点型」、問題を見ないようにしたり、先延ばしにしたりする「回避型」などのスタイルがあり、どのコーピングを多く用いるかは個人によって違いがあります。状況によっても異なるのですが、一般的に問題焦点型のコーピングがより適応的であるといわれています。また、事例には直接出てきていませんが、栗山さんが継続して勤めており、リーダーの山本さんや利用者とそれなりの関係性を築き、職場に慣れていることは外的資源として栗山さんのストレス反応を和らげているものと考えられます。

ストレッサーによって表れた急性のストレス反応は、その後、慢性的な何らかの
ネガティブな結果につながることがしばしばあります。同じく栗山さんの例で考え
ると、仕事上のいら立ちや不満から、利用者への対応がおざなりになってきている
というサービスの質の低下が生じつつあることがわかります。現状では、そこから
先には至っていないようですが、このまま複数の職員のさまざまな問題が放置され
ていると、ユニット全体にサービスの質の低下が波及したり、「問題解決を図ろう
としないユニットである」との認識が職員一人ひとりのストレッサーをより強く感
じさせたりする可能性があります。これらの一連の流れを簡略化して図示したもの
が図7-1です。

図7-1　個人の職場ストレスプロセスと組織関連要因の簡略模式図

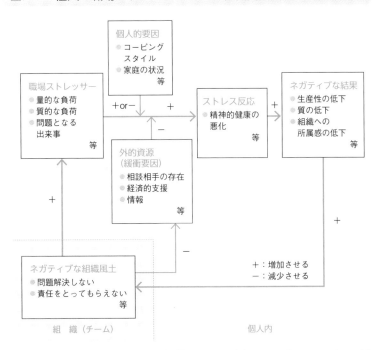

資料：Hurrell, J. J., Jr.& McLaney, M. A., 'Exposure to job stress：A new psychometric
　　　instrument', *Scandinavian journal of work*, Environment & Health, 14 (Suppl 1),
　　　pp.27–28, 1988., Bakker, A.B.& Demerouti, E., 'The Job Demands-Resources mod-
　　　el：state of the art', *Journal of Managerial Psychology*, 22(3), pp.309–328, 2007. を
　　　基に筆者作成

　しかし一方で、ストレスが生じることによるポジティブな側面もあると考えられ
ます。例えば、栗山さんが仕事のやり方についてストレスを感じているということ
は、ストレス反応が栗山さんにとって問題が生じているという警鐘を鳴らしてくれ

ていることにもなります。そして、ユニットとしても、こういった問題に対処することでより働きやすい職場になるきっかけにもなり得ます。

3 認知症ケアのストレスの考え方

1 認知症の行動・心理症状（BPSD）の特徴

　人は予測不可能であること、コントロール不可能であること、負担が大きすぎることをストレスのかかる経験や出来事として認識します。このことを認知症ケアの現場において考えてみましょう。

　認知症の中核症状であるさまざまな認知機能障害は、時に応じて目立ち方に差はありますが、基本的には消失せず、一定程度維持され続けます。しかし、認知症の行動・心理症状（BPSD）は中核症状と、認知症の人の性格や環境、あるいは身体状況との相互作用によって生じます。つまり、中核症状は、認知症のタイプによって比較的、症状の存在が予測しやすいのですが、BPSDの発生は個別性に左右されやすいため、予測がより困難であるといえるでしょう。例えば、認知症の中核症状により貴重品を預けたその事実自体を忘れてしまったとしたら、物事の原因を自分以外の人のせいにしやすい傾向をもつ人は「誰かに盗られた」と思って怒り出すかもしれません。しかし、物事の原因を自分のせいにしやすい傾向をもつ人は「なくしてしまった」と落ち込んだり、不安になったりして探し回るかもしれません。そしてそれは、自分がとても忘れやすくなっていることをどのように認識しているか、どのような人と一緒に生活しているかなどによっても変わってくるでしょう。このように、個人のアセスメントをしっかりと行わない限り、BPSDはいつ、どのように現れてくるか予測しづらいという特徴があります。

　薬物療法等によってBPSDを一定程度、コントロールできたとしても、症状をゼロにするまで薬物を使用すると、かえって本人の生活の質（QOL）を損ねる場合が多々あります。また、どんなによい環境を整えたとしても、本人の身体状況によってBPSDが生じる場合もあります。つまり、症状が全く現れない状況を目標にすると、やはりコントロール不能ということになってしまうため、少しでも症状を減らすことを目標にする必要があります。

　ひどい言葉で罵る、たたく、つねる等のBPSDは、たとえ背景を理解していた

としても、介護する側の負担は非常に大きく、傷つく思いを抱える職員も多いことでしょう。特に、介護職員としての経験が浅い人にとっては、BPSD を生じている認知症の人をどのように理解してよいのかわからず、まるで日々の業務をじゃますべくわざと嫌がらせをしているように感じたり、自分が嫌われているように感じたりすることもあるでしょう。

2　ストレスの背景

　事例では、田中さんがふみさんのレビー小体型認知症による幻視について、ケアカンファレンスで議題にあげています。このとき、田中さんは怖がるふみさんへのケアとして、付き添うことを提案しています。田中さん自身に親の介護についての複雑な思いがあったなかでの提案だったとしても、ふみさんの情緒面へのケアとしてはあり得る選択肢かもしれません。一方で、レビー小体型認知症の幻視がどのようにして起こるのかを田中さんは理解できていたのでしょうか。リーダーの山本さんは、どのような状況で、どのような視覚刺激があるとどのような幻視が起こるのかをアセスメントしようと提案していますが、その提案の意味が経験の浅い田中さんには理解できていなかった可能性も考えられます。

　また、新人職員の木村さんも悩みを抱えていました。木村さんの訴えでは記録などの事務仕事が多く、寄り添う介護ができない、利用者に話を合わせて嘘をついていると感じている、利用者に怒鳴られてしまうほど対応が悪いので自分は介護職に向いていないと感じているという内容でした。木村さんも、きちんと記録をして申し送ることが介護の継続性にとって重要であること、利用者の思いを傾聴し受け止めることと嘘をついたり事実誤認に加担したりすることは違うこと、BPSD により「暴言」が表出されることもあることなど、認知症ケアに必要な基本的知識とスキルの不足に起因するストレスに気づけていないのではないかと考えられます。そのために、ストレス対処（コーピング）として、「情動焦点型」の対処を用いて状況に応じて自分自身のとらえ方を変え、自分が介護職に向いていないから悪いのだと落ち込むというストレス反応に至っていることが考えられます。

　このように、BPSD 自体が、ケアする人にとってとてもストレスとなる経験・出来事として認識されやすい特徴をもっていることが指摘できます。そして、その症状生起のメカニズムについての基本的知識やケアについてのスキルが不足していることが、状況に適応するために不向きなストレス対処（コーピング）の選択につながるおそれがあるのです。

4 認知症ケアにおけるストレスマネジメントの意義と必要性

1 職員の退職を防ぐ

　認知症ケアの現場において、認知症の人のBPSDへの対応自体がとてもストレスフルな要素をもつということを学びました。このこと自体が認知症ケアに従事する職員にとって、ストレスマネジメントが非常に重要であることを意味しています。

　事例の新人職員の木村さんの状況を、図7-1に基づいて考えてみましょう。仮に、ストレッサーを、担当している利用者の記憶障害やBPSDへの対応としてみます。すると、個人的要因には考え方を変えようとする「情動焦点型」のコーピングスタイルをとりやすいこと、寄り添う介護をしたいという思いが強いことなどが入ります。そして、ストレス反応には自分が介護職に向いていないと自信を失っていることがあげられるでしょう。このままだと、退職という結果につながってしまうおそれもあります。では、外的資源には何が入るでしょうか。現在のところ、リーダーの山本さんへの相談くらいしか見当たりません。そこで、ストレスマネジメントの一例としては、より外的資源を増やすことが考えられます。例えば、BPSDをどのようにとらえるかという学習の機会を設けることや、より日常的に指導相談の機会をつくることなどが考えられるでしょう（図7-2）。

2 ケアの質を担保する

　認知症ケアにおいてストレスマネジメントが必要な理由は、職員のメンタルヘルスの向上のためだけではありません。

　認知症ケアにおいては、認知症の人に安定的かつ安心できる環境を整えることが重要です。認知症ケアにおける環境としては、居室の構造や色、物品の配置などの物理的側面ももちろんのこと、一緒に過ごす人やケアを提供する人などの人的・社会的側面があります。当然、介護職員は認知症の人を取り巻く環境の重要な要素の一つになりますので、職員が安定した状態で良質なサービスを提供できることが、認知症の人の適応にとっても、非常に重要なのです。つまり、認知症ケアの質を担保するためにも職員のストレスをマネジメントすることが必要であるといえるでしょう。

　前述したとおり、ストレスを完全になくすことは不可能であり、また仮にそのようにできたとしても、それが必ずしもよい状態とはいえません。仕事において要求

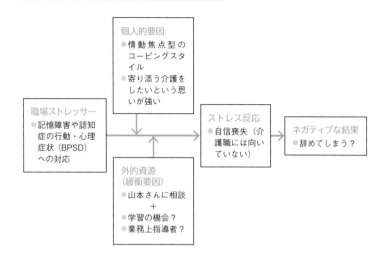

図7-2　木村さんのストレスプロセス

個人的要因
● 情動焦点型の
コーピングスタ
イル
● 寄り添う介護を
したいという思
いが強い

職場ストレッサー
● 記憶障害や認知
症の行動・心理
症状（BPSD）
への対応

ストレス反応
● 自信喪失（介
護職には向い
ていない）

ネガティブな結果
● 辞めてしまう？

外的資源
（緩衝要因）
● 山本さんに相談
＋
● 学習の機会？
● 業務上指導者？

される大変さ（ストレス）が一定程度なければ、ボア・アウトと呼ばれるような、働いていても退屈な状態、働きがいのない無気力な状態に至ってしまうおそれもあります。一定程度ストレスがかかる状況のなかでそれを乗り越えられた場合、個人としても職場としてもよりよい状態に至ることができる可能性があります。

　事例の田中さんは、ふみさんの認知症の症状への対応にストレスを感じていますが、それをきっかけとして介護のあり方に目を向け、よりよい方法やそのための業務上の工夫があり得るのではないかと問題提起をしています。また、栗山さんの例も、チームケアを行ううえで、どの程度個別で対応を行い、どの程度業務手順を守ることが必要なのかについて議論し、改善するよい機会であるととらえることもできるでしょう。

第 **7** 章

ストレスマネジメントの理論と方法

159

ストレスマネジメントの方法

1 セルフケアの方法

　第1節で示したように、メンタルヘルス対策としての四つのケアのなかで、最初の段階が「セルフケア」です。セルフケアを行うためにも、自分自身のストレスを特定する必要があります。自分のストレッサーとストレス反応を明らかにし、そこに個人的要因や仕事外の要因としてどのようなものが関係しているのか、現在ある外的資源や用いることのできる外的資源にはどのようなものがあるのかを理解しましょう。事例で、リーダーの山本さんも悩んで眠りづらくなっているように、リーダーには多大なストレスがかかります。リーダー自身が機能する状態でなければ、ユニットレベルでのラインによるケア自体が成立しませんので、リーダー自身のセルフケアがまず重要です。

> 演習7-2 セルフケア

● 現在の自分のストレッサーとストレス反応について演習7-2用シート①に記入してみましょう。ストレッサーには仕事上のものやプライベートなものが含まれますが、ここではいったん、分けて考えてみましょう。ストレッサーがうまく見つからない場合、ストレス反応から考えて、それを生み出しているものは何かを考えると見つけやすいでしょう。ストレス反応には、「心理的反応」「行動的反応」「身体的反応」があります。「心理的反応」とは、不安やイライラなどの気持ちの変化や、集中力や思考力などの機能の低下です。「行動的反応」とは、攻撃的になったり、ひきこもったり、逃げ出したりするなどの行動の変化です。「身体的反応」とは、動悸、頭痛や腹痛、食欲低下、不眠などの身体の機能異常や症状です。ストレッサーの出現や増加と関連して現れる一過性あるいは急性の反応として考えるととらえやすいでしょう。

　ストレッサーやストレス反応はできるだけ具体的に書いてみましょう。もし、個人的な内容を書くことに抵抗がある場合は、リーダーの山本さんの事例につ

いて考えてみても構いません。

● ストレッサーを減らすための対策と、ストレス反応への対処法を演習 7 – 2 用
シート②に記入してみましょう。すでに何らかのコーピングは行っているはず
ですが、それでも反応として生じているものについては新たな対処を行いま
しょう。何らかの外的資源が利用できそうな場合には、積極的に活用すること
を考えましょう。心理的反応への対処の例としては、頼れる外的資源に相談す
ることや、（建設的な考え方で）〇〇というふうに考え方を変えてみる、行動的
反応への対処の例としては、攻撃的でない自己主張方法を練習するなど、身体
的反応への対処の例としては、リラクゼーションや身体を温めるなどで緊張を
ほぐすなどが考えられます。

　まず、自分で表に書き込んでみましょう。その後、4 ～ 5 人のグループでより
よい方法がないか意見交換をしましょう。

◎ 演習 7-2 用シート①：自分自身のストレッサーとストレス反応

	ストレッサー（ストレスの原因）	ストレス反応
例	仕事量が多い、帰りが遅い、休みがとれない、職場が遠い等	心理的：イライラ・落ち込み等
		行動的：言葉が荒くなる等
		身体的：睡眠がうまくとれない等
仕事上		心理的：
		行動的：
		身体的：
プライベート（家庭等）		心理的：
		行動的：
		身体的：

◎ 演習 7-2 用シート②：ストレッサー対策とストレス反応へのケア

ストレッサーへの対策（問題解決を図る）	ストレス反応	ストレス反応への対処法
	心理的：	
	行動的：	
	身体的：	

第 7 章 ストレスマネジメントの理論と方法

2 組織によるストレスマネジメントの方法

　組織的なストレスマネジメントにおいて、最初の段階として考えられるのはラインによるケアです。リーダーが各職場において職員のストレス反応やその徴候に気づき、メンタルヘルス問題の予防や手当てを行うことがそれにあたります。職員のストレスマネジメントを考える場合も、セルフケアの場合と同様、基本になるのは「ストレッサー—ストレス反応」を明確にすることです。図7-1（p.155参照）を参考にしながら、対象となる職員のストレッサー—ストレス反応を基軸としつつ、個人的要因や外的資源、ストレス反応の結果としてどのような影響が生じているかについて考えてみるとよいでしょう。

　しかし、ストレスマネジメントを行うリーダー自身のことではないため、ストレス反応には気づくことができても、ストレッサーを同定するには職員の協力を得る必要があるという難しさもあります。このとき、職員のなかには職場のストレッサーについては相談することができても、プライベートなストレッサーは話したくないという人もいるでしょう。仕事自体に影響が出ている場合、リーダーとして状況を尋ね、改善を目指さざるを得ませんが、職員には「話さない」自由もあるということを認識しておきましょう。ただし、その場合もリーダー側からの継続的なはたらきかけを行う必要があります。

　ストレス反応に対してラインによるケアを行うにあたっては、常日頃から、リーダー自身が職員の外的資源として機能していることが重要です。そのために、ふだんから以下のことに留意しておきましょう。

● 職員の話を聞く姿勢を示す
　職員から話しかけられた場合、ふだんから自身の作業の手を止め、目を見て話を聞くようにしましょう。それが難しい場合は、いつなら話を聞くことができるかを伝えましょう。なお、できていることを見つけ、日常的にポジティブなフィードバックを行うことも相手に「話をしたい」と思わせることにつながります。

● 目指すべき目標を具体的に示す
　ケアにおいてどのようなことを重視しているのか、チーム全体での目標や個別の利用者の目標などについて、できるだけ具体的で達成状況が明確な目標を立て、共有しましょう。

● チーム内の意思決定は一方的に行わない

　チームとしてさまざまな決定をしなければならない場面があります。最終的な決定を行う際に、リーダーの指導力や決断力は必要です。しかし、チーム内のメンバーでコンセンサスを得るという努力をし、意思決定のプロセスを共有しましょう。

● 家庭のことなどについてもさりげない会話ができる環境をつくる

　家庭状況に何らかの問題が起きたときに、「イチから話す」のは大変です。そのため、家族構成や家庭の状況などをふだんからさりげなく把握しておくようにしましょう。

● 問題解決のためのコミュニケーションの下地とストレスを緩和するためのコミュニケーションの両方を行う環境を整える

　何らかの問題が起きたときにその解決のために使用することのできる外的資源と、日常的な大変さを和らげてくれる外的資源は異なるものと認識される可能性があります。そのために、業務上のまじめな会話とともに楽しい雑談ができる関係の構築を目指しましょう。

● 同僚とのコミュニケーションを図る時間を担保する

　上司には相談しづらいことも、同僚には相談しやすいことが多々あります。同僚間で適度な範囲で日常的なコミュニケーションを図ることができるよう、一緒に何かの作業を行うなどの時間をとることができるとよいでしょう。この際、率直に話ができるよう、利用者が目の前にいない機会をつくることができると、なおよいです。

（演習7-3）ラインによるケア

　職員のストレス反応に対してリーダーが行えるとよい「ラインによるケア」を具体的に把握するために、事例に登場する田中さんのストレスマネジメントの方法を考えてみましょう。
① 　まず、田中さんの例について、図7-1と図7-2を参考に演習7-3用シート①の枠内に考えられる内容を記入してみましょう。
② 　次に、田中さんとの面談を活用しつつ、田中さんに対して行うことのできるストレスマネジメントの方法を考え、演習7-3用シート②を埋めてみましょう。
③ 　4〜5人のグループで、田中さんに対するストレスマネジメントのプランについて共有しましょう。ストレス反応へのケアとしてできるだけたくさんの案を出し合うことが大切です。

◎ 演習 7-3 用シート①：田中さんのストレスプロセス

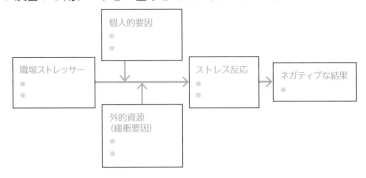

◎ 演習 7-3 用シート②：田中さんのストレッサー対策とストレス反応へのリーダーの山本さんのマネジメント

ストレッサーへの対策（田中さんの問題解決を支援する）	田中さんのストレス反応	田中さんのストレス反応へのケア（リーダーとして）
		面談において：
		日常的に行うこと(外的資源の増強)：

3 環境の調整方法

　職員のストレス反応からストレッサーを同定しようとしたとき、ストレッサーは人間関係と関連した形で考えられることがしばしばあると思います。しかし、そのストレッサーが人間関係自体に由来するものであるのか、それともストレス反応による人間関係の摩擦なのかよく考察する必要があります。事例の土井さんと栗山さんの例で考えてみましょう。

　土井さんの場合、土井さん自身は介護の仕事を重要視しているため、趣味を重視する伊藤さんの姿勢に納得がいきません。相反する価値観を許容できないという土井さんの個人的要因が、伊藤さんの趣味の話を耳にするというストレッサーからのストレス反応を強めています。これは土井さん側も伊藤さん側も個人的要因が強いので、人間関係に由来するといえそうです。もちろん、伊藤さんには、シフトに穴を開けたり、研修を欠席したりという問題があります。それは伊藤さんの業務態度の問題として、リーダーから指導を行う必要があるでしょう。

　次に栗山さんの場合はどうでしょうか。栗山さんのストレッサーは、仕事がス

ムーズに終わらず、量的負担が大きくなっていることであると考えられます。このとき、栗山さんのいら立ちや怒りのやり場として藤井さん個人があげられている可能性があります。

　栗山さんのように仕事の量的負担の大きさや分担の問題がストレッサーとなっている場合、これを改善することでストレス反応を減少させることができます。また、土井さんのように個人的要因の影響が大きいと思われる場合でも、ストレス反応への当面のケアとして、まず伊藤さんと2人体制で作業を行うようなシフト配置を避けるなど、やはり環境面からの調整が可能です。田中さんが提案した業務の効率化やシフト体制の変更についても、上長やリーダー仲間と一緒に、長期的には施設内で検討し得ることです。いずれにせよ、リーダーがチームを運営するにあたっては、職場環境を改善することに取り組む必要があるといえるでしょう。

　環境調整を行うにあたっては、ケアを行う作業環境、作業方法、労働時間、仕事自体の量的・質的負担、職場組織、そして人間関係という視点が含まれます（表7-1）。職場環境の改善に取り組むことは、ストレッサーの軽減、職員の心身の健康やけがの予防、事故防止のためのリスク管理等の観点からも重要です。

表7-1　職場内の環境を調整する視点

作業環境	ケアをする場所の環境です。ここは高齢者の生活の場ですから、作業のしやすさと生活のしやすさのバランスが求められます。
作業方法	具体的なケアの内容や方法になります。援助場面や利用者によって方法が異なる点を考慮する必要があります。
労働時間	ケア現場は、早出勤、遅出勤、夜勤などがあります。また公休、有休の消化状況も労働時間の把握に関係します。
仕事の量や質	ケア現場は介護保険後、記録や評価のための事務作業も増えています。残業状況も含めた仕事の量と内容が関係してきます。
職場の組織	リーダーが受け持つ現場の位置づけは組織の大きさや運営方針よって異なります。
人間関係	ケア現場では、スタッフ同士の人間関係に加え、スタッフと利用者、利用者同士の人間関係も含まれます。

出典：認知症介護研究・研修仙台センター「介護現場のための高齢者虐待防止教育システム 介護現場のためのストレスマネジメント支援テキスト──高齢者虐待・不適切ケアの防止に向けて」p.31、2009年

第**7**章 ストレスマネジメントの理論と方法

　自身の職場において環境の調整が必要になっている職員がいる場合、その人のストレッサーを対象に、環境の調整方法について考えてみましょう。そのような職員がいない場合には、予防的に職場環境を改善することを目標に改善点をあげてみましょう。

① 　演習7−4用シート①に対象となる職員のストレッサーをできるだけ具体的に記入しましょう。また、それぞれの職場環境の視点について、改善の必要性の有無をチェックし、具体的問題点を記入しましょう。

② 　1〜2領域の問題を取り上げ、演習7−4用シート②に具体的問題点に対する改善案を複数記入しましょう。また、それぞれの案について、有効性、実現可能性を評価します（0〜100％）。

③ 　4〜5人のグループで具体的問題点とそれに対する改善案を共有しましょう。類似の問題に対して、ほかのメンバーからよりよい案が出された場合には、それをプランに取り込みます。

④ 　有効性および実現可能性の高い環境改善プランを2〜3選び、3ステップに分け、それぞれいつまでに実施するかを演習7−4用シート③に記入しましょう。1ステップは長くても3か月以内に収まるようにしましょう。

◎ 演習7-4用シート①：対象となる職員の具体的ストレッサーと環境面からのアプローチ

対象となる職員のストレッサー　（予防の場合は何を予防したいかを記入）		
職場環境領域	改善の必要性	具体的問題点
作業環境	有　・　無	
作業方法	有　・　無	
労働時間	有　・　無	
仕事の量や質	有　・　無	
職場の組織	有　・　無	
人間関係	有　・　無	

◎ 演習 7-4 用シート②：問題点に対する改善案

具体的問題点	改善案	評価（0～100%）
（例）頻繁に手を止めるため、事務作業が非効率的である。	交代で事務作業に集中できる時間を確保する。	有効性　80% 実現性　60%
		有効性　　% 実現性　　%

◎ 演習 7-4 用シート③：環境改善に向けたステップ

採用改善案	ステップ（到達目標を明確に）	実施時期の目安
	ステップ1 ステップ2 ステップ3	月　　日まで 月　　日まで 月　　日まで

　本章では、冒頭の事例について、図7-1（p.155 参照）のモデルを用いて、ストレスのさまざまな要因についてアセスメントを試みました。しかし、また別の観点からは、仕事に関する動機づけにも影響するといわれる、自律性（自分の仕事に対して裁量があり、コントロール感があること）、フィードバック（仕事の出来栄えに関する承認や達成の評価を伝達されること）、有意味感（有意義な仕事であるという実感）などの要素がストレスを軽減する可能性があるといわれています。これを図7-1のモデルにあてはめて考えると、そのような要素を与えてくれるリーダーがいることが、職員にとって大きな外的資源となるでしょう。

　図7-1は、NIOSH 職業性ストレスモデル、仕事の要求度—資源モデルに基づいて作成されています。ストレスのプロセスに関するモデルは複数あるため、異なる理論やモデルを用いて考えると、ストレスマネジメントを行うにあたり、重要な示唆を得ることができます。ほかにどのような理論やモデルがあるのかを調べ、ストレスに関して学んでみるのもよいでしょう。

演習 7-5 ストレスマネジメントの体験的理解

● 演習 7-1で記入した内容が正しかったかどうかということは気にせず、大まか
にとらえて、ストレスについてのアセスメントを表7-2と比べてみましょう。
● また、これまで使用した図表を用いて、自分の職場の気になる職員について、
ストレスマネジメントのプランを考えてみましょう。

> **ポイント**
>
> 　事例の情報は限られているので、どの要素をどこに配置したらよいのか
> 判断が難しく、迷うことも多いと思われます。しかし、モデルにあてはめ
> てみることは考えを整理する手助けになります。不明な点は今後本人と面
> 談をして明らかにすべき点であると考えられます。

表7-2　事例のストレスの原因や問題、対処、資源、リーダーのケア（例）

登場人物	ストレスの原因や問題	ストレス反応	性格、価値観、問題への対処方法	問題に対処するための外的資源	ユニットリーダー（セルフケア）としてどんなケアが可能であるか
山本さん（ユニットリーダー）	・職員の人間関係をマネジメントすること。 ・面談で田中さんの不満について話をすること。	・眠れない。	・真面目 ・抱え込みやすい。 ・対処に関しては不明	・長年勤めてくれている職員 ・心配してくれる夫 ・上司との関係は不明	・夫や上司に話を聞いてもらうこと。 ・対処すべき問題を整理すること。 ・改善のよい機会としてとらえること。 ・風呂にゆっくり入ること。

田中さん	・幻視を怖がるふみさんを目にすること。	・罪悪感	・問題解決的な思考スタイル ・親の介護への後悔 ・情緒的ケアの提供	・不明	・BPSDの学習機会を提供すること。 ・個人的な思いの背景を傾聴すること。
土井さん	・伊藤さんの趣味の話を聞くこと。	・いら立ち	・介護の仕事への熱意 ・異なる価値観を許容できない。 ・直接怒りをぶつける。	・伊藤さん以外とは良好な関係？	・シフト調整で伊藤さんと離すこと。 ・いら立ちを聴いたうえで、人それぞれの価値観を大事にと話をすること。
栗山さん	・仕事量が多いこと。 ・仕事量にばらつきが大きいこと。	・不満 ・藤井さんの悪口	・テキパキと仕事をすすめる。 ・問題が起こるのは誰か（藤井さん）が悪い。	・長年の勤務による職員間の信頼関係	・仕事量のばらつきの改善 ・業務の全体的効率化 ・不満について聴き、一緒に利用者に対応する時間の確保に努めると伝えること。
木村さん	・自分が思っていた介護と現実が異なること。 ・利用者に怒鳴られること。	・悩む ・落ち込む	・自分の理想を大事にする。 ・知識やスキルの不足 ・自分が悪いのではないかと思う。	・不明だが、外的資源が十分でないことは確か。	・一つひとつの作業が利用者のケアに対してもつ意味を解説すること。 ・業務上の指導者をつけること。

第7章 ストレスマネジメントの理論と方法

参考文献 ……………………………………………………………………………………………

＊ Bakker, A.B.& Demerouti, E., 'The Job Demands-Resources model : state of the art', *Journal of Managerial Psychology*, 22(3), pp.309–328, 2007.

＊ Hurrell, J. J., Jr.& McLaney, M. A., 'Exposure to job stress : A new psychometric instrument', *Scandinavian journal of work*, Environment & Health, 14 (Suppl 1), pp.27–28, 1988.

＊ 認知症介護研究・研修仙台センター「介護現場のための高齢者虐待防止教育システム 介護現場のためのストレスマネジメント支援テキスト――高齢者虐待・不適切ケアの防止に向けて」2009 年

第 8 章

ケアカンファレンスの技法と実践

チームケアの質の向上を図るため、ケアカンファレンスの効果的な展開方法を身につけ、チームにおける意思決定プロセスの共有を実現させる。

1 チームケアの質の向上を目的としたケアカンファレンスの目的や意義、必要性を理解する。
2 チームにおける意思決定プロセスの共有化を図る方法としてのケアカンファレンスのあり方を理解し実践できる。
3 チームメンバーのケアを導く思考過程を振り返り、職場において効果的な実践を促すためのケアカンファレンスが展開できる。

第 1 章　認知症介護実践リーダー研修の理解
第 6 章　チームケアを構築するリーダーの役割
第 9 章　認知症ケアにおけるチームアプローチの理論と方法
第11章　職場内教育（OJT）の方法の理解

　ユニットリーダーの山本さんのチームには、ケアの理念を大切にする土井さんと、職員の負担軽減・業務の効率化を優先する田中さんがいます。ケアカンファレンスでは、土井さんの意見にほかの職員が同意するなか、田中さんが全否定するなど意見の対立がしばしばみられます。一方、新卒の木村さんは、「私は新人なので…。先輩の意見でいいと思います…」など、なかなかケアカンファレンスの場で自分の意見が言えません。この状況に対して、リーダーでありケアカンファレンスのまとめ役である山本さんは、どのように対応したらよいか悩んでいました。

　そのようななか、山本さんのユニットの利用者敏夫さん（75歳）へのかかわりについて、1か月間の敏夫さんのケアの状況、生活情報の記録が不十分であること、また、敏夫さんの行動にさまざまな課題があり、特に認知症の行動・心理症状（BPSD）に対する職員の負担感が増していることがわかり、ケアカンファレンスを開催する必要がでてきました。

【敏夫さんに関する情報】

入居経緯：自宅で妻の介護を受けながら生活していたが、服薬管理が難しく、血糖値をコントロールできないため入院。退院後は介護老人保健施設の利用を経て、グループホームへ入居となる。

在宅時のサービス利用状況：デイサービス3回／週、ショートステイ5日／月

家族：妻、長男夫婦・孫（自宅近くに暮らす）、次男（他県に在住、独身）

既往症：アルツハイマー型認知症、糖尿病、高血圧、前立腺肥大症、高脂血症

服用薬：ドネペジル塩酸塩5mg、メマンチン塩酸塩5mg、グリベンクラミド1.25mg、アムロジピンベシル酸塩5mg、フロセミド40mg、プラバスタチンナトリウム5mg、ナフトピジル25mg、ラメルテオン8mg、酸化マグネシウム330mg

日常生活動作（ADL）：食事（自立）、排泄（一部介助）、入浴（一部介助）、移動（一部介助、杖歩行）、整容（一部介助、準備のみ）

認知機能：近時記憶障害、実行機能障害、場所の見当識障害などがみられる。

生活歴：当市で2人兄弟の長男として出生。高校卒業後市役所に就職。25歳のときに結婚し、28歳、30歳のときに長男・次男が誕生。60歳で定年、その後はシルバー人材センターの事務局長として再就職。70歳のときに、もの忘れから仕事を辞めて自宅にひきこもるようになる。かかりつけ医からアルツハイマー型認知症の診断を受ける。趣味は、軟式野球、海釣り、音楽鑑賞（演歌）

性格：温厚で物静かな性格

【敏夫さんの入居後1か月の状況】

　妻と長男夫婦に連れられて入居。無口で穏やかな雰囲気の印象がありました。入居当日の夜は、慣れない環境のなかで一晩中ウロウロとしていました。食事はむせるほど早く食べるため、見守りが必要です。トイレは頻回で時々間に合わず尿失禁があります。敏夫さんの当面のケア目標は、「グループホームの環境と人間関係に慣れ、敏夫さんがここでの生きがいや役割を見つけ、これから敏夫さんが自分らしく生活できる」としました。

　最近、敏夫さんは職員に対して、繰り返し同じことを質問することがあります。特に夕方から夜間にかけて「何をすればいいかわからない」「どこに行けばいいのか」「私の服はどこにありますか」「妻に連絡してください」など、居室とフロアを行ったり来たりしながら職員を見つけると質問するため、職員のうち、特に夜勤者は敏夫さんへの対応に負担を感じています。

　ケアカンファレンスの参加者は山本さん、木村さん、伊藤さん、田中さんの4人で、「敏夫さんが繰り返し職員へ質問することについてどのように対応すればよいか」というテーマで開催しました。それぞれの職員からは、次のような意見が出されました。

伊藤さん：「家から離れて不安なのではないか。何度も同じことを聞いてくるのは、認知症があるためで、そのことを私たちが理解して繰り返し対応すればいいと思う」

田中さん：「話をよく聴くように心がけているが、あまりに繰り返すので、頭ではわかっているが、正直負担になっている」

木村さん：「どう対応していいのか悩んでいた。対応方法がわからない」

（リーダーの山本さんは、夜勤やパートの職員からも事前に意見をもらっていました。）

土井さん：「不安な気持ちの背景にはさまざまな要因があると思うので、訴えるときの前後の様子、時間帯、場所、内容などを記録してみてはどうか」

藤井さん：「話を聴くようにしたいが、日中はやることが多くてなかなかできない」

　全員の意見を聞いた後、田中さんは「敏夫さんとかかわるとほかの利用者のケアが不十分になり、不平等だと思う。言葉がけを統一してはどうか。例えば妻のことを聞かれたら『先ほど面会の電話がありましたので、部屋で待っていましょう』とか『これから皆で仕事をお願いするので部屋で待っていてください』とか、好きな音楽を流して気を引くとか、とにかく敏夫さんは暇なのだと思う」と言いました。

　リーダーの山本さんは、そのようなその場しのぎの対応には問題があると考え、当面のケアについて、土井さんの意見を採用し「敏夫さんが不安を訴えた際は、できるだけ話を聴くこと、訴えるときの前後の状況について記録すること」として明日以降のケ

アに取り組むことにしました。伊藤さんは決まったことに無関心で、ほかの職員と確認することもなく、「もう帰ってもいいですか」と真っ先に席を立っていきました。田中さんは「できるだけ」など対応の基準が具体的でないこと、また記録をつけることについて不満そうな表情で、木村さんも具体的に何をすればいいのかよくわからず不安そうでしたが、いったんは了解したようです。

　山本さんは、伊藤さんや田中さん、パートの職員からの協力が得られるかどうか、また、木村さんをどのようにフォローすればよいか悩んでいました。

演習 8-1　ケアカンファレンスの検討

　事例のケアカンファレンスについて、以下のポイントを参考によい点と改善すべき点をあげてみましょう。

ポイント

・ケアカンファレンスを建設的に行うにはどうしたらよいでしょうか。
・自分の意見を通そうとして、他者の意見を否定するような発言がある場合は、どう対応したらよいでしょうか。
・何も言わない職員の意見を引き出すには、どう対応したらよいでしょうか。
・対応が難しいと感じているBPSDへのケアについて、前向きで建設的な検討を行うにはどうしたらよいでしょうか（チームとしての一体感やケアの力を向上させる、気づきを促すようなはたらきかけなど）。

第 1 節

チームケアにおける
ケアカンファレンスの目的と意義

1 ケアカンファレンスの目的と意義

　認知症ケアはチームアプローチが前提となります。認知症の人のニーズや課題はさまざまで、多面的なアプローチが必要になるからです。仮に、家族だけ、介護職員だけ、事業所の職員だけで対応すると、少ない情報や偏った視点によるケアが提供される危険性があります。

　一方、異なる職種、異なる資源がチームとして活動していくためには、ケアの目標、ケアの方向性や視点、さまざまな情報、役割などを共有・確認するための機会が必要となります。その方法がケアカンファレンスになります。リーダーにはケアカンファレンスを進行する役割があります。その役割を理解し、ケアカンファレンスの機能を活かしてケアの質の向上を目指すことが求められます。

1 目標・情報・支援過程を共有する

　チームの活動は目標の共有によって決まるといっても過言ではありません。つまり、チームが一体的に活動するためには、メンバーはチームの目標を共有している必要があります。メンバーが異なる目標をもって活動していると、チームはバラバラな方向に向かってしまいます。それを防ぐためには、ケアカンファレンスを通して、チームの目標と目標達成に向けた支援過程、活動によって知り得た情報の共有が必要になります。

2 チームメンバーの役割機能を理解する

　チームのメンバーは専門職だけで構成されているとは限りません。また、他機関との協働や利用者の家族、地域住民などインフォーマルな資源との連携なども考えられます。さらに、途中でメンバーが入れ替わることもあります。そのため、チームメンバーは、ほかの職種、事業所、機関の発言や提案を通じて互いにもち味や強みを理解し、それを活かしてケア目標に向けてそれぞれが役割機能を果たしていきます。ケアカンファレンスは、チームメンバーが互いの強みを知り、ケア目標に向

けて役割機能を確認する場でもあります。

③ コミュニケーションを通じて知識、技術、態度を交わし合う

　認知症の人のニーズは多様であるため、チームも多彩なメンバーで構成されることが望ましいでしょう。ケアカンファレンスを通じて、課題解決に向けた意見交換のなかで互いの知識や技術、態度が交わされます。その手段がコミュニケーションです。ケアカンファレンスは、対面で行われますので、コミュニケーションは話し言葉だけではなく表情やしぐさなどの非言語や文字、画像などを用いて伝え合います。複数の相手に自分の意図を伝え、議論の結果を合意につなげるためには効果的なプレゼンテーション力が必要です。プレゼンテーションとは、相手に対して自分のもつ情報や考えをわかりやすく提示することです。

　また、ケアカンファレンスは、前向きで建設的な意見交換の場となることが望まれます。そのため、進行役であるリーダーには、ケアカンファレンスを管理し、支援するファシリテーション力が求められます。ファシリテーションとは、参加しているメンバー全員から活発な意見が引き出されるようメンバー間の相互関係を促進させるはたらきです。ケアカンファレンスは、誰かが決めた結果を共有するのではなく、コミュニケーションを通じて、決定過程が共有され結果についての合意形成を行う場ということになります。

④ カンファレンスを通じてチームが成長する

　チームはいくつかの段階を経て成長します。タックマンモデルでは、第1段階はチームがつくられる段階（形成期）です。メンバー同士が互いを知り合う時期であり、意見を交わし合うことが少ないため、リーダーを中心にチームが取り組む課題を明確にする必要があります。第2段階は、意見を交わし合いぶつかり合う段階（混乱期）です。意見を出し合い相互理解や共感を深めることで、個人ではなくチームとして課題解決に向けた取り組みを見つける段階です。第3段階は、メンバーの相互理解によるモチベーションがアップする段階（統一期）です。混乱期を経てメンバーの間に関係が生まれ、チームとしての共通のルールができてきます。第4段階は、チームとしての活動の成果が共有できる段階（機能期）です。

　タックマンモデルによるチームの発達段階で特に重要なことは、混乱期をどう乗り切るかです。メンバーの意見、価値観、経験、所属などの違いがあるなかで、同じ方向に向かうためには意見を交わすだけではなく、相手の立場や考え、職種とし

てのアイデンティティ、感情に対する共感などが必要です。チームが成長するためには、共通してメンバー間の円滑なコミュニケーションの機会をつくることが大切です。ケアカンファレンスはまさにチームが成長するために必要な機会といえます。

チームの形成過程の詳細は、第6章で学びます。

⑤ 継続的なネットワークを構築する

ある課題を解決するために集まり、その課題が終了すると解散するチームがあります。いわゆるプロジェクトチームやタスクフォースチームと呼ばれるものです。一方、ケアチームは固定のメンバーが長期的、継続的に課題に取り組むチームです。

認知症ケアの現場は、グループホームや小規模多機能型居宅介護、認知症デイサービス、ユニットケアなど比較的小規模なチームが多く、メンバーは固定化する傾向があります。この場合のメリットは合意のスピードが速いことです。一方、デメリットは、発想や意見がマンネリ化し、建設的な意見が出にくいことです。そこで、保健、医療、リハビリテーション、地域の社会資源などが新たにメンバーに加わることで、デメリットを解消することができます。新たな資源が加わって構築されたネットワークは、ほかの認知症の人の支援にも援用できる可能性があります。ケアカンファレンスは、継続的なコアチームに新しく加わるメンバーとの相互理解、信頼関係をつくる機会となります。

⑥ ケアチームの成長とケアの質の向上を目指す

ケアカンファレンスは、チームの目標・情報・支援過程を共有し、メンバーの役割が明確にされ、互いの知識・技術・態度を交わすために開催されます。そのためには、メンバー間の円滑なコミュニケーションと、リーダーやメンバー同士の対等な関係の構築が大切です。その結果、相互交流と相互理解が進み、メンバーが積極的にチームの活動に取り組むなど、相乗効果が生まれ、チームが成長しケアの質が高まります。

以上のことから、ケアカンファレンスの目的は、「ケア目標と情報を共有し、多面的なアセスメントによる効果的な支援方法の検討を民主的なコミュニケーションにより進め、チーム内の信頼関係の構築をもって、ケアチームの成長とケアの質の向上を目指すこと」といえるでしょう。

　ケアカンファレンスでは、コミュニケーションにより目標や情報の共有を図りますが、加えて課題解決のための方法を決めること、そして決めたことをメンバーで合意する過程が重要になります。何も決めない、何も合意しないケアカンファレンスは意味がありません。

　ケアカンファレンスでは、その決定過程をチームメンバーで共有することが重要になります。ケアの決定過程を共有するためにいくつかの前提があります。

　一つ目は、「認知症ケアの理念」「自立支援」「意思決定支援に基づく認知症の人の主体性の尊重」「尊厳を擁護すること」「認知症ケアの倫理」など、認知症ケアの原理原則、共通の考え方（価値）をもつことです。ケアカンファレンスでの議論は大切ですが、あらぬ方向に向かってしまうと、正しい決定や合意に至ることはできません。認知症ケアの価値はケアカンファレンスの前提になります。

　二つ目は、ケアカンファレンスでは、ケアの言語化が前提となります。介護職員は、日々利用者とのやりとりを重ねますが、それは「経験知（暗黙知）」として蓄積されます。経験知はケアに携わる人の体内に主観的な情報として存在するため、他者は知ることができません。そこで、記録などで文書化したり、ケアカンファレンスで言語化したりすることにより「形式知（明白知）」とします。形式知により客観的な情報として他者は理解したり共有したりできることになります。

　経験知と形式知の関係は、経験知と経験知を交わし（共同化）、経験知を形式知に変え（表出化）、形式知と形式知をつなげ（連結化）、さらに形式知を経験知につなぐ（内面化）というように循環しています。これらは英字の頭文字をとって「SECIモデル」といいます（図8-1）。ケアはひとりの介護職員の経験からはじまり、それらをチーム全体で共有する必要があり、そのため記録をとったり、ケアカンファレンスで情報を共有したり、議論するなどSECIモデルによりチームや職員の経験を客観的に共有して個人とチームそれぞれの成長を促すことができます。

図8-1　SECI モデルによる知の循環

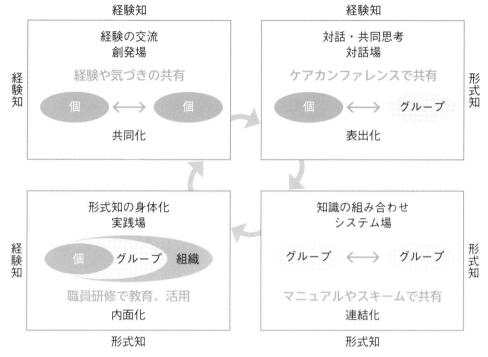

資料：野中郁次郎・竹内弘高、梅本勝博訳『知識創造企業』東洋経済新報社、1996 年を基に筆者作成

　三つ目は、ニーズや課題はケアカンファレンスによる決定事項で終結するものではないということです。ケアカンファレンスで決まったことを具体的に実践し、それらを評価します。その後、想定外のことがあれば、改めて情報を収集し、計画とケアを改善する必要があります。この一連の流れは、目標に向けた支援計画（Plan）→実践（Do）→評価（Check）→新たな改善の取り組み（Action）といった、いわゆる PDCA サイクルです。この PDCA サイクルをチームで動かしていくことが前提になります。つまり、常にケアの進捗状況の確認と評価、新たな課題の発見、取り組みに向けた改善のため、必要に応じてケアカンファレンスが行われます。

ケアカンファレンスを円滑に行うためのコミュニケーション

1 報告、連絡、相談の違い

　リーダーには「管理者」の立場が与えられる場合があります。管理者の立場に就くと仕事を果たすための「権限」と仕事を達成するための「責任」が発生します。組織原則では、権限と責任の関係を「権限責任一致の原則」といい、常に権限と責任が一致する必要があります。仮に権限と責任がアンバランスになると、「権限＞責任」ならば無責任状態になり、「権限＜責任」であれば無気力状態になります。

　また、リーダーが職員に仕事を与える際には、責任とそれに応じた権限を与えます。それを「命令」といい、リーダーは命令権者として、職員が仕事を果たせたかどうかを管理する責任が生じます。具体的には、リーダーが部下に「報告、連絡、相談（報・連・相）」を徹底させ、仕事の進捗状況や結果を管理し、必要に応じて問題に対して相談に応じたり、新たな指示や命令を与えたりします。「報・連・相」はリーダーと職員のコミュニケーションの基本といえます。

　一方、ケアカンファレンスでの報告、連絡、相談について考えてみましょう。「報告」とは、ケアカンファレンスでの決定や合意事項に対する進捗状況の報告や新たな情報提供を行うことです。ケアは日々変化しますので、自分の得た情報がチームにとって有益な可能性があります。情報は抱え込むのではなく、すべて開示するように努めましょう。次に「連絡」とは、チームのメンバーに対して広く文書、口頭により日々の情報を共有するためのコミュニケーションの機会といえます。具体的には、申し送り、部署間の連絡ノート、入退院のサマリー、引き継ぎ、ケアマニュアルなどです。さらに「相談」とは、ケア上の困りごとが生じたときなどに、他者や専門職の意見を聞くことです。

　リーダーは職員に対して管理者になる場合がある一方、ほかの職種や他機関がチームメンバーになっている場合は対等な関係になります。そのため、「報告」「連絡」「相談」はコミュニケーションの機会としてそれぞれの特徴を理解し、自覚的に取り組みましょう。

2 建設的なコミュニケーションのポイント

チームのメンバーがもつ価値観や所属の違い、職種や経験の違いなどを乗り越えて、チームがある方向に向かい行動するためには、メンバーは進行役であるリーダーとともに建設的で前向きなコミュニケーションによってケアカンファレンスに臨まなければなりません。

1 コンフリクトの解消を活用する

そもそも、さまざまな違いを抱えるメンバーがひとつになるためには、チームの成長過程における「混乱期」（p.176参照）をどのように乗り越えるかがポイントです。混乱期においてメンバーは「コンフリクト（対立、葛藤）」を解消する必要があります。コンフリクトを生む要素には、介護職と看護職など「職種の違い」、上司と部下など「立場の違い」、常勤職員とパートなど「雇用形態の違い」によるものなどがあり、これを「条件の対立」といいます。また、価値観や知識、経験などは「認知の対立」といい、「条件の対立」と「認知の対立」が継続することで起こる対立を「感情の対立」といいます。条件の対立や認知の対立は、どのような組織にも必ず存在するものですが、これらを放っておくと感情の対立に発展し、チームのまとまりがなくなり仕事に支障をきたすことになるため、しっかりと管理（マネジメント）する必要があります。これを「コンフリクトマネジメント」といいます。

コンフリクトは自己主張と共同志向の2軸の間の五つの方法とその組み合わせで解決します（図8-2）。

「①競争」とは、権力と圧力で自分の意見を相手に強制することです。議論が混沌としている、選択肢が明らか、誰かの決断に皆が応じるなどの場合は有効ですが、間違うとメンバー間の関係を壊してしまいます。

「②回避」とは、双方が解決を回避し、議論や決定を先延ばしにすることです。議論が白熱し、混沌とした状態で感情的になるなど少し時間をおいたほうがよい場合などは有効です。しかし、そのままにしておいても一向にチームの決定や合意がなされません。

「③受容」とは、相手の意見を優先しそれに従うことです。主張の強い相手の価値観や意見をいったん受け止めることで論争を避けることができますが、自分の主張が相手に受け入れられないため、その後のチーム内の議論でも相手の意見に従い

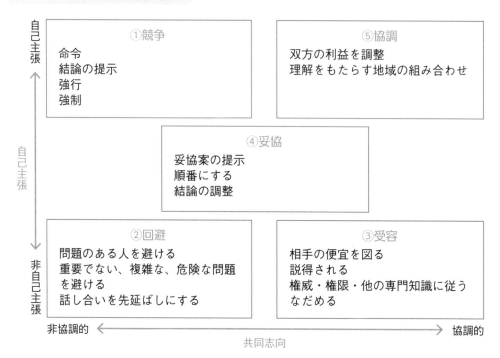

図8-2 コンフリクトの解決方法

①競争
命令
結論の提示
強行
強制

⑤協調
双方の利益を調整
理解をもたらす地域の組み合わせ

④妥協
妥協案の提示
順番にする
結論の調整

②回避
問題のある人を避ける
重要でない、複雑な、危険な問題を避ける
話し合いを先延ばしにする

③受容
相手の便宜を図る
説得される
権威・権限・他の専門知識に従う
なだめる

自己主張 ↑ 非自己主張

非協調的 ← 共同志向 → 協調的

資料：K. W. トーマス、園田由紀訳『コンフリクトマネジメント入門──TKIを用いたパフォーマンス向上ガイダンス』JPP、p.8、2015年を基に筆者作成

続けることが起こります。

「④妥協」とは、双方が意見を出し合い妥協点を探ることです。相手の意見、自分の意見を取り入れ決定することができますが、双方にとって中途半端な結論になる可能性があります。

「⑤協調」とは、双方の意見と利益を尊重し、互いが満足できる結論に至ることで、五つのなかで最も望ましい方法になります。

これら五つの関係は、例えば、「回避→妥協→協調」は、互いの意見を出し合いながら妥協点を見出し、最終的に協調につながることから、互いが意見を言う、聴くという建設的にコンフリクトを解消する流れといえます。一方、「受容→妥協→競争」は、いったんは相手の意見を受け入れ、最終的には自分の意見を通すことからそれほど議論が深まらず、決定することを前提とした流れになります。

議論を通じて最終的にはチーム内で合意できることが建設的なコミュニケーションのゴールになります。したがってコンフリクトを必ずしも対立や対決といったネガティブなものとしてとらえるのではなく、双方が議論を尽くして対立を乗り越える「変化の兆し」としてポジティブにとらえましょう。

【事例8-1】

　敏夫さん（75歳）は、糖尿病と高血圧の既往症があります。病気は進行し、末梢神経障害による足のしびれや糖尿病性の網膜症による視力の低下がみられます。家族は敏夫さんへの面会時に「本人が好きだから」「ほかに楽しみはないから」といって、毎回大量のお菓子を持ってきます。リーダーの山本さんは敏夫さんの健康を気遣い、また職員の負担軽減を考え、訪問看護師、介護職員、家族と敏夫さんを含めてケアカンファレンスを開きました。看護師は、お菓子を食べてしまうと栄養管理をする意味がなくなってしまうこと、合併症も悪化してしまうことをあげ、家族に対して一切お菓子の持ち込みはしないように強く言いました。一方、家族や介護職員は年齢のこと、本人や家族の意向を踏まえ、一切禁止というのは厳しいので少しくらいならいいのではないかと、意見が分かれました。

　議論の結果、看護師と家族は、山本さんが家族からお菓子を預かり、健康に支障のない程度にお菓子を食べられるように管理することで合意することができました。家族は敏夫さんの楽しみがなくならなくてよかったと話し、看護師は自分たちがきちんと健康管理できるため、いい結論が出たと感じています。

② メンバー同士による傾聴・受容・共感的態度

　コミュニケーションを円滑に進めるためには、カウンセリング技法を参考にするとよいでしょう。例えば、「傾聴」「受容」「共感」「関心を向けること」「意味と感情の反映」などです。関心を向けることには、アイコンタクト、うなずきや質問などがあります。

　議論が進むと、相手の話を聴くよりも自分の主張で相手を説得しようとします。すると、対立を生むことになります。相手の主張が自分と違っていてもまずは相手の話を聴きましょう。そして、相手の意見に関心を向ける際に、質問をします。特にリーダーはケアカンファレンスの進行役になりますので、意見を引き出すために効果的に質問をします。

　質問には「クローズド・クエスチョン」と「オープン・クエスチョン」があります（p.267参照）。クローズド・クエスチョンは「はい」「いいえ」で答えることから、確認や同意などの際に使います。一方、オープン・クエスチョンは「５Ｗ１Ｈ（いつ、どこで、誰が（誰に）、何を、なぜ、どのように）」を基本に質問します。オープン・クエスチョンを投げかけることで、メンバーは答えを出そうと考え、それが気づきにつながります。気をつけたいのが「なぜ」という質問です。理由を問い詰

めるようで、特に新人職員は考えるよりも萎縮してしまいます。「なぜ、お風呂に入らないのでしょうか」「なぜ、落ち着いて食事が摂れないのでしょうか」と聞くと、自分のケアが間違っているのではないかと感じ、自分自身のケアを責めてしまうかもしれません。

　リーダーとメンバー双方がケアカンファレンスに臨む際は、カウンセリング技法を効果的に活用することで、建設的に進めることができるでしょう。特に、メンバー間の感情の対立は、チームとして活動していくうえで大きな弊害となります。人間は感情の生き物ですので、これを避けることはできませんが、ケアカンファレンスの際に感情の対立に流されることがないように注意しましょう。

効果的なケアカンファレンスの展開

1 ケアカンファレンスの構造化

ケアカンファレンスの構造化とは、ケアカンファレンスの全体像（目的や意義）が共有され、必要な要素（議題、参加メンバー、場所や期日など）とその関連性が明確になり、主催者も参加者もここで何を議論するのか、どのような結論や合意に至ればよいのかが整理されることといえます。

1 ケアカンファレンスの体制

ケアカンファレンスの体制について「5W1H」でみてみましょう。

① いつ（When）

　会議の開催期日と時間については、ケア計画の策定や見直し時、入退院時、利用者や家族のニーズの変化など、いつのタイミングで開催されるのか、また、多くのメンバーが参加しやすい時間帯、議題の内容に応じた所要時間などについて考慮しましょう。

② どこで（Where）

　会議を開催する場所について、参加者、プロジェクターやホワイトボードなどの機器、比較的クローズドなスペース、本人や家族に威圧感のない雰囲気の場所などについて考慮しましょう。最近では、Web会議などが多用化され、日時や場所の融通がきくようになりました。Web会議は、期日や場所を設定する意味を理解したうえで有効に活用することが大切です。

③ 誰が（Who）（誰に（Whom））

　参加者（チームのメンバー）としては、医療、介護、保健、福祉、法律などの専門職のほか、本人、家族、民生委員、行政、団体、関係機関の担当者などが見込まれます。特に留意すべきこととして、個人情報の取り扱いがあげられます。専門職や行政職員は「守秘義務」が課せられていますが、インフォーマルな組織や個人に対しては、個人情報の取り扱いについて十分に説明し注意を促す必要があります。また、ケアカンファレンスに臨む前提条件としての「専門職の価値や

態度」（p.178 参照）についても同様に考慮が必要です。

④　何を（What）

　ケアカンファレンスで何を議論し合意・決定しなければならないのかを事前に明らかにする必要があります。そのためには、個人情報に配慮しつつ、事前に情報や合意・決定を目指す内容について周知しておきましょう。ケアカンファレンスがはじまってから情報の読み合わせをするのは時間を無駄にすることになります。

⑤　なぜ（Why）

　ケアカンファレンスの開催目的や意義について事前に共有しておく必要があります。例えば、議論の中心ではない場合であっても、情報を知ってほしいということがあります。すると、会議ではなく議事録だけでよいのではないかと感じてしまうかもしれません。しかし、合意や決定の過程を知ることは非常に大切なことです。

⑥　どのように（How）

　ケアカンファレンスの進行プロセスについて、座席の位置、プレゼンテーションの手段、参考資料など、より効果的なケアカンファレンスが開催できるように工夫しましょう。

　このほかに、ケアカンファレンスについては、頻度（How many）、所要時間（How long）、開催費用（How much）などについて共有しておく必要があります。

2　ケアカンファレンスのプロセス

　ケアカンファレンスには、「導入→展開→決定」のプロセスがあります。プロセスの進行はリーダーが行います。

①　導入

　あいさつ、自己紹介（初対面の場合）、ケアカンファレンスの趣旨、資料の説明、議事内容、所要時間などを次第やレジュメに沿って説明します。

②　展開

　これまでの支援経過の報告、利用者や家族の意向についての報告、議題（ニーズ）についての検討、支援目標についての検討、必要なサービス・社会資源についての検討、役割分担の確認、メンバーからの質問や意見交換などを行います。時間を有効に使い、活発な意見が交わされるよう必要に応じて、意見を促す、質問するなどを行います。

③ 決定

議論の経過を整理して参加者にフィードバック、または確認します。確認内容は５Ｗ１Ｈ（いつ、どこで、誰が（誰に）、何を、なぜ、どのように）に沿って具体的に明示します。また、支援上のリスクや法令についての確認と次回の開催についての調整を行います。

スーパーバイザーやオブザーバーがいる場合は講評を聞きます。また、議事録については後日、当日の参加者および不参加のメンバーにも送ります。

③ 解決と評価

その後は、状況が変化したとき（入院や死亡などケースが終結した場合）や新たなニーズが発見されたときなどに、必要に応じてケアカンファレンスを開催します。終結した場合は、振り返りのケアカンファレンスを開催する場合もあります。

2 ケアカンファレンスの役割分担

ケアカンファレンスでは、進行役や記録者、スーパーバイザー（助言者）、参加者などの役割があります。リーダーはさまざまな立場でケアカンファレンスにかかわると思いますが、ここでは主に、進行役とスーパーバイザーの役割について述べます。

繰り返しになりますが、ケアカンファレンスの進行役には、チームのメンバーが共有した目標に向けて、よりよい意思決定やパフォーマンスによって結果が出せるようプロセスを管理し、支援するファシリテーション機能が求められます。つまり、単なる進行役ではなく、ケアカンファレンスをスムーズに進行させつつ建設的な議論が活発に行われるよう、ファシリテーターとしての役割も担います。

また、リーダーは主に事業所内でのケアカンファレンスや事例検討において、課題解決に向けた議論を深めるため、認知症ケアに関する知識や情報を提供します（教育的機能）。また、負担を感じている職員へのこころのケア（支持的機能）や、認知症ケアの原理原則に照らした議論や個人情報保護や守秘義務など法令に沿った議論が逸脱したものにならないよう管理する（管理的機能）など、「スーパーバイザー」としての役割を担う場合があります。スーパーバイザーとなるリーダーは、ケアカンファレンスの議論を尊重しつつ、スーパーバイジーである参加メンバーが

議論を通して、自身の経験を振り返ることができるよう、適宜、助言や質問を交えて議論が一定の方向に向かうようにコントロールする必要があります。スーパービジョンの詳細は、第 11 章（p.256 参照）で学びます。

【事例 8 - 2】

　グループホームで暮らすふみさん（65 歳）は、夜間大きな声を上げ、壁をたたくなどの行為や「ほら、壁に子どもがいるよ」などの幻視の訴えがあります。また、日中、突然気絶したり後ろに転倒したりなど目が離せません。グループホームでは、ふみさんが安全に生活できるように症状を理解したうえで、ケアを適切に行うためにどのようにしたらいいか、事例検討を行いました。

　リーダーの山本さんは事例検討のスーパーバイザーとして加わり、進行は計画作成担当者が担いました。山本さんは、参加者が議論する前提として認知症の人の尊厳やケアする人の倫理観について確認する内容を説明し、また、ふみさんにとってどのようなケアが望ましいのか、認知症の中核症状に照らして意見交換するように質問や助言を行いました。

 # 3　効果的な議論を促すためのポイント

民主的な議論をする

　参加者のなかには経験が不足していたり、自信がないことなどから萎縮してしまい、発言することなく参加する人もいます。特に、医師などが参加するケアカンファレンスではその傾向が強くなります。職種や立場を超えて対等な関係をもつこと、参加者がそれぞれの立場で発言しても否定されないこと、必要に応じて他者の意見に便乗してコメントできることなどを保証しましょう。

　また、相手の意見には「傾聴」「受容」「共感」といった態度で接することも重要です。多数決や早急な意見の一致を図るのではなく、少数の意見にも耳を傾けましょう。

わかりやすい言葉で議論する

　ケアカンファレンスは本人、家族、地域住民など非専門職も参加します。専門職同士で交わす用語やケアの現場で知り得た情報は、家族や地域住民には理解が難し

く、議論が進まないことがあります。参加者に合わせてわかりやすい言葉を使い、参加者全員が議論に参加できるようにしましょう。

個人の解釈が含まれない客観的な情報を使う

ケアカンファレンスでは、できるだけ客観的な情報を活用します。例えば、「夜間、寂しいためウロウロしていた」など、個人の解釈や根拠のない推測による情報ではなく、「夜間、妻の名前を呼びながら廊下と居室を1時間ごとに往復していた」など事実に基づいた情報を基に議論しましょう。

感情的にならないようにする

緊迫した内容のケアカンファレンスや自分の意見を相手にわかってもらいたいという意思は感情を高ぶらせます。しかし、お互いが感情的になると議論が進みません。まずは相手の話を聞き、また自分の話も聞いてもらうことからはじめましょう。関係が壊れてはチームとして活動していくことに大きな支障をきたしてしまいます。

演習 8-2 模擬ケアカンファレンスの体験と評価

冒頭の敏夫さんの事例を用いて模擬ケアカンファレンスを行いましょう。

① 5〜6人のグループをつくり、山本さん（リーダー、進行役）、土井さん（ケアの理念を大切にする）、田中さん（職員の負担軽減・業務の効率化を優先する）、伊藤さん（あまり熱心でない）、木村さん（自分の意見が言えない）の役割を決めます。

② 二つのグループが組み、一つのグループがロールプレイを行い、もう一つのグループはそれを観察します。

③ ロールプレイと観察の役割を交代して行います。

④ それぞれのグループのケアカンファレンスについて、以下のポイントを参考に、評価しましょう。

ポイント

① ケアカンファレンスでコミュニケーションによる合意形成のプロセスの共有が図られていますか。

② リーダーはケアカンファレンスのファシリテーター、スーパーバイザーとしての役割を果たしていますか。

③ 誰かが決めるのではなく、みんなで決める、民主的な合意形成プロセスがなされていますか。

④ 参加型のケアカンファレンス、メンバーの相乗効果を活かしていますか。

⑤ コンフリクトを解消するようなかかわり方をしていますか。

⑥ 相手の発言を傾聴、受容、共感していますか。

⑦ 認知症ケアの基本原理を前提としたケアカンファレンスを行っていますか。

参考文献

＊ 野中郁次郎・竹内弘高、梅本勝博訳『知識創造企業』東洋経済新報社、1996年

＊ 日本介護福祉士会編『介護福祉士がすすめる多職種連携——事例で学ぶケアチームでの役割と課題への取り組み方』中央法規出版、2018年

第 **9** 章

認知症ケアにおける
チームアプローチの理論と方法

目的
. . . .

多職種、同職種間での適切な役割分担や連携にあたって、認知症ケアにおけるチームアプローチの
方法を理解し、実践するための指導力を身につける。

到達目標
. . . .

1 認知症ケアにおけるチームケアの意義と必要性を理解する。
2 認知症ケアにおけるチームの種類と特徴を理解する。
3 認知症ケアにおけるチームアプローチの方法を理解する。

特に関連する章
. . . .

第 6 章 チームケアを構築するリーダーの役割
第 7 章 ストレスマネジメントの理論と方法
第 8 章 ケアカンファレンスの技法と実践

　グループホームのユニットリーダーの山本さんは、もう一つのユニットのリーダーである柳澤さん、併設の認知症対応型通所介護のリーダーである小山さんとともに、グループホーム管理者の秋山さんに呼ばれました。会議室に行くと、介護支援専門員（ケアマネジャー）の川田さんが同席していました。川田さんは、認知症対応型通所介護を利用している、るみ子さん（79歳）の担当ケアマネジャーです。

　るみ子さんは、長男の明男さん（52歳）と2人で暮らしています。明男さんは5年前に妻を事故で亡くしました。子どもはいません。明男さんは自動車部品の製造会社で設計業務についています。るみ子さんは、以前から、日に1、2回ほど明男さんに電話をしていましたが、2か月ほど前からその電話が頻回になり、特に午後から夕方にかけて30分おきに電話がかかってくるようになりました。明男さんが電話に出られないと、るみ子さんは外に出てしまい、知り合いの店の人や顔見知りの特別養護老人ホームの職員が、声をかけて保護することが続きました。そのつど、明男さんは仕事の都合をつけながら対応してきましたが、寝不足から体調不良となり、仕事と介護の両立が難しくなってきました。このような状況のなか、明男さんから川田さんに、可能であればグループホームに入居させたいと相談があったということでした。そして、近々サービス担当者会議を開くので、グループホームからも出席してほしいとのことでした。

　るみ子さんは、山本さんが勤務するグループホームに併設されている認知症対応型通所介護のほか、別事業所の訪問介護（ホームヘルプサービス）、2か所の特別養護老人ホームでショートステイを利用しています。現時点でるみ子さん自身は、自宅での生活を望んでおり、息子の明男さんも自分の思いを母親に押しつけることはできないと悩んでいます。このような状況なので、ケアマネジャーの川田さんは、サービス担当者会議を開催する必要性を感じたということでした。サービス担当者会議では、グループホームへの入居という選択肢も含めつつ、るみ子さんの今後の暮らしやケアの方向性について話し合うことになりました。

演習 9-1　サービス担当者会議の準備

　このサービス担当者会議のとりまとめ役として、るみ子さんの意思を尊重しつつ、チームアプローチを実践するために必要な点について考えてみましょう。

● サービス担当者会議の構成員をあげ、職種とそれぞれの特性（役割）を確認しましょう。

● サービス担当者会議の前に、参加者全体で確認しておくべき注意点をあげてみましょう。

認知症ケアにおける
チームアプローチの意義と必要性

1 チームアプローチの理解

1 チームとチームアプローチ

　チームの機能や構造を考える際には、組織のなかでの集団のとらえ方を整理しておく必要があります。三沢[1]は組織内の集団について、「基本的な職務遂行単位が職場集団（work group）である」と指摘し、組織のなかには公式集団と非公式集団があると述べています。そして公式集団は、「組織図や役割分担表に表現される公式に編成された集団」のことであり、非公式集団は、趣味仲間、同郷仲間など、「メンバー間の親密さや社交的な関係に基づく自然発生的な集団」であると説明しています。チームはこのうちの前者の公式集団となります。

　では、チームはどのようにとらえられるのでしょうか。三沢は職場集団とチームは厳密には区分されるとし、チームは「特別な任務や新規な課題に取り組む集団、協働の必要性が特に高い集団をチームと呼ぶことが多い」と述べています。認知症ケアを含む介護チームは、後者の「協働の必要性が特に高い集団」であるといえます。

　チームが行うものの一つが、チームアプローチです。図9-1にチームアプローチとチームワークとの対比を示しました。英語表記の語尾に「ing」をつけて、「〜すること」ととらえると、二つの違いがわかりやすいと思います。チームワークは、チームで「仕事をすること」で、前述のとおり、チームは、「協働の必要性が特に高い集団」として、協働して業務を行っていくことです。一方、チームアプローチは、チームで、人や場所、事象に「接近すること、とりかかること」です。医療や福祉といった対人サービスにおいては、患者や利用者またはその家族などにアプローチし、ケアや支援にとりかかることとなります。

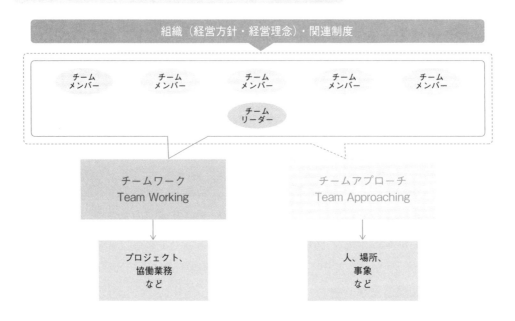

図9-1　チームアプローチとチームワークとその背景の関係

組織（経営方針・経営理念）・関連制度

チームメンバー　チームメンバー　チームメンバー　チームメンバー　チームメンバー

チームリーダー

チームワーク
Team Working

チームアプローチ
Team Approaching

プロジェクト、
協働業務
など

人、場所、
事象
など

② 認知症ケアにおけるチーム

　認知症ケアにおけるチームについて、組織内の場合は、グループホームであれば
ユニット単位、入所施設の場合は、チームリーダー単位となる比較的小人数の集団
が想定されます。繰り返しになりますが、その土台にはチームが所属する組織があ
ります。つまり、患者や利用者など個人に対する個別的なアプローチですが、その
背景や土台には組織の経営方針や経営理念があります。さらに、医療や福祉に特に
関連する制度がその背景にあります。認知症ケアであれば、老人福祉法、介護保険
法などです。この関係を理解しておくことが大切です。

　一方、組織や事業所間の専門職同士が連携する多職種連携の場合、そのチームは
三沢の「特別な任務や新規な課題に取り組む集団」ということになります。組織や
事業所を超えて、アプローチすべき患者や利用者にかかわる専門職や関係する人た
ちがチームをつくり一丸となってかかわっていくものです。したがって、そこでは
しぼり込まれた課題に取り組みます。そしてその課題が一通りの解決をみたり、方
向性が決まったりすれば、そのチームの任務は終了となるので、一時的なチームと
いえます。このような多職種連携によるチームアプローチを行う場合の課題は、そ
のチームのリーダーを誰が担うかということと同時に、参加するチームのメンバー
がそれぞれの立場と役割を理解し、チームアプローチを機能的に実施することがで

きるかということになります。

　そのためには、チームマネジメントや多職種連携の会議の際のファシリテーションのスキルが求められます。また、参加する専門職の専門性と所属する組織や事業所など、それぞれの立場を把握しておくこと、さらに、支援に際しては、会議等の際に支援やケアの理念をどこにおくかという共通理解をもっておくことも必須です。冒頭のるみ子さんの事例でも、サービス担当者会議の参加者、参加者の所属と専門性、会議の前に確認しておくべき支援やケアの理念を確認しておくことが大切です。

2　チームアプローチとチームケア

　チームアプローチはチームで、ある人や場所、事象に接近すること、とりかかることです。認知症ケアのチームアプローチは、認知症の人に対して、チームで接近する、とりかかることになります。一方、チームケアは、言葉のとおりチームでケアを行うことです。チームケアは、医療・保健・福祉に限定された用語といえます。チームケアもその内容や専門性をいったん脇に置けば、継続的な業務ですので、チームで業務を行うチームワークととらえることができます。組織のなかでチームをつくり物事を進めていくうえで、チームアプローチとチームワークは相補的な関係といえます。つまり、前者は人や事象への接近が中心となり、後者は特定のプロジェクトや業務が中心ですが、目指すものは同じです。

　ケアの視点から、図9-2にチームアプローチとチームケアの関係およびそれらを支援する要因と促進・阻害する要因を示しました。チームを支援する要因となるソーシャルサポートについて、小野[2]は、「情緒的サポート」とは愚痴を聞いてもらう、慰めてもらうことでストレスを和らげること、「情報的サポート」は相談する人や場所の情報についてアドバイスがあること、「道具的サポート」とは具体的な行動で助けられること、「評価的サポート」とは相手から受容され価値ある者と認められることと指摘しています。チーム内で、チームメンバーやチームリーダーからこれらのサポートが相互に提供されることが大切です。

　チームの促進・阻害要因は、チーム内の成員による対立（コンフリクト）です。対立には、業務内容はどのようなものであるかに関連するタスクに関する対立、誰がどのような手順と段取りで業務を行うかに関連するチームプロセスに関する対立、好き嫌いなどの情緒的評価による相手との対人関係の対立があります。この対

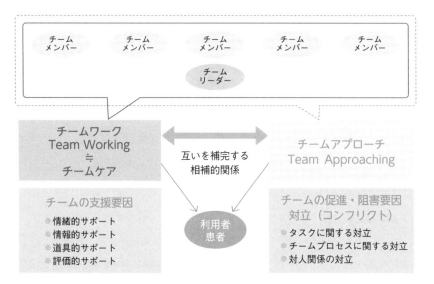

図9-2　チームアプローチとチームケアの関係と支援要因と促進・阻害要因

資料：小野公一「第4章 人間関係管理と職場の人間関係」金井篤子編『産業・組織心理学講座 第1巻 産業・
組織心理学を学ぶ——心理職のためのエッセンシャルズ』北大路書房、pp.42-45、pp.228-229、2019年、
M．A．ウェスト、下山晴彦監、高橋美保訳『チームワークの心理学——エビデンスに基づいた実践へ
のヒント』東京大学出版会、pp.253-270、2014年を基に筆者作成

立は、対立の状態を放置しておくと、チームの機能を低下させる阻害要因となりま
す。一方、この対立を建設的にとらえ、対立を解消する取り組みをチームメンバー
が行うことで、チームの力は向上すると指摘されています[3]。

　チームの支援要因はチームリーダーが担うべき役割です。しかし、チームメン
バー同士の相互支援も必要なため、リーダーがチームメンバー間の交流を促進する
ことが求められます。さらに組織からのサポートも重要です。チームが円滑に機能
するためには組織の長からの支援は必須です。チームリーダーは組織へはたらきか
け、支援を求めることも大切です。

　チームの促進・阻害要因は、チームのグループダイナミックスに関係するもので
す。チームリーダーは、チームメンバーの個々の理解とともに、チームメンバー間
の理解も求められます。なお、タスクやプロセスに関する対立は、ケア業務に関連
するものなので、組織の経営方針や経営理念を土台とし、ケアの価値観の擦り合わ
せを定期的に行いましょう。それによって、タスクやそのプロセスが見直され、
チームワークが向上していきます。なお、情緒的な対立はチームメンバー間の人間
関係によるものなので、相互の話し合いやメンタルヘルスからのサポートを受ける
ことも大切です。ストレスマネジメントについては、第7章で詳しく学びます。

3 チームケアの意義

　前述のとおり、チームは「協働の必要性が特に高い集団」として業務にあたります。利用者へのケアや支援を行う際は、介護保険法でも指摘されるとおり、要介護状態であっても、高齢者が「尊厳を保持し、その有する能力に応じ自立した日常生活を営むことができるよう」に支援することが求められます。つまり、パーソン・センタード・ケアです。協働によって、チームメンバーが提供するケアは、担当者が変わってもその利用者に対して同一のケアや支援が提供されるということになります。

　チームケアに際しては、チームとは何か、どのように業務をしていけばよいかをチーム全体で考え、共通理解をもってもらう必要があります。チームの理解には前述の支援要因としての各種のサポートやチームの促進・阻害要因も含まれます。さらに、チームケアを効果的に展開していくために、集団がもつ特徴も考慮することが望まれます。

　集団の特徴として、「集団凝集性」「集団規範」「社会的手抜き」「集団浅慮」があげられます。角山[4]は、集団凝集性について、「メンバーが集団に魅力を感じ積極的にまとまろうとする力を集団凝集性」と述べ、「一般的には、凝集性が強いほど集団としての生産性は高くなる」と指摘しています。ただし、凝集性の強さが「上からの指示に抵抗し、サボタージュやストライキでまとまった結果、仕事が停滞して仕事効率や業績が低下してしまう」マイナス面があることも指摘しています。

　また、集団規範とは、「メンバーが共有する判断の基準や枠組みが生まれる」こととし、「集団規範を逸脱しない限りは、集団はメンバーを受け入れる」が、「規範から逸脱するような行動をとると、集団からは規範に従わせようとする強い圧力がかかる」と集団規範の二面性を述べています。

　さらに、社会的手抜きとは、集団のなかで個人が本来の力を出さないままでいることと指摘し、社会的手抜きが生じる原因について、「集団のサイズが大きくなれば、その場で求められる行動に対して個人が感じる責任の大きさが相対的に小さくなることが考えられる」と述べています。

　集団浅慮は、集団の凝集性が高い場合に、集団の維持に集中するために、意見の統一を重視するために生じるものと指摘されます。その結果、「アイデアの内容についての批判的な検討や十分な吟味を経ることなしに集団意思決定を急いでしまい、解決への見極めが不十分なまま、浅はかな判断や愚かな決定がなされてしまう」

と述べています。チームメンバーは、これらの集団の特徴を理解し、自分たちの行動を緊張感をもって振り返り、チームケアのケア提供という目的から、集団維持という目的になってしまわないようにすることが求められます。

　次に、チームは成長する生き物のようなものであるという理解です。ケアチームは比較的継続的な集団である一方で、職員の退職や入職、部署異動などによってメンバーの新陳代謝が生じます。篠田[5]も「組織やチームは生き物であり、時間とともに変化するもの」と述べ、その変化にはプラス面とマイナス面があることを指摘しています。そして、チームのメンテナンス方法として、チームの「ポジティブな面を活用しつつ、ネガティブな変化を最小限に抑える」ことと述べ、チームマネジメントの重要性を指摘しています。

　チームリーダーは、以上の集団の特性、チームの特性を理解し、リーダーシップ、チームマネジメント、チームサポート、ファシリテーションなどの技法を使いながら、チームメンバー間の関係の促進と、チーム力の向上に努めるという役割が求められます。

 ## 4　認知症ケアにおけるチームケア

【事例9-1】

　ユニットリーダーの山本さんが勤務するグループホームには、認知症対応型通所介護が併設されています。日中はグループホームの入居者と認知症対応型通所介護の利用者が交流する機会も多いため、るみ子さんとのかかわりもあります。山本さんは、認知症対応型通所介護でのるみ子さんの様子からは、まだまだ自宅で生活を続けていけそうであり、それがるみ子さんにとってもよいのではないかと感じていました。しかし、息子の状況は知らなかったため、どうしたらよいのかと考えました。

　グループホーム管理者の秋山さんからは、山本さんと認知症対応型通所介護事業所のリーダーの小山さんに、サービス担当者会議に出席するように指示がありました。その際、秋山さんから「あなたたちがまとめ役を担うわけではないが、勉強だと思って事前に整理しておくとよいことを話し合っておいて」と言われました。

　山本さんは、小山さんと相談しながら「これは多職種連携だからサービス担当者会議の参加者を把握して、それぞれの支援内容や役割を知っておいたほうがいいよね。でも事業所同士の話し合いは、どこに土台をおけばいいのだろう。やはり、るみ子さんがど

う思っているかだよね。それと息子の明男さんの思いも…。でも、このバランスは難しそうだな。かといって、入居ありきでは、るみ子さんの思いを無視することになるし…。どう調整すればいいのだろう…」と、さまざまに思いをめぐらせていました。

認知症ケアにおけるチームケアは、認知症の人を支援の中心におくことが求められます。その際の基本は、介護保険法における「本人の尊厳の保持」ならびに「自立した生活への支援」です。加えて「認知症施策推進大綱」（2019（令和元）年）に示された「認知症の人が、尊厳と希望を持って認知症とともに生きる」「認知症があってもなくても同じ社会でともに生きる」「住み慣れた地域の中で尊厳が守られ、自分らしく暮らし続けることができる社会」という共生と、「『認知症にならない』という意味ではなく、『認知症になるのを遅らせる』『認知症になっても進行を緩やかにする』という意味」の予防の考え方が重要です。つまり、認知症という疾患を抱えながら生きる本人の尊厳を尊重し、住み慣れた地域で認知症とともに、自分らしく暮らし続けることを支援することです。

繰り返しになりますが、チームは「協働の必要性が特に高い集団」です。認知症ケアにおけるチームケアは、「共生」と「予防」の視点をチームで共有し、同じ理解のもとで統一されたケアを提供します。そのためのチームをつくり上げ維持していくことが、チームリーダーの役割の一つといえます。つまり、リーダーには、チームの中心となりチーム力を向上させるとともに、チームメンバーがチームに積極的に参加し、チーム力向上に寄与できるように支援することが求められます。

加えて、認知症ケアは、認知症の人の家族や組織内のチームだけでなく、組織内のほかの職員や組織外の専門職との連携を行い、ケアを提供していくことが重要です。リーダーは、認知症の人を取り巻く環境を、自分のチームを含めて俯瞰し、必要に応じて、それらを含む拡大的なチームとしてとらえ、ケアの提供を進めていくことも大切です。

事例9-1も複数の事業所がかかわっていますので、それぞれの事業所の経営方針や経営理念を知っておくことも大切です。そして何よりも、認知症対応型通所介護の利用時に、現時点での、るみ子さん自身の意向を改めて確認すること、息子の明男さんからも話を聞き、家族としての思いを直接、確認しておくことが大切です。それらの情報をもとに、事業所の経営方針や経営理念を踏まえつつ、どのようなケアの方向性にしたらよいかを考えてみましょう。

認知症ケアにおける
チームの種類と特徴

【事例9-2】

　るみ子さんのサービス担当者会議が開催されました。山本さんと小山さんはグループホームと認知症対応型通所介護の職員として参加しました。そのほかは、介護支援専門員（ケアマネジャー）の川田さんを中心に、訪問介護事業所のサービス提供責任者、特別養護老人ホームAの生活相談員、特別養護老人ホームBのショートステイ受け入れ担当者が参加しました。主治医は外来業務があるために参加できないということで、川田さんが事前に情報交換をしていました。ここに、るみ子さんと息子の明男さんが加わりました。

　会議では、先立った夫と長年過ごした自宅で最期を迎えたいという、るみ子さんの気持ち、母親の思いに添いたいけれど、自分の体調に自信がもてず、在宅介護に不安を感じて煩悶（はんもん）している明男さんの気持ちが明らかになりました。そこで、双方の思いに添うように、川田さんがるみ子さん、明男さんと継続して話し合うこと、明男さんの介護負担軽減を含めたケアプランが検討されました。

　山本さんは、先日、小山さんと話し合った、るみ子さんに対するグループホームとしての基本的な考え方、るみ子さんの思いを大切にしながら、地域ケアを続けていくということを思い出しながらも、るみ子さんと明男さん、どちらの思いを優先させるべきなのかと思い悩みました。それとは別に、川田さんの会議の進め方やまとめ方に感心しつつ、自身のユニットのメンバーだったらどのような意見を出すだろうと考え、チームのありようにも考えをめぐらせました。

 ## チームアプローチの形態

　チームアプローチの形態は、提供されるサービスの種類と利用者に関与する専門職の種類との組み合わせによって異なります。図9-3に、居宅・入所サービスの種別とチームアプローチの形態を示しました。

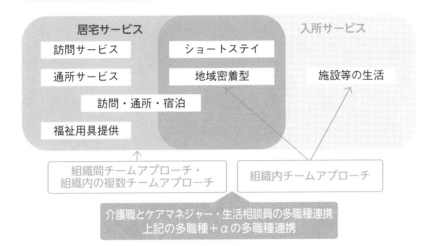

図9-3　居宅・入所サービスの種別とチームアプローチの形態

　在宅生活を送り居宅サービスを利用する利用者は、単独から複数のサービスを利用します。単独のサービスの場合は、単一事業所からのケアとなるので、組織内チームアプローチになります。複数のサービスを利用する場合は、サービス提供が複数事業所になれば、組織間チームアプローチとなります。大規模法人が複数のサービスを提供する場合でも、組織内のチームが異なれば、複数チームのアプローチとなるので、その連携が必要になります。一方、入所サービスを利用する利用者には、組織内のチームアプローチが主といえるでしょう。

2　多職種によるチームアプローチの役割と連携

　多職種連携を円滑に進めていくためには、それぞれの専門職の特性を理解しておくことが大切です。その際には、まず自分自身の専門性の理解が必須です。認知症ケアにかかわる専門職について主な資格を列記すると、図9-4のとおりです。組織内において、専門資格と役職の名称が同一の場合もあります。それが二つの囲みが重なる中央部分に位置するものです。また、組織運営に必要な制度上定められている役職や組織運営を担う事務職もはずせません。これに加え、事業所の種別によっては、行政の関係部署の担当者や認知症介護指導者といった役割の職種も含まれてきます。

図9-4　多職種連携における各職種のとらえ方

組織内の主な職種、役職、担当者

国家資格等専門職種

| 介護福祉士 |
| 社会福祉士 |

栄養士・管理栄養士

看護師

訪問介護員

介護支援専門員

作業療法士

理学療法士

言語聴覚士

医　師

事業所等の役職・担当者

管理者	調理員
生活相談員	事務職
安全衛生管理者・推進者	
火元責任者	清掃員

外部機関の組織内の専門職種、役職、担当者
（自治体の関係部署の担当者、社会福祉協議会の担当者、地域包括支援センター職員、認知症介護指導者など）

　これらすべての名称や役割を把握し理解するのは大変です。したがって、リーダーに求められることは、利用者へのアプローチごとに関与するチームメンバーの専門性をそのつど確認し、チーム内で共有していく作業をチームとして行うことになります。例えば、組織間のケアカンファレンスの最初の時間に、参加者それぞれがどのような専門性のもとでケアに関与するのかを伝えるとよいでしょう。相手に自分の立場を伝えるという行為自体が、自分自身の専門性の確認にもなり、組織内での役割分担を再確認することができます。

　入所系サービスの場合は、ともすると事業所内だけに目が向くかもしれません。しかし、リーダーはときに組織間の多職種連携にも目を向けて考えることが大切です。連携に際しては、相互の専門性を確認することで役割のイメージもできてきます。そして、利用者への支援の土台になる、介護保険法の「本人の尊厳の保持」と「自立した生活への支援」、自分の事業所の経営方針や経営理念を確認することも重要です。それらを前提にケアカンファレンスが進められることが望ましいといえます。その際、リーダーはチームメンバーが集団特性（p.197参照）のマイナス面にとらわれないように注意し、利用者主体の考え方に沿って、活発な意見やアイデアを出していく環境をつくり出すことが大切です。

　組織間における多職種連携の場合、チームアプローチのリーダーを誰が担うかが重要です。まず、利用者の担当ケアマネジャーが想定されます。一方、在宅生活の場合は、認知症の治療にあたる医師の関与が大きく、専門性の関係からも医師が中

心的な役割を担う場合や中心的役割を期待される場合があります。ケアマネジャーが医師に遠慮するという場合もあります。この点は、利用者の現況を踏まえて、状況に合わせてリーダーが決められることが望ましいでしょう。また、集団特性のマイナス面が生じないように注意することは、リーダーだけでなく参加者全員に専門職として求められることです。そして、リーダーは、サービス担当者会議に参加できない専門職と事前に情報交換を行い、意見等を収集しておくことが求められます。

3 チームアプローチにおける管理

1 チームにおけるリーダーとメンバーとの関係

　チームアプローチでは、組織内のチームと組織間のチームの二つの管理の仕方があります。

　図9-5に、組織内のチームアプローチの管理におけるメンバー間の関係を示しました。リーダーとメンバーの関係は、上下という垂直方向のコミュニケーションになります。リーダーは命令や指示を出し、メンバーは報告・連絡・相談（報・連・相）を行います。日向野[6]は、その際の留意点として、上から下へのコミュニケーションが行き過ぎるとパワーハラスメントと受け取られるおそれがあること、また、同僚同士の水平のコミュニケーションは「互いの理解や期待を調整するためのコミュニケーションが必要になる」ため、説得的内容のコミュニケーションが必要になると指摘しています。そして「報告、連絡、相談を通して密なコミュニケーションをとり、協力的な人間関係のなかで円滑な連携が取れている状態がチームワークの基礎になる」と述べています。

　チームのあり方について池田[7]は、図9-5に示す三つのリーダーシップを示しています。「垂直型リーダーシップ」は、管理者など公式的な地位にあるものがリーダーシップをとることです。「分有型リーダーシップ」は、サブリーダーなど複数のリーダーがリーダーの役割を分担してリーダーシップを発揮するものです。「共有型リーダーシップ」は、チームメンバーもリーダーに求められる役割を共有してリーダーシップを発揮するものです。池田は「問題解決チームやトップマネジメントあるいは医療チームなどのメンバーがお互いに高質な連携や知的刺激を要するチームにおいて共有型リーダーシップの有用性が確認されている」と述べています。

認知症ケアのチームも、この共有型リーダーシップの形が求められるといえます。

　なお、垂直型リーダーシップのように、役職の上下方向のコミュニケーションが円滑に進むかどうかについては、人事考課が影響要因となる場合があります。つまり、リーダーが人事考課を行う管理職を兼ねている場合は、チームメンバーが自分の評価を気にして、発言や行動を控える場合が考えられるので、リーダーはその点への注意も必要です。

図9-5　**チームアプローチの管理におけるチームメンバー間の関係**

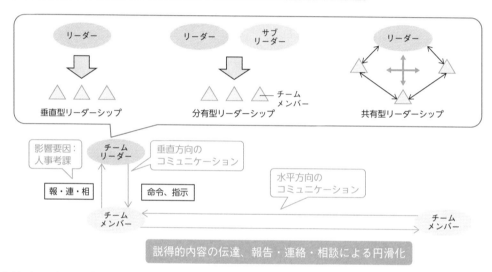

資料：「リーダーシップの類型」については、池田浩「第5章 リーダーシップ」角山剛編『産業・組織心理学講座 第3巻 組織行動の心理学——組織と人の相互作用を科学する』北大路書房、p.100、2019年、「チームリーダーとチームメンバーの関係」については、日向野智子「第3章 コミュニケーションの促進」角山剛編『産業・組織心理学講座 第3巻 組織行動の心理学——組織と人の相互作用を科学する』北大路書房、pp.43-69、2019年を基に筆者作成

　チームの人間関係における上司—部下の関係つまりリーダーとメンバーの関係について、山浦[8]は、「リーダーメンバー交換関係理論」を紹介し、ポジティブな面の効果とネガティブな面の留意点を述べています。「リーダーメンバー交換関係」とは、「上司—部下の二者関係の総体として集団運営を考える立場」であり「互いに有用と思われるサポート資源を授受し、相互尊敬、相互信頼、互恵的な義務という3要素を基本に関係性や役割をそれぞれの二者間で形成」していくものです。ここでの上司つまりリーダーによる資源は、「上司からの信頼、昇給、経営層からの情報、キャリア発達にかかわる機会の提供、専門的な技術指導」であり、部下つまりメンバーによる資源は、「仕事の成果、仕事に費やす時間や労力、やる気、上司に対する尊敬や好意」とされます。

リーダーメンバー交換関係のポジティブな面として「リーダーメンバー交換関係の質が高ければ、客観的なパフォーマンスやその評価、組織市民活動、上司に対する満足感、組織コミットメントが促進されること、役割葛藤や役割の曖昧さが低められ、実際の離職の意図は抑制される」とされます。リーダーとメンバーの関係が良好であると、組織内の役割分担が明確にされ、その結果、離職の防止にもなるといえます。筆者らの知見[9]でも、役割分担が曖昧だとストレスの程度が高まることが示されています。したがって、リーダーとメンバーの関係が良好で、それぞれの役割が明確になることは、ストレス軽減にもつながり、業務のパフォーマンスも向上させることになるといえます。

　一方で、リーダーメンバー交換関係のネガティブな面については、「ダークサイド」と表現し、質の高いリーダーメンバー交換関係でも、リーダーの期待にメンバーが過剰なまでに義務感を覚えて応えようとすると、仕事を受けすぎてストレスが重なり、期待に添わない成果に終わるという悪循環に陥る、リーダーのかかわり方によってメンバーがモラルを守らず、組織的な逸脱行動にはまっていくなど、非人道的な行為も合理化されやすいと指摘しています[10]。

　ケア現場においても、専門職として仕事を抱えすぎる、危険を過度に回避する、ルールを優先させ過ぎるなどが起こり、結果的に倫理的に逸脱したケアになる場合もあります。チーム内の人間関係が良好だからといって、業務も良好とはいいがたい方向にいく場合があることにも留意が必要です。

② 意思疎通の促進を図るための技法や理論

　リーダーとメンバーとの意思疎通の促進を図るために活用できる技法や理論をいくつか紹介します。

ケースメソッド

　ケースメソッドは、もともと経営分野で用いられるようになった事例学習の手法です。ケースメソッドの特徴は、経営事例を経営する側としてどうとらえて対処していくかという事例課題になっていることです。ケア現場にあてはめれば、ケアする側がどういう状況になり、職員同士の現況や事業所の状況を含め、それらにどう対処していくかという、職員が主役となる事例学習です。そして、提示される事例は、状況や課題がいくつか提示された途中経過の事例であり、結末や結論まで示されていません。学習者は、その事例の主人公である職員の立場になり、自分ならど

う考え、どう理解し、アセスメントし、どう対処していくのかを考えます。

　学習手順は、あらかじめ個別学習で、事例に目を通し提示された課題を考えておき、当日の集合学習で、小グループによる意見交換を行います。このときは、意見の集約はせずに他者と自分の意見を共有することが中心です。次に全体での討議として、各自が自分の意見や考え、つまりアセスメントや具体的なケア方法を発言し合う流れとなります。この研修には、「勇気・寛容・礼節」という三つの約束ごとがあります。「勇気」とは、自分の意見を発言する勇気です。「寛容」とは、他者の意見を否定したり批判したりせずに、そのような考えもあると多様性を認める寛容さです。「礼節」とは、発言をする、意見を述べる際に礼儀と節度をもって行うことです。

　チームアプローチの視点から、このケースメソッドを事業所内で実施する利点には次のようなものがあります。経験の長短に関係なく介護職員が自分の意見を述べることを通して自分の考えをまとめていく力をつけることができます。リーダーはふだん見られないチームメンバーの一面を見ることができますし、メンバー間でも互いの考えを再確認できます。また、勇気・寛容・礼節を守って討議することにより、建設的なケアカンファレンスの練習になります。そして、多様な意見を聞くことで、参加者は考え方の多様性や柔軟性を学ぶ機会になります。もちろん組織間の専門職同士による学習にも活用できます。

オープンダイアローグ

　オープンダイアローグには、未来語りダイアローグ（Anticipation Dialogues：AD）とオープンダイアローグ（Open Dialogues：OD）の二つがあります。両者とも、専門家と支援対象となる患者・家族との対話を通して、専門家と患者・家族という境界が交じり合うことで、新しい理解が生まれ、共同で新たに有益な方法を生み出すものです。キーワードとなるダイアローグ（対話）は、専門家と患者・家族が「共に考える手段であり、そこでの理解は、一人の人間の可能性を超え出るものとして、参加者の間で形づくられます。こうしたことを達するためには、参加者が耳を傾け、相手に届くような応答が必要です」[11]と説明されています。

　「未来語りダイアローグ」は、「自身の行動の結果を希望的に予測し、実際の結果について一緒に考えなおし、そこから学ぼうとすること」であり、「未来の想起」という一連の質問を通して進められるものです。未来語りダイアローグにはファシリテーター役がいて、1回だけの介入となります。一方で、オープンダイアローグ

にはファシリテーター役はおらず、複数回の連続したダイアローグがもたれます。オープンダイアローグは特に精神科の急性期の患者とその家族に対して用いられてきたものです。

　日本においても精神科領域を中心にオープンダイアローグの取り組みがなされてきています。未来語りダイアローグやオープンダイアローグをこれからの認知症ケアにおいても活用していくことで、リーダーとメンバーとの意思疎通の促進、組織間の多職種連携の促進、当事者や家族との新しい関係を形づくるという可能性が考えられます。

応用行動分析学によるパフォーマンスマネジメント

　応用行動分析学とは、心理学の分野の一つであるスキナー（Skinner, B. F.）による行動分析学の知見を日常生活に応用する学問で、行動に着目し行動の原因と結果を明らかにするものです。応用行動分析学は、実験的行動分析学の知見をもとに成り立っています。行動分析学は、実験的な学問といわれます。それは、対象となる人の行動をしぼり込んで、その行動が生じる場面とともに行動の前後の状況を細やかに記録します。そしてその記録をもとに、行動の前もしくは後の状況のいずれかを変えることで、その行動がどう変化するのかを確認していきます。この一連の手順が実験的な手順であることから「実験的」と呼ばれています。これは、記録に基づきケア計画を立てる際の考え方ということもできます。

　チームアプローチの管理において、チームメンバーの経験や技量の差異を埋めていくことは、リーダーの課題であり役割です。一人ひとり異なる経験や技量に合わせて、各メンバーに専門職としての技能を伸ばしてもらうことが求められます。島宗は、企業での行動分析学の活用方法について、企業の業績を生み出すものは行動であるとし、リーダーは、メンバー自身がやりたくてやるという自主的な行動を引き出し、それを維持することが重要であると指摘しています[12]。

　人の行動を行動分析学からみる場合には、ABC分析によるとらえ方が知られています。図9-6にABC分析の全体像を示しました。ここでは「標的行動」がメンバーの行動となります。このメンバーの行動がどのような「先行事象」のもとに生じ、行動の後にどのような「後続事象」が生じたのかで、その標的行動が繰り返し生じるようになったり、生じなくなったりします。この考え方から、リーダー自身の職員へのかかわり方を変えたり、職員の業務パフォーマンスを向上させたりすることにつながります。

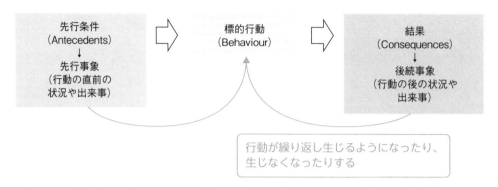

図9-6　行動分析学の ABC 分析の全体像

先行条件
(Antecedents)
↓
先行事象
(行動の直前の
状況や出来事)

標的行動
(Behaviour)

結果
(Consequences)
↓
後続事象
(行動の後の状況や
出来事)

行動が繰り返し生じるようになったり、
生じなくなったりする

資料：島宗理『リーダーのための行動分析学入門――部下を育てる！強いチームをつくる！』日本実業出版社、pp.14-53、pp.56-93、2015 年を基に筆者作成

　応用行動分析学による職員へのかかわりは、標的行動を話題にします。したがって、その行動を行う個人自体に焦点化しないことが重要です。個人自体に焦点化すると、「個人攻撃の罠」にはまると島宗は指摘しています。「個人攻撃の罠」とは、例えば職員の性格や考え方に問題を帰属させて、相手を責めることです。個人に焦点化するとその人自体が「だめ」という評価になり、対人関係にも負の影響を与え、悪循環を生じることになります。ここで取り上げるべきは、特定の行動となる「標的行動」であり、個人ではありません。それは、行動は変更できるものだからです。あの職員はだらしないとか、それは本人の性格だなどと決めつけてしまうと、変えようのないものになり「個人攻撃の罠」にはまってしまうことになります。しかし、ケア行動は、正しく学び実施できるスキルです。そうであれば、その行動を身につけて継続できるように支援すれば、正しいケアがなされることになるのです。

　求める行動を職員が継続するためには、リーダーは、その行動が生じたら言葉に出して褒めることが重要です。ここでいう「褒める」とは、その行動を正しく評価することです。決して相手のご機嫌をとったり、相手を持ち上げるなど、相手にこびへつらうことではありません。この点は注意しましょう。

　なお、標的行動をとらえていくことは、認知症の人の行動をとらえていく際にも活用できます。つまり、認知症ケアにおいて、認知症の行動・心理症状（BPSD）として生じる行動が問題なのであって、その行動をしている認知症の人が問題なのではないということです。人材育成の面からも、認知症ケアの面からも、「個人攻撃の罠」にはまらないことが重要といえます。

認知症ケアへの有効性と留意点

【事例9-3】

　るみ子さんの支援についてのサービス担当者会議が終了しました。会議では、いろいろなやりとりがありましたが、会議後の1か月ほどの間に、るみ子さんと明男さん、ケアマネジャーの川田さんが再度、話し合いをもち、そのなかでるみ子さんは「山本さんのいるグループホームなら入居してもよい」ということになりました。それを受けて、グループホーム管理者の秋山さんに、山本さんと柳澤さん、小山さんが呼ばれました。そこで秋山さんから、川田さんと連携をとりながら、グループホームとして入居までの間にできる対応と受け入れを含めた対応を検討してほしいと指示されました。

　山本さんたち3人は、まず、るみ子さんへのケアの基本方針を3人で確認し、それぞれのチーム内でメンバーと共有し、統一した理解をもつ対応をすることに決めました。そして、チーム内の共有の後に再度3人で集まり再確認することにしました。

　その後、山本さんは、自分のチームメンバーとるみ子さんのケアについて話し合いました。その際に、山本さん自身のケアの価値観はひとまず置いておいて、メンバーの話を聞こうと考えました。それから、メンバーがそれぞれの場面でリーダーの役割を担えるかどうか、共有型リーダーシップを目指していけるかどうかを確認するために、ふだんはあまり発言しないメンバーにも発言してもらおうと思いました。「勇気と寛容と礼節…。私には寛容が大切だな。田中さんには礼節かな」などと考えながら、メンバーとの話し合いに臨みました。

　図9-7に、認知症ケアの理念と具体的なケア行動を示しました。これは、介護に携わる専門職一人ひとりがもつべきものであり、それをチームとして共有して、具体的なケア行動に落とし込んでいくことが大切です。つまり、認知症ケアは、日本国憲法を土台として、老人福祉法、介護保険法などの法律や制度が基本理念となります。その理念に基づき、認知症ケアの理念として「個人の尊厳の保持」「その能力に応じた自立した生活の継続」があり、「認知症施策推進大綱」で示された「共生」と「予防」（p.223参照）があげられます。そのうえで、認知症の人に対する個別の具体的なケアが、専門職チームとして統一された行動として提供されるといえます。

第9章　認知症ケアにおけるチームアプローチの理論と方法

209

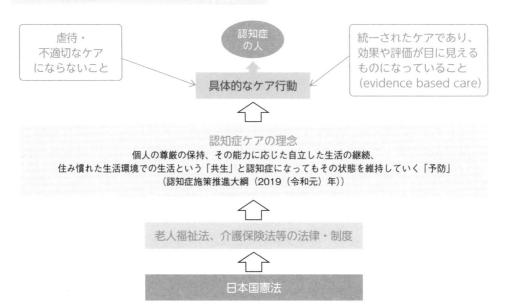

図9-7 認知症ケアの理念と具体的なケア行動

虐待・
不適切なケア
にならないこと

認知症
の人

統一されたケアであり、
効果や評価が目に見える
ものになっていること
(evidence based care)

具体的なケア行動

認知症ケアの理念
個人の尊厳の保持、その能力に応じた自立した生活の継続、
住み慣れた生活環境での生活という「共生」と認知症になってもその状態を維持していく「予防」
（認知症施策推進大綱（2019（令和元）年））

老人福祉法、介護保険法等の法律・制度

日本国憲法

　チームの行動はときに、組織のネガティブな面として、倫理的逸脱を生じる可能性があります。そうなるとそれは虐待や不適切なケアに向かいます。それを絶えずチーム全体でチェックして未然に防ぐことが大切です。一方で、適切なケアを提供しているかどうかの判断には、ケアの効果や評価をみえる形でとらえ、確認していくことが求められます。つまり、evidence based care の実践です。そのためにも、よりよいチームワーク、適切なチームアプローチが必要です。リーダーには、そのマネジメントとモニタリングのスキルが求められます。とはいえ、それはリーダーだけが行うものではありません。チーム自体が自分たちのチームをマネジメントし、モニタリングしていくことができるチームになることが大切といえます。

　事例9-3では、るみ子さんへのケアの基本方針は、山本さんたちの事業所のケア理念をもとに立て、チームメンバーと共有する機会をもつことにしました。皆さんがリーダーの山本さんであれば、どのような方針を立てるでしょうか。その際のチーム内で共有するための手順や方法、留意点などについても、併せて考えてみましょう。

施設・在宅での認知症ケアにおける
チームアプローチの方法

本節では、るみ子さんの事例を用いながら、チームアプローチに関する理論や方法を演習を通して学びます。

リーダーが、自身の事業所においてチームアプローチの演習を行う際は、事業所内のチームアプローチになることが多いでしょう。ここでは、Off-JT（Off the Job Training）の演習展開を例示します。

施設・在宅サービスにおける効果的な
チームアプローチの活用方法

（演習9-2）ケースメソッドの体験（Off-JTとして）

ねらい：リーダーがファシリテーター役になり、事業所内のチームメンバーの自主的な考えや発言力をあげる。また、リーダーとしてチームメンバーの考えや価値観の一面を理解することを目的にする。

演習の素材：本章の事例（冒頭の事例および事例9-1〜事例9-3）のいずれの部分を用いてもよい。

参加者人数：司会進行役（リーダーが担う）を除き、4人以上いれば可能

会場：参加者が収容できる空間。全体討議の意見の要点を書き、参加者全体で共有するための黒板やホワイトボードがあるとよい。なければ、模造紙を壁に貼るなどして工夫する。

進め方：

① 事前学習の個人ワーク：事例を読み、次の質問について自分の考えを書き出してみよう。

【質問】
「あなたがグループホームのユニットリーダーの山本さんの立場だったら、るみ子さんの思い、息子の明男さんの思いをどのようにとらえますか」
「チームメンバーは2人の思いをどのようにとらえるでしょうか」
「2人の思いをチームでどのように共有し、チームアプローチをしていけばよいでしょうか」　など

ポイント

　自分を主役にして、自分が山本さんの立場であったらどう考えるか、という視点に立つことがポイントです。評論家のような第三者の視点に立たないように注意しましょう。

② 当日学習❶：2人以上の小グループで、①の内容について意見交換（情報交換）をします（10分程度）。このとき、情報を集約して一つの意見にしないように注意しましょう。

③ 当日学習❷：全体討議を行います（40分程度）。参加者の意見やコメントは、ホワイトボードなどに記録し、全体で共有できるようにします。全体討議の際には、「勇気・寛容・礼節」の三つのルールを守ることが大切です。

④ 振り返り：この演習はオープンエンド（開放）型の演習です。したがって、意見を集約してまとめることはしません。どのような意見やコメントが出たかを再確認し、参加者に参加した感想を聞いて終了します。

ポイント

　第2節の「❸ チームアプローチにおける管理」で例示したケースメソッド（p.205参照）を参照しながら進めましょう。詳細は、引用文献、参考文献等を参考にしてください。

　関係機関へのチームアプローチ（Off-JT）

（演習9-3）　**オープンダイアローグをもとにしたロールプレイング**

ねらい：多職種連携の疑似体験を行うことで、チームメンバー間の連携について
　　考える。そして、チームアプローチのあり方と認知症ケアの理念を再確認する。

演習の素材：事例9-2（サービス担当者会議の情報）を用いる。ほかの事例を用
　　いてもよい。

参加人数：5人以上

進め方：

① 事前準備として、事例を参加者と共有します。参加者で登場人物の役を割り
　　振り、その役の立場で事例を読み直し、役づくりをします。

> 　役割分担は、るみ子さん、息子の明男さん、介護支援専門員（ケアマネジャー）の川
> 田さん、ユニットリーダーの山本さん、認知症対応型通所介護のリーダー小山さん、訪
> 問介護事業所のサービス提供責任者（もしくは担当ホームヘルパー）、特別養護老人ホー
> ムＡの生活相談員、特別養護老人ホームＢのショートステイ受け入れ担当者、主治医
> の合計9人。9人を確保できない場合は、1グループの人数に合わせて調整する。この
> とき、るみ子さん、明男さん、川田さん、山本さん、小山さん役の5人は必ず確保する。

② サービス担当者会議のロールプレイングを行います。進行役が話を進め、参
　　加者はなるべく率直な発言を行いましょう。その際、他者の発言を受けて考え
　　ることが大切です（40分程度）。

③ 振り返り：多職種連携の疑似体験を行うことを通してチームアプローチのあ
　　り方をどのように学ぶことができたか、認知症ケアの理念の再確認がなされたか、
　　それはどのようなものかについて感想を述べ、共有します（20分程度）。

④ 事後学習：参加者が個別に、振り返りの内容を文章にまとめ、全員で共有し
　　ます。

◤ **ポイント**

> 　チームメンバー間のケアの理念の再確認と共有を意識することがポイン
> トです。また、リーダーは、チームメンバーそれぞれの特性や人柄、考え
> を共有し、尊重し合うことを重視するはたらきかけを行いましょう。

引用文献

1）三沢良「第 2 章 職場集団のダイナミックス」角山剛編『産業・組織心理学講座 第 3 巻 組織行動の心理学——組織と人の相互作用を科学する』北大路書房、pp.17-41、2019 年

2）小野公一「第 4 章 人間関係管理と職場の人間関係」金井篤子編『産業・組織心理学講座 第 1 巻 産業・組織心理学を学ぶ——心理職のためのエッセンシャルズ』北大路書房、pp.42-45、pp.228-229、2019 年

3）M．A．ウェスト、下山晴彦監、高橋美保訳『チームワークの心理学——エビデンスに基づいた実践へのヒント』東京大学出版会、pp.253-270、2014 年

4）角山剛「第 6 章 組織行動の心理学的視点」金井篤子編『産業・組織心理学講座 第 1 巻 産業・組織心理学を学ぶ——心理職のためのエッセンシャルズ』北大路書房、pp.70-81、2019 年

5）篠田道子『多職種連携を高めるチームマネジメントの知識とスキル』医学書院、pp.15-21、pp.68-71、2011 年

6）日向野智子「第 3 章 コミュニケーションの促進」角山剛編『産業・組織心理学講座 第 3 巻 組織行動の心理学——組織と人の相互作用を科学する』北大路書房、pp.43-69、2019 年

7）池田浩「第 5 章 リーダーシップ」角山剛編『産業・組織心理学講座 第 3 巻 組織行動の心理学——組織と人の相互作用を科学する』北大路書房、pp.99-122、2019 年

8）山浦一保「第 6 章 職場の人間関係と人間関係管理」小野公一編『産業・組織心理学講座 第 2 巻 人を活かす心理学——仕事・職場の豊かな働き方を探る』北大路書房、pp.127-148、2019 年

9）畦地良平・小野寺敦志・遠藤忠「介護職員の主観的ストレスに影響を与える要因——職場特性を中心とした検討」『老年社会科学』第 27 巻第 4 号、pp.427-437、2006 年

10）前出 8）、pp.127-148

11）J．セイックラ・T．E．アーンキル、高木俊介・岡田愛訳『オープンダイアローグ』日本評論社、pp.1-35、2016 年

12）島宗理『リーダーのための行動分析学入門——部下を育てる！強いチームをつくる！』日本実業出版社、pp.14-53、pp.56-93、2015 年

参考文献

＊ 三沢良「第 2 章 職場集団のダイナミックス」角山剛編『産業・組織心理学講座 第 3 巻 組織行動の心理学——組織と人の相互作用を科学する』北大路書房、2019 年

＊ 篠田道子『多職種連携を高めるチームマネジメントの知識とスキル』医学書院、2011 年

＊ 認知症施策推進関係閣僚会議「認知症施策推進大綱」2019 年

＊ 杉山尚子『行動分析学入門——ヒトの行動の思いがけない理由』集英社、2005 年

＊ 石田英夫・星野裕志・大久保隆弘編著『ケース・ブック 1 ケース・メソッド入門』慶應義塾大学出版会、2007 年

＊ 高木晴夫監、竹内伸一『ケースメソッド教授法入門——理論・技法・演習・ココロ』慶應義塾大学出版会、2010 年

＊ 長嶋紀一監、老年心理学研究会編、小野寺敦志・石鍋忠・北村世都・畦地良平『サービス提供責任者のための事例学習法——認知症の人にやさしい地域支援をめざして』ワールドプランニング、2017 年

＊ 斎藤環著訳『オープンダイアローグとは何か』医学書院、2015 年

＊ 野村直樹・斎藤環編『N：ナラティヴとケア 第 8 号 オープンダイアローグの実践』遠見書房、2017 年

＊ 舞田竜宣・杉山尚子『行動分析学マネジメント——人と組織を変える方法論』日本経済新聞出版社、2008 年

＊ 小野寺敦志ほか「認知症ケアに活かす 応用行動分析学（第 1 回～最終回）」『おはよう 21——介護専門職の総合情報誌』第 31 巻第 6 号～第 32 巻第 2 号、2020～2021 年

第 **10** 章

職場内教育の基本視点

目的

・・・

認知症ケアを指導する立場として、指導に関する考え方や基本的態度を学び、認知症ケアの理念を
踏まえた指導に必要な視点を理解し、職場内教育の種類、特徴を踏まえた実際の方法を修得する。

到達目標

・・・

1 人材育成における介護職員等のとらえ方を理解する。
2 職場内教育を行う指導者のあり方を理解する。
3 チームマネジメントにおける人材育成の意義と方法を理解する。
4 職場内教育（OJT）の方法を理解する。

特に関連する章

・・・

第 7 章　ストレスマネジメントの理論と方法
第11章　職場内教育（OJT）の方法の理解
第12章　職場内教育（OJT）の実践

　新人職員の木村さんは、福祉系大学を卒業して法人に就職し、グループホームに配属されました。ユニットリーダーの山本さんは、自分が特別養護老人ホームでの新人時代に受けたOJT（職場内教育）を振り返り、自分と似ているタイプの木村さんにも自分が考える理想のOJTを実施することにしました。

　木村さんは、まず、同期と一緒に仕事に必要な知識について、1週間ほど講義を受けました。講義の内容は、理事長から法人の理念や今年度の事業計画について、山本さんから認知症ケアの基本原理（認知症ケアの理念、認知症ケアの倫理）や介護保険制度の基本理念（自立支援と尊厳を支えるケア）、介護保険法、高齢者虐待防止法の概要、法人の就業規則、グループホームの運営規定などについて、また、基本的な認知症ケアや入浴・排泄・食事・整容などの基礎介護についてでした。

　その後、リーダーの山本さんは木村さんと一緒に今年度の「指導計画」を作成しました。年間目標は「利用者一人ひとりのケア目標を理解し、チームとして活動できる」とし、さらに1年間を4期に分け、各期の課題と目標の設定、目標に対する評価と振り返りを行うこととしました。

　また、木村さんは日勤帯を中心に業務の目的、内容、方法についてOJTを受け、2か月目から通常の夜勤人数にプラスワンで入ることになりました。

　グループホームでは、月1回の定例の全体会議と、定例のケアカンファレンスが開催されます。定例のケアカンファレンスでは、毎回、職員が担当する利用者についての現状と課題について発表することになっています。木村さんは、5か月後のケアカンファレンスで担当する利用者の民子さん（82歳）の目標に対する現状と課題について報告することになりました。

演習10-1　新人職員の木村さんのOJT

● 木村さんの指導計画を策定する際に留意すべき点を考え、書き出してみましょう。

● 山本さんはOJTを通じて、木村さんに対して、業務支援以外にどのようなはたらきかけが必要になるのか、考えてみましょう。

● 木村さんがチームの一員として機能していくためには、山本さんやほかの職員からどのような支援が必要か、また木村さん自身が取り組むべきことを考えてみましょう。

● 木村さんの指導方針や育成のポイントについて、常勤の土井さん、伊藤さん、田中さん、パート勤務の藤井さん、栗山さんと、どのように共有したらよいでしょうか。そのときに留意すべき点についてもあげてみましょう。

「人材育成」における職員のとらえ方

　リーダーが職員の指導を行ううえで最も重要なことは、指導される人（職員）を尊重する姿勢です。指導する側が指導したいことだけを自分本位に押しつけても、職員が望まなければ一方的な指示になってしまいます。人材育成とは、指導を通して育てるという視点が重要であり、リーダー自身もともに育つという心構えが必要です。

1 人材育成における職員のとらえ方

　人材育成とは、人を育てることと定義できますが、育成の目的によって対象や方法が異なります。人材育成の目的は、組織の成長によって組織の目的を達成することです。認知症ケアの現場においては、職員一人ひとりの成長を支援し、職員が良質な介護を行うことによって認知症の人の生活が潤い、活き活きと尊厳をもって暮らすことができることが最終目的です。人材育成とは、目的を達成するための手段であることを理解しましょう。また、人材育成は個々の職員の能力を標準的なレベルに引き上げること（標準化のための育成）であり、課題解決能力を開発する人材開発（課題解決型の育成）とは異なります。したがって、ともに歩み、成長を見守るような伴走型の支援（エンパワメントアプローチ）が必要です。

　伴走型の育成を行うために、リーダーは、職員一人ひとりの特性をさまざまな視点から理解し、その特性に応じた育成のポイントをしぼる必要があります。

個別性を重視する

　一般にリーダーは、チームメンバー全員を一括して指導する傾向があります。しかし、チームがうまく機能するためにはチームメンバー個々の役割が十分に発揮されることが重要です。チームを円滑に運営し、活性化するためにはメンバー一人ひとりの個別性を把握し、個々の特性に応じた指導が必要です。ケアの能力だけに焦点をあてた指導は、個人の一部分しか理解できません。経験年数、能力、専門性、

学習方法、ストレスの状態、チームへの貢献性などさまざまな視点から全人的に理解することが必要です。

経験年数から理解する

人材育成を行ううえで最も重視される職員の特性として経験年数があげられます。経験年数を経験の量ととらえ、経験量に見合った教育や指導を行うことが必要です。経験の量は、実践的な技術を体得するために必要な要件の一つです。経験量が少ない職員は、知識が豊富でも実践が伴わない場合が多いので経験量を把握することは効果的な指導のために欠かせません。しかし、経験年数が経験量と比例しない場合もあるので、経験内容や頻度を客観的に把握することが大切です。

能力を把握し承認する

効果的な指導を行うためには、職員のニーズを把握する必要があります。ニーズとは、どのような能力を伸ばせば成長できるかといった、指導のポイントです。そのためには、どのような態度、考え方、知識、技術をもっていて、どのようにアプローチをすればさらに成長が期待できるかを見きわめる必要があります。

その職員が今、成長するために必要な能力を明らかにし、目標を示すことで達成意欲を向上させることが重要です。職員一人ひとりが自分の成長を実感し、やりがいを高めるためには、自分の能力を客観的に理解するような指導が必要ですが、これは優劣やレベルを判定することではありません。次の達成目標を具体的に示し、承認を行い、意欲を促進することが目的ですから批判したり、注意や否定をしたりしないようにしましょう。

個々が自覚している課題を把握する

指導する側と指導される側の関係は上下関係あるいは一方向的、指示的な関係になりがちです。威圧的な指導にならないためには、日々困っていることなど、職員自身が自覚している課題を一緒に解決するような指導が必要です。相談に乗りながら一緒に解決の糸口を探すような指導が理想です。そのためには、職員一人ひとりの仕事ぶりに目を配り、話を聞く機会を設け、困りごとや課題を把握しておく必要があります。職員がどのようなことに悩み、困っているかを理解していれば、信頼できるアドバイザーとして成長を支えることができるようになります。

強み（専門性）を把握する

　円滑なチームマネジメントとは、チームメンバー一人ひとりの強みと弱みが、補い合うようにマネジメントし、メンバー同士の相乗効果によってチームを活性化させることをいいます。つまりリーダーは、チームメンバー全員の強みと弱みを把握し、互いに助け合える関係づくりを進める必要があります。

学習タイプを理解する

　効果的な指導や教育を行うためには、職員の学習タイプを把握することも必要です。学習タイプとは、職員が学習しやすい学習方法のことで、大きく「概念型学習」と「重畳型学習」のタイプに分類できます。

　概念型学習とは学習内容全体のフレームワークから学習し、徐々に具体的な内容へと学習を進めていく方法です。一方、重畳型学習とは、具体的な事柄や事象から学習し、少しずつ積み上げて全体を理解する方法です。職員の学習タイプに応じた指導や教育を行うことで、効果的な学習を支援することができます。

ストレッサーを把握する

　人は誰でも長所と短所の両方を併せもっています。人材育成では、短所だけを見るのではなく、長所を伸ばすことが必要です。

　人のよい行動や悪い行動にはストレス状態が関係しています。ストレスが高すぎたり、低すぎたりするときは短所である悪い行動が目立ち、適度なストレス状態では長所であるよい行動が起こりやすくなります。リーダーは職員のストレス状態を調整することで長所を引き出す役割も担います。そのためには、個々の職員についてストレスの要因となるストレッサーの傾向を把握しておきます。励まされることでやる気が出る職員もいれば、プレッシャーになりストレスを感じる職員もいるなど、ストレッサーはそれぞれ異なります。それぞれの職員が何にストレスを感じるかを把握できれば、長所を伸ばすことができるようになります。職員のストレスマネジメントの詳細については、第7章を参照してください。

チームへの貢献性を把握する

　人材育成においては、職員の個別性を重視すると同時に、チーム全体の機能をとらえることも必要です。そのためには、個々の職員がチームにどのくらい、どのように貢献しているかといったチームへの貢献性を把握する必要があります。個人と

して目立った行動をしていなくてもほかの職員をサポートしていたり、チームケア
を促進するうえで重要なはたらきをしている職員を理解しておきましょう。

2 介護職員等への指導目標と留意点

1 指導目標の考え方

　適切な指導を行うためには、最初に何のために指導をするのかといった指導目標
を決める必要があります。指導目的とは、最終的に職員にどのようになってほしい
のかといった理想の職員像を指しています。一方、「指導目標」とは、理想の職員
像になるために、どのような考え方や態度、知識、技術が必要かといった具体的な
達成目標を指しています。

　指導目標に応じて指導方法が決まりますので、非現実的な目標や抽象的な目標を
設定しないように注意しましょう。指導目標は、適切な指導内容や指導方法を判断
する基準になります。したがって、初期の段階で明確にしておく必要があります（図
10-1）。

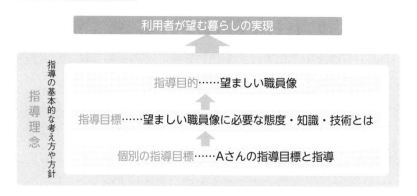

図10-1　指導目標とは

2 理想の職員像

　介護職員を指導する際には、最初にどのような介護職員になってほしいかといっ
た理想の職員像を明確にすることが大切です。実際の指導では、介護職員が日々実
施しているコミュニケーション、活動支援、環境支援などの具体的な方法について

細かくアドバイスしたり、教育を行うことが多くなりますが、継続的に成長を支援するためには、具体的にどのようなケアができるとよいかを明確にしておく必要があります。

　例えば、「その人らしさを大事にしたケアができる」など曖昧な職員像を目的にすると、どのような知識や技術を指導すればよいかが難しくなります。「認知症について十分に理解し、人格や個別性を大切にした本人主体の介護を行い、生活の質（QOL）の向上を支援することができる。また認知症の行動・心理症状（BPSD）を予防することができる」というような具体的な職員像が目的であれば、指導方法が明確になり、職員の成長を確認しやすくなります。指導目的・指導目標の設定は、将来、職員にどのようになってほしいのかという成長後の職員の姿を描くことであり、認知症の人の支援において職員に期待することを明確にする意義があります。

③ 理想の職員像には何が必要か

　理想の職員像に育てるためには、どのような「態度」「知識」「技術」が必要なのかを明らかにし、到達目標を設定する必要があります。具体的には、「認知症を十分に理解した職員」「人格や個別性を大切にした介護ができる職員」「本人主体の介護ができる職員」のそれぞれについて、どのような態度や知識、技術が求められるのかを詳細に描くことが必要です。

　「態度」とは、介護に関する考え方や価値観を指し、介護の方向性を決める重要な要素の一つです。介護の考え方が適切でなければ、知識が豊富でも、技術が長けていても不適切な介護につながる可能性があるので、指導目標を考えるうえで最も重要な要素といえます。例えば、不安そうに歩き回っている認知症の人に対して歩行を抑制するような考え（態度）は、部屋に鍵をかけるといった不適切なケアにつながってしまいます。この場合、歩き回ることを問題ととらえ、抑制するのではなく、認知症の人の不安を緩和し落ち着くことを目標にする考え方（態度）へと導く必要があります。

　必要な「知識」とは、理論や概念、用語を覚えているだけでなく、アセスメントやケアに関する知識も含んでおり、実際の介護に展開できる実践的な知識を指します。

　「技術」とは、考え方や知識を実際の介護に活用し実行できる能力です。マニュアルどおりの手技ができるかどうかではなく、適切な考え方（態度）に従って、正しい知識を活用した効果的なケアが実践できるかどうかを指しています。また、技

術の指導には、ケアによって認知症の人がどのように変化したかといった介護目標の達成評価に関する指導も必要になります。

指導目標を考える際には、職員に必要な態度、知識、技術について、それぞれ独立した指導目標を立てるのではなく、相互に関連した能力として指導目標を設定することが大切です。

3 介護職員等に求められる態度、知識、技術

1 認知症ケアに必要な考え方や態度

認知症ケアの指導には、介護の方向性を決定する介護目標や考え方といった態度に関する指導が重要です。介護職員に必要な考え方として、「本人を主体としているか」「認知症の症状や疾患だけでなく、個別の人間性や人格を全人的に理解しているか」「表面的な問題や行動ではなく、要因の改善に焦点をあてているか」「介護の根拠を重視しているか」などの基本理念を理解していることがあげられます。また、介護目標の考え方として、BPSDの一時的な緩和ではなく、「背景要因の改善を重視しているか」「予防的な視点であるか」「生活目標を重視しているか」など、認知症の人のQOL向上を目指していることが重要です（**表10-1**）。

2 認知症ケアに必要な知識

認知症ケアの実践においては、認知症施策の変遷や最新の動向など、認知症に関する保健・医療・福祉制度の方向性を理解する必要があります。介護職員は社会福祉サービスの担い手として位置づけられており、社会福祉制度のしくみを十分に活用しながら認知症の人の生活を支援していく視点が不可欠です。そして認知症の人のニーズを迅速に把握し、不足しているサービスを開発する役割も担っています。

また、キットウッド（Kitwood, T.）が提唱したパーソン・センタード・ケアについては、標準的な認知症ケアの理念として、必須の知識といえるでしょう。

これらの制度や基本理念に関する知識を踏まえたうえで、認知症の定義や種類、症状の特徴、薬剤の種類と効果、BPSDの種類や特徴など、認知症に関する基本的な知識を修得する必要があります。またそれらの知識を活用した実践的な知識として、介護目標の考え方やアセスメントの方法、介護方法、介護の評価方法を理解

表10-1 認知症ケアに必要な態度と知識

項目	ポイント	内容
基本知識	認知症に関する施策	◉ 認知症施策推進大綱の概要
	基本理念	◉ パーソン・センタード・ケア
認知症の基礎知識	認知症の定義	◉ 認知症の定義、健忘やせん妄、うつとの違い
	診断基準	◉ 医学的な診断基準
	原因疾患の種類と特徴	◉ 原因疾患の種類、認知機能障害の特徴、脳機能と障害
	認知機能障害（中核症状）	◉ 記憶障害、見当識障害、実行機能障害、失行、失認等
	薬物療法	◉ 認知症薬の種類と特徴、効果
	認知症の重症度	◉ 認知症の進行と症状の特徴
	認知症の行動・心理症状（BPSD）	◉ 定義、種類と特徴、関連する要因
認知症介護に関する基礎知識	介護目標の考え方	◉ BPSD の予防、生活の質（QOL）の向上を目的とした生活目標の重要性の理解
	アセスメントの方法	◉ BPSD、表情、行動、発言 ◉ 認知機能および障害の種類と程度、心理状態や気持ち ◉ 身体機能、健康状態、体調 ◉ 周囲の環境状態（住環境、刺激） ◉ 他者との関係性（他の高齢者、家族、職員等） ◉ 生活状況（日常生活動作（ADL）、日課、活動、生活スタイル、趣味、嗜好等） ◉ 個人特性などを含む全人的理解
	介護方法	◉ 身体面への介護方法、コミュニケーションの方法 ◉ 環境調整の方法、活動支援の方法、人間関係調整の方法 ◉ 地域支援の方法、家族支援の方法
	介護の評価方法	◉ BPSD の頻度や重症度の変化と測定方法 ◉ BPSD 発症要因の変化と測定方法 ◉ 高齢者の心理状態の変化と測定方法 ◉ QOL 評価の方法

しておくことが求められます。これらの基本的な知識の修得が、指導目標となり、これらを実践している介護職員が理想の介護職員像（つまり指導目的）となります（表10-1）。

　認知症ケアにおいて介護職員に求められる技術とは、「認知症ケアの理念に基づいて、認知症の人のニーズに応じた生活目標を達成する技術」と考えられます。本人を主体とした個別のニーズは多種多様であるため、そのニーズを満たす方法も多様です。すべてに共通する「正しい方法」はありませんが、介護職員として必ず身につけてほしい標準的な技術を明確にしておかなければ、技術に関する適切な指導を行うことは困難です。認知症の人の意思を尊重し、全人的な理解を踏まえたよりよい生活を実現するための目標を立案することができ、多様な視点からアセスメントを行い、身体的なケア、コミュニケーション支援、活動支援、環境整備、人間関係支援など臨機応変にさまざまな方法を実行し、その評価ができることが認知症ケアに必要な技術だと考えられます。

　例えば介護目標の立案については、BPSDへの対応を目標とするのではなく、予防の視点と、本人の能力を活用した自立生活の達成、QOLの向上等を中心とした目標を立案できることが求められます。また、アセスメントでは、認知症の人の表情、行動、発言などを観察し、認知機能障害の種類と程度、心理状態、身体機能、健康状態、体調、周囲の環境、他者との関係性、生活状況（日常生活動作（ADL）、手段的日常生活動作（IADL）、日課、活動、生活スタイル、趣味、嗜好など）、個性や人間性を把握する技術が必要です。そして、把握した情報を整理し、立案した介護目標を達成するために適切な方法を選択し、選択した方法を評価できる技術も求められます。

　技術の指導では、本人の意思や望ましい生活を中心として、これらの技術を統合的に実践できるよう指導することが重要です（表10-2）。

表10-2　認知症ケアに必要な技術

ポイント	内容
介護目標の立案	● 高齢者の希望や必要性を考慮した生活目標と、目標達成のための生活支援目標が立案できる。
介護に必要なアセスメントを実施できる	● 認知症の行動・心理症状（BPSD）の種類、程度を評価できる。 ● 表情、行動、発言を観察、評価し、高齢者の状態把握ができる。 ● 認知機能や程度を評価できる。 ● 感情、気持ち、気分等の心理状態を評価できる。 ● 疾病、健康状態、体調、身体機能を医師、看護師、理学療法士、作業療法士等と協力して評価できる。 ● 周囲の環境（住環境、刺激等）を評価できる。 ● 他の高齢者、家族、職員等との関係状態や個々の人間関係の特徴を評価できる。 ● 過去、現在の生活状況（日常生活動作（ADL）、手段的日常生活動作（IADL）、日課、活動、生活スタイル、趣味、嗜好等）を把握できる。 ● 地域との関係性やポジショニングを評価できる。 ● 個性、人間性を把握できる。
介護に必要な方法を実行できる	● 医師、看護師、理学療法士、作業療法士等と協力し、疾患や身体面へのケアができる。 ● 本人の意思を尊重し、信頼関係を築くためのコミュニケーションができる。 ● 快適な生活支援のための地域環境・住環境や刺激の調整ができる。 ● 活動機会を整え、役割を提供できる。 ● 他の高齢者、家族、職員等との関係状態に応じた人間関係の調整ができる。 ● 地域のなかでの活動や役割の機会を提供できる。 ● 家族支援ができる。
介護実施後の評価ができる	● BPSD の頻度や重症度の変化を客観的に評価できる。 ● 高齢者の生活の質（QOL）を評価できる。 ● 高齢者の心理状態の変化を評価できる。

実践リーダーに求められる 「基本的態度」

1 実践リーダーに求められる基本的態度の理解

1 ケア実践者としてのリーダーに必要な基本的態度

　実践リーダーには、組織のマネジメントを専門に行う管理職とは異なり、認知症ケアを実践しながらチームケアを牽引する役割が求められます。そのためには**表10-3**にあげた条件を満たすことが必要です。リーダーの介護がほかの職員のモデルとなりチーム全体の介護を牽引することが可能になります。

表10-3　ケア実践者としてのリーダーに必要な条件

理念	●認知症ケアの理念が明確であること
能力	●理念を実行できる実践力があること ●高度な専門知識や最新の知識を有していること ●経験や知識に基づいた介護のエビデンスを有していること ●さまざまなケースに対応できる高いコミュニケーション力があること
パーソナリティ	●経験に基づいた自信があること ●信頼されるための誠実性を有していること ●常に新しい介護を習得するための探求心と吸収力があること

　また、揺るがない信念や行動、他者を裏切らない人間性を保つリーダーは、安定したチームワークには欠かせない存在であり、安定したチームケアを促すキーパーソンとして重要な役割を担います。

2 チームマネジャーとして必要な基本的態度

　実践リーダーにはチームをつくり、チームをマネジメントするチームマネジャーとしての役割も期待されています。チームマネジャーとしてどのようなチームをつくりたいかといった望ましいチーム像を明確にする必要があります。同時に、チームケアが円滑に機能することで、認知症の人の状態や生活がどのようになることが望ましいのかを明確にする必要もあります。認知症の人が望む生活を実現できるよ

うなチームをつくるためには、どのような条件が必要で、何をしたらよいかを把握しておかなければなりません。

　具体的には、リーダーはチーム目標の決定と運用、情報の共有化、コミュニケーションの促進、役割の設定と分担、ストレスマネジメント、モチベーションの促進、ルールづくり、指導や育成といった方法を身につける必要があります。また、チームをマネジメントするときには、**表10-4**にあげた条件を満たす必要があります。

　リーダーは、リーダーシップを発揮しチームを牽引するだけではなく、チーム全体を見てサポート役に徹し潤滑剤となることも重要な役割であることを認識しておきましょう。

表10-4　**チームマネジャーに必要な条件**

ビジョン	●望ましいチーム像を明確にしていること
マネジメント力	●チームを形成するための条件を理解していること ●チームが機能するための条件を理解していること ●チームメンバーの個性の理解を重視していること ●チームメンバーのチーム貢献性を客観的に評価できること ●チームの活発化の評価ができること

③ 指導者として必要な基本的態度

　実践リーダーはチームマネジャーとして人材育成や指導を行う役割も期待されていますが、指導を行ううえで必ず備えていなければならない四つの条件があります。

　一つ目は、認知症ケアの理念を明確にしていることです。認知症ケアの方向性が曖昧ですと指導内容や指導方法も曖昧になってしまい、効果的な指導は難しくなります。二つ目は、望ましい職員像を明確にしていることです。指導の目的は望ましい認知症ケアが実践できる職員を育てることですから、理想の職員像が明確でなければ指導の方向性が定まらず、適切な指導はできません。三つ目は、理想の職員像には、具体的にどのような能力が必要かを把握し、エンパワメントの視点に基づいてさまざまな指導方法を実践できることです。そのためには不足している態度、知識、技術だけでなく、強みも含めて総合的に評価し、強みを伸ばすための支持的な態度が必要となります。四つ目は、指導の効果を、目的を基準に評価し、新たな目標を示すことで職員の意欲を促進できることです。指導を行うだけでなく成長を確認し承認することで、職員の自信や意欲が向上するようなサポートが大切です（**表10-5**）。

表10-5　認知症ケアにおける指導者に必要な条件

- 自分の認知症ケアの理念をもっている
  認知症高齢者の状態や生活の理想像をもっている。

- どのような人に育てたいか明確である
  理想の職員像が明確である（態度、知識、技術）。

- 育てるための方法を知っている
  エンパワメントの視点に基づき、適正な指導手順によって指導することができる。

- 評価ができる
  目的（高齢者の状態）を基準に、教育や指導の効果を評価し、新たな目標を示すことによって意欲を高めることができる。

2　介護職員等の指導における理念の理解

　認知症ケアにおける指導理念とは、認知症ケアについて何を指導するべきかといった指導内容や、どのように指導するべきかといった指導方法に関する基本的な考え方や方針を意味します。指導理念は指導目的や指導目標の基準となる考え方（方針）ですから、リーダーは、施設の理念に照らし合わせた自分なりの指導理念を掲げる必要があります。

1　認知症ケアの指導内容に関する基本的な考え方

本人を主体とした認知症ケアの必要性

　「認知症介護実践者研修」では、「認知症介護従事者が認知症についての理解のもと、本人主体の介護を行う」専門家の育成が目的とされています。最近では、全国各地で認知症の人たちが自分の思いや経験を表明しています。認知症ケアの標準的な理念と考えられる「パーソン・センタード・ケア」においても認知症の本人を中心としたケアが重視されています。これからの認知症ケアは本人の意思を他者が代弁するのではなく、本人の声に耳を傾け、意思を汲み取り、尊重することが求められます。そのためには本人の意思の形成を支援し、意思を表すことができるように支援し、意思が実現できるような意思決定を支援するための指導が必要になります

（意思決定支援については、第4章参照）。

　また本人主体のケアとは、認知症の人が介護者や社会に求めているケアを、認知症の人の声を聞き、ともに考え実践することです。「認知症」という言葉で認知症の人すべてを一括りにせず、一人ひとりの個性を理解したケアや、行動や症状を「問題」ととらえるのではなく、意思表示として理解すること、「何もできない人」と決めつけずに人間性を理解すること、一方的にケアをするのではなく一緒に行うような支援を望んでいます。つまり、認知症の人一人ひとりが何を望んでいるかを一緒に考えることからはじめられる介護職員の育成が求められているといえます。

認知症へのスティグマを解消するケアの重要性

　認知症へのスティグマとは認知症や認知症の人に対する偏った見方や決めつけのことをいいます。これからの認知症ケアでは認知症に関するスティグマを解消する取り組みが優先的に必要となります。認知症の人が感じている偏見や誤解は、例えば「主体性の無視や軽視」「エンパワメント視点の欠如」「周囲からの疎遠」「孤独と孤立」などがあります。これらを解消するためには、認知症の人の人間性の理解やパーソン・センタード・ケアなど、認知症ケアの理念に関する理解が不可欠です。

　また、「認知症への無理解と無関心」「継続的な支援体制の不足と将来不安」「診断や治療に関する技術開発の遅れ」など、認知症の理解や治療に関するスティグマも多く存在しています。さらに、「認知症の人や家族への支援サービスの不足」や「社会参加の機会の欠如」「家族からの誤解や無理解」などのスティグマも存在します。これらを解消するためには、認知症に関する正しい理解や継続可能な支援体制の整備、認知症に関する施策の理解のほか、家族との関係調整や家族支援の方法についての理解が求められます（図10-2）。

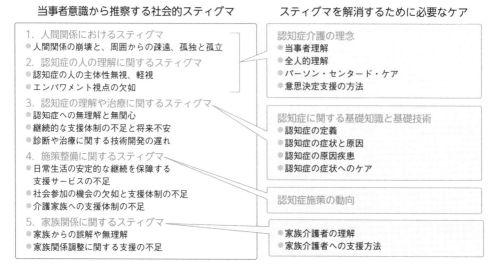

図10-2　認知症へのスティグマを解消するケアの考え方

当事者意識から推察する社会的スティグマ　　　スティグマを解消するために必要なケア

1．人間関係におけるスティグマ
● 人間関係の崩壊と、周囲からの疎遠、孤独と孤立
2．認知症の人の理解に関するスティグマ
● 認知症の人の主体性無視、軽視
● エンパワメント視点の欠如
3．認知症の理解や治療に関するスティグマ
● 認知症への無理解と無関心
● 継続的な支援体制の不足と将来不安
● 診断や治療に関する技術開発の遅れ
4．施策整備に関するスティグマ
● 日常生活の安定的な継続を保障する
　支援サービスの不足
● 社会参加の機会の欠如と支援体制の不足
● 介護家族への支援体制の不足
5．家族関係に関するスティグマ
● 家族からの誤解や無理解
● 家族関係調整に関する支援の不足

認知症介護の理念
● 当事者理解
● 全人的理解
● パーソン・センタード・ケア
● 意思決定支援の方法

認知症に関する基礎知識と基礎技術
● 認知症の定義
● 認知症の症状と原因
● 認知症の原因疾患
● 認知症の症状へのケア

認知症施策の動向

● 家族介護者の理解
● 家族介護者への支援方法

資料：本人ネットワーク支援委員会編『老人保健健康増進等事業報告書 平成18年度 認知症を知り地域を作るキャンペーン ──本人ネットワーク支援事業報告書』認知症介護研究・研修東京センター、p.19、2007年を基に筆者作成

多様な認知症ケアのとらえ方

　「認知症施策推進大綱」では、基本的な考え方として、認知症や認知症の人との共生社会の実現が掲げられています。認知症の人を中心にした社会という意味ではなく、認知症であるかないかにかかわらず、ともに過ごすことができる地域や社会の重要性が示されています。そのような地域社会を目指すためには、認知症ケアにかかわる専門職だけでなく、すべての国民が認知症でも安心して暮らせる地域環境や社会システムの整備に協力し、地域や社会で一体的に支援できる体制が必要です。

　つまり認知症ケアは、直接的な介護だけでなく地域で包括的に支援できるしくみづくりを含んでおり、社会全体から包括的に考えることが必要です。したがって、認知症ケアの指導についても、広範な認知症ケアのとらえ方や方法の指導が求められます。

ケアを評価する視点の理解

　認知症ケアの質を評価するためには、ケアが適切かどうかを判断する視点が必要になります。「適切なケア」は、認知症の人によって、またその状況によって異なるため、本人の声や状態によって判断することが必要です。「適切なケア」は、認知症の人本人が決めるという視点を指導しましょう。

② 認知症ケアの指導方法に関する基本的な考え方

個性を中心にした指導

　個々の職員によって指導のニーズは異なるため、集団指導による成長はあまり期待できません。職員を集団として見て一様に指導するのではなく、職員一人ひとりの特徴を理解し、個別の成長を促すような指導方法が必要です。

伴走型指導

　「適切なケア」は、認知症の人一人ひとりによって異なります。また、同じ人でもそのときの状況によっても異なります。すべての人、すべての状況において適切な方法はありません。したがって、マニュアルに従った一つのケアの方法を指導することはあまり意味をなしません。指導すべき内容が状況によって変わるため、認知症ケアの指導では、指導するリーダーと指導される職員がともに考え、ともに成長する視点が大切です。個別の状況ごとに一緒に考えながら適切なケアを導き出すような伴走型の指導や相互的なかかわりによってともに成長する「共育的」な指導を心がけましょう。

エンパワメントの視点

　できないことだけに焦点をあてた指導方法は、職員の意欲を低下させ、指導を受けることを負担に感じさせてしまいます。できないことも得意なことも総合的にとらえ、全人的にかかわる指導方法が必要です。そのためには、職員のできることや得意なことを理解し、それらを成長させるようなエンパワメントの視点による指導が重要になります。エンパワメントの視点で指導を受けた職員は、エンパワメントの視点で認知症の人とかかわることができるようになります。指導体験の内容が、ケアの態度に影響しますので、指導者は指導態度に注意し、意識してかかわりましょう。

人材育成の意義と方法

1 人材育成の意義と目的

1 人材育成の意義と目的

　「施設は人なり」「福祉は人なり」といわれますが、事業所は何を目指し、そのためにどのような人材を求めるのかを明確にする必要があります。つまり、人材育成は事業所の掲げる理念やビジョンの達成に貢献することを目的に行われなければなりません。

　人材育成は手段であり目的ではありません。どのような人材育成が事業所の課題解決や職員の意欲や能力の向上につながるのか、さらにはケアの質の向上や利用者と職員の満足につながるのか、多様な人材育成方法の活用、育成の評価など人材育成システムの設計について考えてみましょう。

2 職場内人材育成に活かす理論

　仕事を通じてどのように知識、技術、態度（価値）を獲得するのか、職場内人材育成に活かすための理論と学習モデルを紹介します。

P-MARGE

　成人はどのようなときに学習するのかについて、「P-MARGE」という考え方があります。P-MARGE とは、次の六つの要件の頭文字です。

---

① Practical（実利的である）：成人は、すぐに仕事に活かせるものを学びたいと考える。
② Motivation（動機づけされる）：成人は、学ぶ目的や動機がはっきりしていると学ぼうとする。
③ Autonomous（自律的である）：成人は、自発的で自己決定的に学ぼうとする。
④ Relevancy（関連性がある）：成人は、仕事の課題との関連性があることについて学ぼうとする。
⑤ Goal-oriented（目的志向が高い）：成人は、仕事の問題解決や目的志向につながると学ぼうとする。
⑥ Experience（人生経験がある）：成人は、自分の経験を学習資源にすることで学ぼうとする。

成人の学習は自らの課題意識をきっかけに主体的に取り組むという特徴があることから、職場での人材育成は、単に知識や技術をたたき込むのではなく、「自らが学習することを手助けすること」といえます。そして、学び続けた結果、知識や技術が身につくことを目指しています。

学習モデル

　職業人の学びの70%は経験から、20%は先輩や上司のフィードバックから、10%は研修会などからの学び（70：20：10の法則）といわれます。現場の経験と先輩や上司からのフィードバックが90%であることから、仕事を通じて学習するOJT（On the Job Training）が有効であることがわかります。これを「ワークプレイスラーニング」といい、ワークプレイスラーニングを実現させる方法として「学習転移モデル」「経験学習モデル」などがあります。

▶学習転移モデル

　学習転移モデルは、研究者が伝達可能な知識を創造する（知識創造）、次に創造された知識を教育プログラム内で教師が伝達する（知識伝達）、次に伝達された知識を学習者が修得する（知識取得）、次に取得した知識を学習者が現場で応用する（知識応用）という四つのプロセスで学習が構成されます。このモデルは、**図10-3**で示すとおり直線的に知識が伝達されるため、知識伝達と知識取得は Off-JT（Off the Job Training）が活用されます。ただし、P-MARGE でも説明したとおり、現場で活かせる内容になるよう Off-JT を設計する際は、知識伝達と知識取得と知識応用を一体的に提供できるプログラムを考える必要があります。

図10-3　学習転移モデル

出典：Lave, J., 'Lecture at connecting learning and critique conference', *The learning & Critique Net work*, UMIST Manchester, 2000.

▶経験学習モデル

　学習転移モデルが知識取得（「〜を学ぶ」）を目標とすることに対して、経験学習モデルでは、「〜から学ぶ」を目標に自らの経験を能動的に獲得し、それを振り返ることで一定の概念化（マイセオリー）を構築し、それを実践するというサイクルです。コルブ（Kolb, D.）は、知識を受動的に覚えるのではなく、自らの経験からマイセオリーを創る「学び方を学ぶ」という学習観から次の四つのステップを提唱しています（図10-4）。

図10-4　経験学習モデル

① 経験

　認知症ケアでは、利用者に対してその場で対応する必要があります。その結果うまくいったときにはうれしいと感じ、うまくいかなかったときにはくやしい、悲しい、つらいと感じます。例えば、認知症の人から同じことを繰り返し言われると、ほかの仕事との板挟みになり、負担に感じます。また、失禁や異食など突然の出来事に不安を感じることがあります。ここでいう経験は感情を伴ったものと理解しておく必要があります。

② 省察

　次に経験を振り返ることで、自分の対応がよかったのかよくなかったのかを深く考える機会です。振り返る機会に先輩や上司などから「スーパービジョン」「ファシリテーション」など違った視点での問いかけを受けることが有効になります。

③ 概念化

　概念化は、現場で得た経験と新しい知識、理論や類推経験を照らし合わせて自分なりのケア方法を構築することです。したがって、知識を覚えるのではなく、知識と経験を結びつける段階です。

④ 実践

　実践は、マイスキームを使い実践する段階です。実践した結果、うまくいった

こと、うまくいかなかったことを2巡目のサイクルにつなげます。この「トライアンドエラー」を繰り返すことで実践が洗練化され、質の高いケアの実現につなげることができます。

ここでは、二つの学習モデルを紹介しましたが、いずれも仕事を中心に学ぶことがポイントです。ほかにも「批判的学習モデル」「正統的周辺参加モデル」などが参考になります。

3 動機づけによる人材育成

　動機づけは、人を行動に向かわせる欲求といわれます。それは、人はどうすれば「やる気」が出せるのかと言い換えることができます。前述のとおり、成人学習で重要なことは誰かに知識をたたき込まれる、誰かに言われてやるのではなく、自らが課題意識をもち主体的に学習に取り組むことで課題解決や目標達成あるいは自らの成長を実感できることです。

　動機づけには「外発的動機づけ」と「内発的動機づけ」があります。外発的動機づけとは、報酬や賞罰など外部から得られる動機づけですが、外発的動機づけには、積極的に仕事に取り組むこととは違い「叱られたくない」「失敗して恥をかきたくない」など罰を避けるために仕方なく行うこともあるため、いわゆる「飴と鞭」に相当します。一方、内発的動機づけとは向上心、好奇心、興味、関心など、やりがいにつながる動機づけです。したがって、「やる気」は内発的動機づけによってつくられるということになり、人材育成においてはいかに内発的動機づけを高めるかが重要になります。

　入り口は外発的動機づけでも、しだいに内発的動機づけにつながることもあります。最初は上司の命令でイヤイヤながら仕事をしていましたが、やらないことの不安や周囲の批判を恐れて仕事に取り組むうちに、この仕事が自分にとって意味のあるものになると、しだいにこの仕事に取り組むことが自分の価値観と一致すると感じ、結局、内発的動機づけにつながる場合などです。

2　人材育成の方法の種類と特徴

　事業所が求める人材育成ニーズには、教育ニーズ、個人ニーズ、職場ニーズがあります。これらのニーズに沿った人材育成方法には、OJT、Off-JT、SDS（Self Development System）があります。

1　教育ニーズを満たす人材育成方法（Off-JT）

　教育ニーズでは、職種、資格、階層、仕事の目的ごとに、事業所が求める人物像に焦点があてられます。仕事をするうえで一定程度の知識、技術、態度（価値）が必要です。知識としては、認知症の原因疾患や中核症状、認知症の行動・心理症状（BPSD）に関する知識、技術としては、中核症状やBPSDに応じたケア方法、認知症の人を取り巻く生活環境や社会資源の活用について、態度としては、基本的人権の尊重、認知症ケアの倫理、権利擁護、認知症ケアの理念などの基本的原理について理解し、修得することです。また、教育ニーズと職場の課題にずれが生じないよう事業所の課題と人材の現状を把握する必要があります。例えば、利用者が重度化すると、基礎看護の知識や技術を身につける人材育成が必要になるなどです。

　教育ニーズを満たす方法はOff-JTです。Off-JTは、仕事を離れて人材育成する方法であり、一定の階層別（新入職員、初任者、中堅職員、監督者、管理職、経営層など）、職種別（相談援助職、介護職、看護職、事務職、調理職など）、資格別（介護福祉士、看護師、社会福祉士、管理栄養士、理学療法士など）や業務目的別（法人の理念、ビジネスマナー、リスクマネジメントなど）に必要な知識、技術、態度を一斉に伝えることができます。

　Off-JTでは、研修ごとに到達目標が定められています。それは事業所が求める人物像を表すことになります。例えば、階層別研修での新入職員研修に際しては、社会人として必要なマナーや職場のルール、基礎介護の知識や技術、介護保険法の理念、高齢者の尊厳を支えるケアなどについて、一定期間学ぶ機会を設けて研修担当者は単元ごとの習熟度を測ります。そして到達目標に沿った一定程度の知識、技術、態度を身につけて仕事に就かせます。

2　個人ニーズを満たす人材育成方法（SDS）

　個人ニーズでは、個人が描くキャリアビジョンに対して事業者が学習を支援することに焦点があてられます。つまり、事業所が職員の描くキャリアビジョンに対し

て支援することです。かつての年功序列型終身雇用の時代のキャリアといえば、昇進や昇格など事業所が管理するものでした。

前述の Off-JT では、階層別研修などキャリアを一律に管理することにつながりかねません。しかし、近年仕事に対する専門職志向や仕事と生きがいを分ける考え方が広まると、キャリアは個人が仕事を通じて得た経験や関心を個人的に意味づけることに変わってきました。例えば、無資格で介護現場に就職し、仕事を通じて介護福祉士や社会福祉士を目指すようになり、資格取得後は生涯研修の受講や認定介護福祉士を目指したり、介護支援専門員（ケアマネジャー）の任用資格を取得し、居宅介護支援専門員として仕事をすることなどは、仕事から派生して個人のキャリアを積み上げた結果です。だからといって、キャリアビジョンを個人的な問題と片づけるのではなく、キャリアが仕事と関連して個人の資質の向上につながり、結果的に仕事に反映されることから、事業所による支援は重要な意味をもつことになります。

個人ニーズを満たす方法が SDS です。成人にとって学習は個別の人生経験と直結しており、常に自立した学習者であることが求められます。したがって、事業所の教育を受けて自己の成長を目指すだけではなく、仕事をきっかけに幅広い知識や経験を得るために能動的に学ぶことを事業者は支援する必要があります。つまり、「キャリア形成を目的とする学習支援」が SDS ということになります。

SDS では、業務に関連する資格取得や資格取得後の生涯学習支援、大学院や養成校でのリカレント支援、書籍や視聴覚教材の準備、e- ラーニングの活用による学習環境整備のほか、他事業所への派遣などがあります。

3 職場ニーズを満たす人材育成方法（OJT）

職場ニーズでは職場の業務構想に焦点があてられます。業務構想とは、持続的に成果を出すために職場にどのような機能が必要かを考えることです。認知症ケアでは、認知症ケアの知識、技術、態度を身につけてそれを実践に活かすことのできる人材育成が求められます。

人材育成における職場ニーズを満たす方法が OJT です。前述のとおり、職業人に必要な知識、技術、態度は仕事と密接に関係しています。OJT は仕事を通じた人材育成の中核的方法です。また、Off-JT や SDS とは違い、職場で職員と指導者の相互作用による育成方法であることから、コミュニケーションをベースに業務支援のみならず内省支援や精神支援などが行われます。内省支援とは、経験学習モデ

ルで述べたとおり、学習者（職員）の経験の振り返り（内省）を促し、ある場面で
よかった点や改善すべき点を考えてもらい、工夫すべきこと、不足する知識や技術
などを次回の経験に活かす支援です。精神支援とは、経験からくる不安感、挫折感、
負担感など自信を失うきっかけになる心理的に苦痛な体験をする場合に、上司や先
輩は面談を通じて話を聞きながら支持的にアドバイスをすることで、自分が感じた
心理的な苦痛を客観的にとらえ直すことを支援することです。

　主な OJT の方法は、**表10-6**のとおりです。

表10-6　**主な OJT の方法**

プリセプター制度	新人1人（プリセプティ）に先輩（プリセプター）がマンツーマンで、一定期間一緒に同じ仕事に就く。
チューター制度	相談できる担当の先輩指導者（チューター）がいるが、一緒に勤務でケアをするわけではない。
メンター制度	人生経験が豊富で指導者、支援者、助言者、教育者をまっとうし、支援し、味方となり、指導し、助言し、相談するために選ばれた人が担当する。
エルダー制度	一緒に勤務する先輩（エルダー）が相談役となり、生活や精神面での支援を行う。
チーム支援型	特定の指導者はおかず、チームで新人の育成を行う。

　これら OJT の方法は、事業所の規模や経験者の存在など状況に応じて選択され
ます。例えば、グループホームのような小規模な事業所では、指導に専念できる人
材がいない場合はプリセプター制度は難しいため、事業所全体の「チーム支援型」
での OJT などが現実的です。

 ## 課題に応じた人材育成の方法と効果

　人材育成の課題について、次の四つのパターンが考えられます。

日常業務で起こる課題

　日常業務で起こる課題に対して、どのような人材育成が考えられるでしょうか。
それはルーティンな業務のなかで日々処置しなければいけない問題なので、ケア目
標の共有、情報の共有、記録方法の見直し、OJT やミーティングなどコミュニケー

ションの機会を通じた「経験」の交流が重要だといえます。また、ルーティンな仕事を繰り返し行うことでスキルアップを期待できます。

非日常業務で起こる課題

　例えば、転倒や誤嚥（ごえん）など突発的な事故に対して、どのような人材育成が考えられるでしょうか。事故などの背景にはどのような要因が隠されているのか、経験学習モデルの「省察」では、ケアカンファレンスによる要因分析を行い先輩や上司、リーダーによるスーパービジョンやファシリテーションなど、効果的な振り返りの支援による学習などが考えられます。

積極的に探してよりよいケアにつなげる課題

　より質の高いケアの実現に向けて、チャレンジや業務改善につながる問題に対して、どのような人材育成が考えられるでしょうか。Off-JT や SDS で習得した新しい知識や経験を実践場面に応用すること、または、経験学習モデルでの新しいスキームをつくることで問題解決に取り組むことなどが考えられます。

潜在的な課題

　離職や人材不足、感染症や災害リスクなど将来起こる可能性がある問題に対して、どのような人材育成が考えられるでしょうか。特に人材の問題に対しては仕事のモチベーション低下、人間関係の軋轢（あつれき）、職場の課題と職員が抱える課題に対して、きめ細かく育成が行われているか、内発的動機づけにつながる「研修計画」になっているか、面談を通じて確認していく必要があります。

第 **4** 節

職場内教育の意義

1 職場内教育（OJT）の有効性

OJT（On the Job Training）の有効性としては、次のことが考えられます。

---

① 仕事を通じて学ぶことができるため、実利的である。職員は仕事のなかでリーダーとともに課題を発見し、対話を通じて解決の手順を共有することができる。特に初任者は業務をこなすことに精一杯で、自分の課題に気づくことが難しくなるが、リーダーと一緒に業務をすることで自分の課題に気づくことができる。

② 日々の仕事を通じた育成方法であるため、同じ行為を繰り返すことで、応用力や洗練化、類推化につなげることができる。職員は業務の確認・注意点・評価を通じて同じ情報や同じ行為を反復することで出来栄えや工夫につなげることができる。

③ 職員は、各々の職場の特性、環境、方法を学ぶことができる。例えば、転職や配置転換時に OJT（On the Job Training）を受けることで、職員のもつ経験に新たな業務を重ねることで職場の環境や方法に則した仕事を取得できる。

④ Off-JT（Off the Job Training）や SDS（Self Development System）と比べてコスト面や時間面を節約することができる。

⑤ 先輩、上司との人間関係が促進される。

⑥ 指導する先輩や上司にとっても業務の振り返りや学び直しの機会になる。

　一方、課題は指導する側の力量に左右される点です。職員が新しい知識や方法を学んでいても、リーダーが旧態依然とした知識や方法では職員の学びにはならないため、リーダーは最新の知識や技術を習得しておく必要があります。また、リーダー間の知識や技術がバラバラでリーダーがそれぞれ間違ったことを伝えることは、職員の混乱を招くことから、リーダーは、研修計画を作成し修得目標、指導方針、指導内容について共有するための準備が必要になります。

　また、OJT ではすべての業務を理解することはできません。OJT が機能するためには基本となる一定の知識と技術、態度が必要になります。つまり、認知症ケアにおいて、原因疾患や中核症状に対する知識、ケア方法などの技術、権利擁護、認知症ケアの倫理など基本的価値や態度などは事前に修得しておく必要があります。

　例えば、「認知症介護実践者研修」においては、認知症ケアの理念である「パー

ソン・センタード・ケア」について、「その人らしさ（パーソンフッド）」を大切に
することを知識として理解します（Off-JT（Off the Job Training）、SDS（Self
Development System））。そして、実際の場面で「その人らしさ」を大切にした
ケアをどのように実践するのかを学ぶこと（OJT）が重要になります。このように
OJT と Off-JT、SDS は車の両輪のように機能しなければなりません。

2　Off-JT、SDS の限界と OJT の効用

　OJT のように職場で学習をデザインする考え方を「学習環境デザイン」といい、
Off-JT や SDS を効果的に組み合わせる考え方は「インストラクショナルデザイン」
と呼ばれます。人材育成ではこの二つのデザイン理論をうまく使うことが求められ
ています。

　Off-JT や SDS で習得した知識や技術が職場の課題に直結し、即、仕事に活かせ
るとは限りません。だからといって、Off-JT や SDS が必要ないということではな
く、学習転移モデルで説明したとおり、認知症ケアの知識や技術は研究者によって
日々進化しているため（知識創造）、改善され進化したケアの技術や考え方を取得
すること（知識伝達、知識取得）は、とても重要であり、それは OJT ではかない
ません。

　Off-JT や SDS の効果を高めるために考慮しておく点として、①職場の課題解決
につながる知識や技術を取得するため Off-JT や SDS の目的を明確にすること、
② Off-JT や SDS で得た知識、技術、情報を現場で活かすため、取得した知識を
職場に伝える機会（研修報告会など）を設けること、③知識や技術を仕事に応用で
きるよう意識的に手引きやマニュアル、指導計画に反映することで OJT と一体的
に提供できるよう工夫することなどが考えられます。

　認知症ケアは医学的な分野のみならず、介護、看護、栄養、心理、リハビリテー
ションなど、多分野において、20 年前のケアと現在行われているケアではまった
く違うものになっています。認知症の当事者がケアの対象者ではなくなり、認知症
の人による主体的な社会が実現され、国民の意識は大きく変わってきています。そ
のため、仕事のなかでの学びは常に新しい知識や技術に書き換えられる必要があ
り、進化した OJT が進められなければなりません。また、先輩や上司からの一方
的な教育ではなく、職員が自分で考え行動できる人材となるため、基本的な知識、

技術、態度を身につけるために Off-JT や SDS に取り組まなければなりません。

　研修方法にはそれぞれ効果と限界があります。そのため人材育成方法は補完し合いながら活用することを考慮すべきです。

 ## 指導に必要な OJT の技術

　Off-JT や SDS は、「できない」を「できる」にするために必要な知識、技術、態度の習得であるのに対して、OJT は仕事に「参加」することが学習です。また、Off-JT や SDS は指導するリーダーが到達目標を設定するのに対して、OJT では職員が主体的に目標と学習内容を設定し、学習環境が変わるごとに目標と学習内容を更新します。そこにリーダーが効果的にかかわることから、OJT ではこの「職員中心主義」という考え方が重要です。そこで、職員が主体的に目標や学習内容を設定できるように、職員の「経験学習モデル」にリーダーの PDCA サイクルを重ね OJT を進めます（図10-5）。

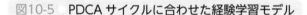

図10-5　PDCA サイクルに合わせた経験学習モデル

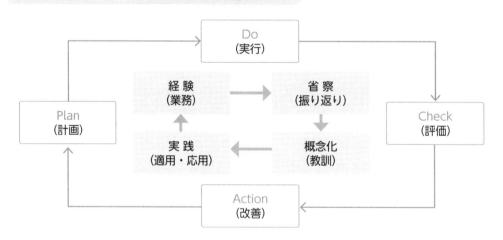

　リーダーが OJT を進めるためには、次の七つのステップに分けて職員の学びと指導をリンクさせます（図10-6）。

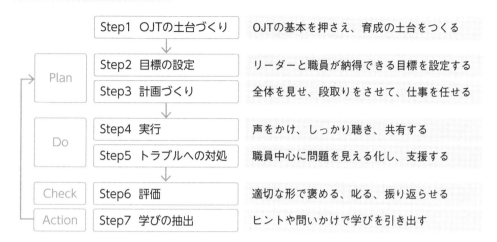

図10-6　OJT指導の枠組み

Step1　OJTの土台づくり	OJTの基本を押さえ、育成の土台をつくる

Plan
Step2　目標の設定	リーダーと職員が納得できる目標を設定する
Step3　計画づくり	全体を見せ、段取りをさせて、仕事を任せる

Do
Step4　実行	声をかけ、しっかり聴き、共有する
Step5　トラブルへの対処	職員中心に問題を見える化し、支援する

Check
Step6　評価	適切な形で褒める、叱る、振り返らせる

Action
Step7　学びの抽出	ヒントや問いかけで学びを引き出す

まず、Step 1として「OJTの土台づくり」が重要です。次に、Step 2の「目標の設定」とStep 3の「計画づくり」を合わせた段階が「Plan（計画）」にあたり、Step 4の「実行」とStep 5の「トラブルへの対処」が「Do（実行）」にあたります。Step 6の「評価」が「Check（評価）」にあたり、Step 7の「学びの抽出」が「Action（改善)」になります。ステップごとのポイントと必要な技術は次のとおりです。

Step 1：OJTの基本を押さえ、育成の土台をつくる

Step 1は、PDCAサイクルの前段に位置します。OJTでは、仕事の場面を通じて職員を育成することが目的ですが、同時にリーダー自身の育成・成長ととらえる必要があります。そのため、リーダーとして次のことを自覚しましょう。

① 目標を職員と共有すること。
② 仕事の使命・価値・誇りをリーダーの言葉で伝えること。
③ 目標を見失うことなく考える余地を与えること。
④ 職員との信頼関係を構築すること。そのために、注目（職員の言動に注目する）、関心（職員の言動に関心をもつ）、共感（職員の言動に共感する）、信頼（職員を信じる）、敬意（職員に敬意を払う）を実践する。
⑤ 対人魅力を高めるコミュニケーションを心がけること。
　・近接性：身近に感じることで、職員に親しみをもたれる。
　・類似性：価値や行動が類似することで、職員に親しみをもたれる。
　・互恵性：好意を示すことで、職員に親しみをもたれる。
⑥ 職員の成長を信じること。

⑦　職員の「なりたい姿」とリーダーの「期待する人物像」の両方から成長ゴールを設定すること。

⑧　OJT（On the Job Training）は職員とリーダーの関係のなか（線）ではなく、職場全体の関係のなか（面）で取り組むこと。

⑨　職場に職員の居場所を確保すること。そのために、役割の明確化（自分の役割がわかる）、社会的受容（職場から受け入れられていると感じる）、自己効力感（この職場でやっていけると感じる）を確保する。

Step 2：リーダーと職員が納得できる目標を設定する

　Step 2 は、PDCA サイクルでは、Plan（計画）の段階にあたります。仕事のやる気をもたせるためには、内発的動機づけを高めることが重要です。「達成動機」では、次の7点に留意してやる気を高めます。

①　目標が自事業所の課題と結びつけた目標（成果目標）かつ、本人の成長にとっての目標（学習目標）であること。

②　職員の価値観や意見を反映させた目標設定となっていること。

③　目標達成のための方法が明確にされていること。

④　職員に目標設定の意味合いを伝えて自分で考え、決めるなど自己決定する過程があること。

⑤　目標について個々の動機づけが維持されるように適度なレベルになっていること。適度なレベルの設定には、チャレンジ（挑戦）することが含まれる。

⑥　目標は段階的に設定され、目標達成を経験しながらステップアップできること（スモールステップ）。

⑦　個々のはたらきかけに対して、先輩や上司は省察を促し、対話を重視していること。

　目標設定の際は、リーダーとして職員の成長を信じる言葉を添えることが大切です。

Step 3：全体を見せ、段取りをさせて、仕事を任せる

　PDCA サイクルでは、Plan（計画）の段階にあたり、Step 2 で設定した目標を遂行するためのアクションプランを作成します。その際に、仕事の必要性、仕事の方法、仕事を通じて得られる能力など仕事について説明することで、計画についての意味づけができます。仕事の段取りを考えるために、職員に仕事の優先順位を考えさせます。そして、周りの支援体制を準備し、指示を最小限にしてチャレンジする仕事を任せてみることで、職員が自信をもつことを支援できます。もちろん失敗

することもあるので、見守りとアドバイス、仕事の評価を行うことが大切です。

Step 4：声をかけ、しっかり聴き、共有する

PDCAサイクルでは、Do（実行）の段階にあたります。職員が主体的に仕事を進めるなかでリーダーが留意すべきこととしては、次の点があげられます。

① 見守っているというサインを送る。
② 声をかける。
　・朝のあいさつなど決まった時間に声をかける。
　・声をかけるきっかけをつくる。
③ 話を聴く。
　・定期的なミーティングで聞き取る。
　・聞き取ってからアドバイスをする。
④ 考えさせる。
　・「〜についてどう思いますか」「〜はどうすればいいですか」など、効果的な質問により、職員に考えさせる。
　・丸投げ型ではなく提案型で相談を受ける。
⑤ 結果より経験を優先する。
　・失敗した結果を経験としてどう活かすかを大切にする。
⑥ 行動と内省を繰り返す。
　・仕事をしてその結果を振り返る、振り返ってから仕事をさせることでルーティンな仕事に対してマンネリ化や考えないで仕事をすることを防ぐ。

Step 5：職員中心に問題を見える化し、支援する

PDCAサイクルでは、Do（実行）の段階にあたります。仕事には失敗やトラブルはつきものです。そのときリーダーによる適切なサポートが必要になります。まずは、失敗やトラブルの実態を把握するため、職員にとって相談しやすい態度で接し、次に、失敗やトラブルの経過や現状を見える化します。

① トラブルを抱える職員中心に支援する。
　・心理的サポートのプロセスとして「受容、傾聴、共感」で接する。
　　受容する：失敗やトラブルに直面した職員の相談を受け入れる。
　　傾聴する：悩みをしっかり聴くという姿勢を示す。
　　共感する：職員の気持ちを理解する。
② トラブルの全体像を「見える化」する。
　・質問しながらトラブルの経過や現状を整理することで問題を見える化し、解決のプロセスを共有する。

Step 6：適切な形で褒める、叱る、振り返らせる

　PDCA サイクルでは、Check（評価）の段階にあたり、職員は省察から概念化つまり、内省に対してアドバイスを受けて次の実践に結びつける段階です。その際リーダーは、フィードバックの四つの原則を参考に職員にフィードバック（投げかける）し、考えさせるように心がけます。

---

① フィードバックする。
・「本人の自己評価を聴く」「本人のプロセスを承認する」「課題を問いかけて本人に考えさせる」「アドバイスをする」の四つの原則を参考にする。
・フィードバックは、即時的に行う、日々の振り返りを行う、一定のスパンで行うなど適切なタイミングで行う。
② 褒める。
・何がよかったか、どこが伸びたかなど具体的に褒める。
・努力を褒める。
・褒め言葉を形に残す。
③ 叱る。
・「叱る」と「怒る」「責める」「否定する」とは違うことを自覚する。
・「叱る」と「褒める」をセットで行う。
・客観的事実に基づき、叱る理由を明示する。
④ 内省を促す。
・深く内省させる。

Step 7：ヒントや問いかけで学びを引き出す

　PDCA サイクルでは、Action（改善）の段階にあたり、リーダーは、問いかけやヒントを示すこと、教訓を見える化すること、職員は、教訓を次の業務に活かすことがポイントです。

　OJT の流れを、職員の学びについては経験学習モデルを使い、リーダーについては育成の流れを PDCA サイクルに組み合わせたモデルで説明しました。職員の目標の共有から、リーダーと職員の信頼関係をベースにし、業務を通じた学習、学習を通じた業務の修得における職員とリーダーとのやりとりによって経験を学びにすることが OJT の醍醐味になります。

OJTの実践方法

1 人材育成の課題設定について

　木村さんへのOJT（On the Job Training）に対して第4節を参考に考えてみましょう。まずは、リーダーの山本さんが木村さんを育成するうえでの土台づくり（Step 1）です。

(演習10-2) OJT の土台づくり

● OJT を推進するために、リーダーとして山本さんにはどのようなことが求められるでしょうか。Step 1 を参考にしてリーダーとして自覚すべき点を確認しましょう。

● OJT を推進するにあたり、事業所全体で新人職員の木村さんを育成するためにどのような体制が構築されているとよいか、考えてみましょう。

---

2 受講者による育成目標の設定

　次に、目標の設定です。リーダーの山本さんと木村さんがともに納得できる目標を設定します。

(演習10-3) 目標の設定

　リーダーの山本さんが木村さんの育成目標を設定する際の留意点を考えてみましょう（Step 2）。

ポイント

　目標の設定は、木村さんの「やる気」を高める内発的動機づけのため、次の点が重要になります。また、目標を設定する際には、山本さんはリーダーとして新人職員の木村さんの成長を信じる言葉を添えることが大切です。

・目標には中長期目標「なりたい姿」（3〜5年）とそのための短期目標「やりたい目標」「わかる、できる目標」「やるべき目標」（1年以内）を意識します。
・「業績目標」（人に認めてもらいたい）と「学習目標」（自分が成長したい）を意識します。
・目標と達成方法が明確であることを木村さんと山本さん、事業所全体で共有していることが大切です。
・目標の設定に際しては、木村さんの「やる気」が維持できるよう適度なレベルになっていること、そして、目標達成を経験しながらステップアップできるようチャレンジする目標を少しずつ上げていくことが大切です。
・木村さんは、研修計画策定など目標や方法の決定に参加し、自分で考え、決めるプロセスを共有することが大切です。
・目標の評価に際しては、木村さんの実践の省察を促し、対話を重視します。

3 人材育成の課題に応じた指導計画

　次は、目標を達成するための計画づくりです。全体を見せ、段取りをさせて、仕事を任せる段階です。

演習 10-4　計画づくり

　目標を設定したら、その達成のための計画を策定します（Step 3）。その際の留意点を考えてみましょう。

> **ポイント**
>
> ・リーダーの山本さんは、木村さんの研修計画にあたって、仕事の目的、仕事の方法、仕事の前後にあることを含めた全体像を説明することが大切です。
>
> ・木村さんが「どのような経験を積むのか」「それが今後どのような成長につながるのか」など、仕事へのやる気につながるように自分自身で考える機会をつくります。
>
> ・その結果、目標に対して「いつ・どこで・何を・どのように・どれくらい」チャレンジすればよいのか木村さん自身で考えることができます。失敗したり、時間がかかったりする可能性もあるため、「なぜ失敗したのか」「なぜ時間がかかるのか」「どうすればうまくいくのか」など、仕事への振り返り（内省）の機会についても計画でふれておく必要があります。

4 職場内教育（OJT）のための介護職員等の評価方法

　評価は、目標に対する達成度の評価だけでなく、目標の設定から計画の策定、計画の実行、振り返りなど一連の育成プロセス（図10-6参照）を山本さんと木村さんが共有し、そのつど評価する必要があります（Step 4 ～Step 7 ）。

演習 10-5　実行、トラブルへの対応

　計画遂行時にリーダーの山本さんが気をつけなければならない点を考えてみましょう（Step 4・Step 5 ）。

- 木村さんへの見守りのサイン、声かけのタイミング、傾聴の機会を設けます。
- 質問により、木村さんが仕事について考える機会をつくることが大切です。
- 失敗やトラブルで、木村さんの仕事への意欲が低下した際には、精神的サポート（精神支援）を行う必要があります。

演習 10-6 評価

業務が完了した段階での評価について、留意点をあげてみましょう（Step 6・Step 7）。

ポイント

- 木村さんの自己評価を聞き取ること、木村さんの仕事への取り組みについて労うことが大切です。また、木村さんに「どこがよかったのか」「何が課題なのか」「どうすればうまくいくのか」について深く内省を促します（内省支援）。そして、必要に応じてアドバイスをします（「フィードバックの四つの原則」p.246 参照）。
- フィードバックのタイミングとして、成功したことは即時的に評価すれば行動は強化されます。また、日々の振り返りにより内省が習慣化します。一定の期間後であれば、仕事のはじめから集結までの一連の行動について振り返ることができます（例：早番、日勤、遅番事務など）。
- 評価の際は、「チャレンジしたこと」について、「具体的に」「形に残すこと（コメントを返す）」をポイントに褒めます。
- 評価は、「客観的な事実に基づいた理由があること」「結果よりもプロセスに焦点をあてること」「うまくいったことに焦点をあてること」をポイントに指摘します。
- 評価が次の学びにつながるように「何が学びになったのか」を考えさせること、「新たな視点を提供し」気づかせることが大切です。

リーダーは、経験学習サイクル（**図10-5参照**）で示したとおり、課題の設定から目標の設定、計画の立案、実行（経験）から省察して、教訓を使って再び実践（チャレンジ）するサイクルを意識した育成を行うことにより、職員が仕事を通じてやる気と成長が持続できるよう OJT を設計しましょう。

職場内教育の基本視点

＊ T．キットウッド、高橋誠一訳『認知症のパーソンセンタードケア——新しいケアの文化へ』筒井書房、2005 年

＊ 本人ネットワーク支援委員会編『老人保健健康増進等事業報告書 平成 18 年度 認知症を知り地域を作るキャンペーン——本人ネットワーク支援事業報告書』認知症介護研究・研修東京センター、2007 年

＊ 中原淳編著、荒木潤子・北村士朗・長岡健・橋本諭『企業内人材育成入門——人を育てる心理・教育学の基本理論を学ぶ』ダイヤモンド社、2006 年

＊ 松尾睦監、ダイヤモンド社人材開発編集部編『OJT 完全マニュアル＝ On the Job Training Perfect Manual——部下を成長させる指導術』ダイヤモンド社、2015 年

＊ 井上由起子・鶴岡浩樹・宮島渡・村田麻起子『現場で役立つ介護・福祉リーダーのためのチームマネジメント』中央法規出版、2019 年

第 11 章

職場内教育（OJT）の方法の理解

目的

介護職員等への指導に有効な技法の種類と特徴を理解し、職場で実践できる指導技術の基本を修得する。

到達目標

1 職場内教育（OJT）における有効な指導技法の種類と実際の方法を理解する。
2 認知症ケアの指導への活用と留意点を理解する。

特に関連する章

第 6 章　チームケアを構築するリーダーの役割
第 8 章　ケアカンファレンスの技法と実践
第10章　職場内教育の基本視点
第12章　職場内教育（OJT）の実践
第13章　職場実習

　リーダーの山本さんが新人職員の木村さんと一緒に作成した「指導計画」では、年間目標を「利用者一人ひとりのケア目標を理解し、チームとして活動できる」としました。さらに1年間を4期に分けて、期ごとに課題と目標の設定、および目標に対する評価と振り返りを行うことにしました。指導計画が作成できたら、次に、それぞれの課題達成に向けた適切な指導方法を選択することが必要です。

　第1期の到達目標は、「勤務シフトの目的と内容を理解し、上司や同僚の支援を受けながら業務が遂行できる」です。1か月目は日勤帯を中心に、2か月目から通常の夜勤人数にプラスワンで入ることを目指します。山本さんは、木村さんにどのように業務の目的や内容、方法を教えたらよいのか考えるために、自分が新人だった頃を振り返ってみようと思いました。なぜなら、山本さんのOJT担当だった加藤さん（当時のユニットリーダー）の指導がとてもわかりやすかったので、自分もその教え方を参考にしたいと思ったからです。加藤さんは業務の手順や方法をいくつかのステップに分けて教えてくれました。また、なぜそのようにする必要があるのかを説明してくれたことや、上手に行うためのコツやポイントも伝授してくれたことを思い出しました。山本さんは、自分も木村さんにそのように教えたいと考えています。

　第2期の到達目標は、「6名の利用者の個別支援目標を理解し、上司や同僚の支援を受けながら認知症ケアを実践することができる」です。木村さんは、担当の利用者の民子さんの目標に対する現状と課題について、5か月後のケアカンファレンスで報告することを目指します。山本さんは、木村さんに個別支援目標を設定した背景も理解してもらうことが大切だと考えています。また、その人らしさを重視したケアの実践では、利用者によって必要とされるケアの内容や方法が違います。第2期では個別的なケアに関する職場内教育（On the Job Training：OJT）だからこそ、指導方法を工夫するとともに、利用者やその家族がストレスや不安を感じることがないように十分に配慮することが必要だと山本さんは考えています。

　第3期の到達目標は、「利用者の状況に応じて、上司や同僚の支援を受けながら工夫した支援ができる」です。第3期には入職して半年が経過するため、木村さんは必要な業務を覚えて職場にも慣れてくる時期と考えられます。この時期に適した指導方法を考えるため、山本さんは自身が入職して半年経過した頃を振り返ってみました。それまでは何でも丁寧に教えてくれた加藤さんが、この頃は「どうしたらうまくいくと思いますか」などと山本さんによく質問するようになったことを思い出しました。当時は「なぜ、経験の浅い自分に質問するのだろうか」と不思議に思っていましたが、加藤さんの問いかけが自分自身で考える機会になっていたことに、リーダーとなった今、気づくことができました。第3期は、木村さんが自身で考えて行動できるように、また、前向きな意欲を引き出すことを意識して支援したいと考えています。

　第4期の到達目標は、「チームケアの目的と意義を理解し、チームの目標と情報を共

有し、上司と同僚の支援を受けながら自分の役割を果たすことができる」です。山本さんは自分が新人だった頃を振り返り、一番悩みが多かったのが第4期だったことを思い出しました。入職してしばらくの間は、加藤さんが指導・教育してくれることを習得することにただ一生懸命でした。ところが、業務にも慣れて、チームケアでの自分の役割を意識するようになってきた頃、チームのなかで自分の考えを発言できなかったり、チームメンバーへの連絡や相談がタイミングよくできなかったりして、職員間のかかわりや介護職員としての自分自身に悩むことが増えました。加藤さんが定期的な面談で話を聴いてくれて、一緒にどうしたらよいかを考えてくれたことで乗り越えられた時期でした。

　山本さんは自分が新人だった頃を振り返り、加藤さんが自分の成長に合わせて指導方法を柔軟に使い分けて、直接的、あるいは側面的にサポートしてくれていたのだと改めて気づきました。山本さんは、木村さんにも同じように OJT を実施したいと考えています。

演習11-1　自分が受けた職場内教育（OJT）の振り返り

　自身が新人だった頃に、職場の上司や先輩職員から受けた指導・教育を振り返ってみよう。
① 　職場での指導・教育においてよかったこと（「自分の成長につながった」と感じた経験や、実践的な学びにつながった上司・先輩職員の指導・教育方法やかかわり方など）をあげてみよう。
② 　職場での指導・教育においてよくなかったこと（戸惑った経験や、学ぶうえで困ったこと、「このように教えてほしかった」と思ったことなど）をあげてみよう。
③ 　①と②の経験から、自身が OJT を実施するときに、どのような方法で指導・教育を行うかを考えてみよう。

職場内教育（OJT）の指導の技術と留意点

1 スーパービジョンの理論と技法の理解

　職場内教育（On the Job Training：OJT）を実施するときに意識したいのが、スーパービジョンの考え方や機能です。スーパービジョンという言葉には、監督、管理、指揮などの意味があります。戦後、日本で新たな社会福祉制度をつくる際に、対人援助職の専門性を維持・向上させるものとしてスーパービジョンが導入されました。日本語では査察指導や指導監督などと訳されますが、現在では日本語に訳すことなく、「スーパービジョン」と表現する機会が増えています。

1 スーパービジョンの定義

　スーパービジョンとは、一般的に、「スーパーバイザーが、スーパーバイジーに対し、専門的な知識・技術・態度の変化・成長を意図して直接的に行うはたらきかけの過程（プロセス）」と定義されています。スーパーバイザーとは、スーパービジョンを行う人のことであり、その業務に関する豊かな知識と長い経験をもつ職員がスーパーバイザーとなります。それに対して、スーパービジョンを受ける人をスーパーバイジーと呼びます。スーパーバイジーは新入職員や経験の浅い職員だけに限定されるものではありません。現場のリーダーもまた、自身の上司や先輩からスーパービジョンを受けることがあります。

　スーパービジョンは人材育成の技法などと思われがちですが、スーパービジョンは技法の名称ではなく、スーパーバイジーがよりよい支援の実践ができるようにはたらきかける過程のことです。その過程において、スーパーバイザーが活用できる方法には、ティーチングやコーチング、面接技法などがあります。効果的なスーパービジョンを実施するためには、スーパーバイザーがそれぞれの方法について理解を深めるとともに、実践するための技法を修得しておく必要があります。

2 スーパービジョンの機能

　機能とは、あるものが本来もっているはたらきや役割のことをいいます。スー

パービジョンの機能には、管理、教育、支持の三つがあります。つまり、スーパーバイザーには、スーパーバイジーの業務を管理すること（管理的機能）、スーパーバイジーを教育すること（教育的機能）、そして、情緒的にサポートすること（支持的機能）が求められます。

管理的機能

「管理的機能」は、スーパーバイジーの業務を管理・調整する機能のことです。

この機能において、スーパーバイザーはマネジャーのような役割を担います。具体的には、スーパーバイジーが行っている業務が円滑に遂行されているか、組織の理念に沿った支援を実践しているか、事業所のルールや社会人としてのマナー、社会規範などの広い意味でのコンプライアンスを守り適切に業務を実施しているか、などを確認します。

スーパーバイジーの業務を評価するためには、二つの視点を意識することが必要です。一つは利用者本位の支援が提供できているかという視点であり、もう一つは組織の一員として職務を果たせているかという視点です。どちらか一方のみに偏りがある場合には、スーパーバイザーは支援がより適切に提供されるように、あるいは、業務の内容や質が組織の求める基準を満たすように調整する必要があります。必要に応じて、スーパーバイジー個人へはたらきかけるだけでなく、労働環境（業務分担や人間関係、業務時間など）を整えるためのはたらきかけも行います。スーパーバイジーが業務に集中することができるように職場環境を整備するとともに、スーパーバイジー自身のけがや利用者のけがなどのリスクを予見して防止することで安全性を確保することも大切です。

教育的機能

「教育的機能」は、業務遂行に必要な知識・技術、態度を教育する機能のことです。

この機能において、スーパーバイザーは教師のような役割を担います。スーパーバイジーの能力を向上させる直接的なはたらきかけにはティーチング（p.259 参照）があります。不足している知識や技術などを教えて、教えたことが実践に結びつくように具体的な助言をします。業務を行う際に必要な知識や技術をそのつど教えるだけでなく、定期的・継続的な学びの機会をつくって教えることも必要です。その一方で、能力向上に向けた間接的なはたらきかけには、コーチング（p.262 参照）が有効です。スーパーバイジーに省察する機会を与えて、自らを振り返り、自主的

に学ぶことを促します。

　教育的機能を十分に発揮させるためには、スーパーバイザーは自身の知識や技術をブラッシュアップ（再勉強や技のみがき直しのこと）したり、ティーチングやコーチングなどの指導方法を修得したりしてスキルアップすることが求められます。介護の実践のなかでスーパーバイジーに手本を示すことも、教育的機能におけるスーパーバイザーの大切な役割です。

支持的機能

　「支持的機能」は、業務に関する情緒的なサポートをする機能のことです。

　この機能におけるスーパーバイザーは、カウンセリングを行うカウンセラーのような役割を担います。具体的には、スーパーバイジーの業務に関する悩みなどを受け止めて精神的に支え、バーンアウト（燃え尽き）を防ぎます。スーパーバイジーが業務で困っていることを、自分一人で抱え込んでしまうとストレスの原因になります。それだけでなく、業務に支障をきたしてしまうこともあるでしょう。スーパーバイジーにとって最も身近な相談相手になれるように、スーパーバイザーはスーパーバイジーと良好な関係を形成しておくことが大切です。

　支持的機能におけるスーパーバイザーには、スーパーバイジーの自己覚知を促す重要な役割があります。安易な助言によってスーパーバイジーの悩みを解消しようとせずに、スーパーバイジー自身が直面した悩みに向き合い、自分の感情や価値観、バイアスなどに気づく機会を提供することで、介護職としての自己覚知が可能になります。

　また、支持的機能では、スーパーバイジーの意欲を引き出すはたらきかけも必要です。スーパーバイジーの成長を願うからこそ、スーパーバイザーは不足していることやできていないことばかりに目を向けてしまう傾向があります。理解できていないことや実践できていないことを把握して指導・教育していくことはスーパーバイザーの役割の一つですが、そのようなはたらきかけだけではスーパーバイジーのモチベーションは高まりません。意欲を引き出すためには、できていないことだけでなく、できていることやできるようになったことにも注目して、それを肯定的に評価することが大切です。

③ 職場内教育（OJT）におけるスーパービジョンの活用

　スーパービジョンの機能は、スーパーバイザーだけに求められるものではありま

せん。リーダーという立場にある介護職員は、管理的機能、教育的機能、支持的機能が意味する具体的なはたらきを意識して、日々、職員とかかわることが大切です。

　スーパービジョンの機能はそれぞれが独立したものではなく、実際には相互に関連していることが多いでしょう。例えば、職員の業務が円滑に遂行されていない場合、業務量の調整が必要であればリーダーは管理的機能を発揮することになります。あるいは、教育的機能を発揮して、業務の効果的な進め方を教えて改善を図ることも考えられるでしょう。もしも業務が円滑に遂行されない原因が職員のストレスや職場の人間関係にあると考えられる場合には、支持的機能によるサポートが必要になることもあります。リーダーはいずれかの機能に偏ることなく、三つの機能をバランスよく発揮することが必要です。

2　ティーチングの理論と技法の理解

　事例の指導計画では、第1期の到達目標は、「勤務シフトの目的と内容を理解し、上司や同僚の支援を受けながら業務が遂行できる」でした。新人職員の木村さんに業務の方法を指導・教育するときは、ティーチングを活用するとよいでしょう。

　ティーチングとは、何をするのかを直接的に教えるかかわり方のことです。入職して間もない職員には、業務に必要な知識や技術をわかりやすく教えることが求められます。具体的な説明をせずに、ただ「見て覚えてください」と伝えるだけでは教えたことにはなりません。リーダーは、ジョブ・インストラクションの4段階を意識してOJTを実施することが大切です。

　また、実際の業務において、何をするのかを指示したり助言したりすることもティーチングです。業務に関する指示・助言を通して、職員に必要な知識や技術を教えているということをリーダーは意識しておく必要があります。

1　ジョブ・インストラクション

　ジョブ・インストラクション（Job Instruction：JI）とは、TWI（Training Within Industry for Supervisors：監督者のための企業内訓練）のなかで示された教え方の方法のことであり、日本語で「仕事の教え方」と訳されています。ジョブ・インストラクションは第1段階の準備からはじまり、第2段階で仕事を説明したり実際にやってみせたりして教え、第3段階では職員本人にもやらせてみて、第

4段階でフォローするという四つの段階で教えることを原則としています。

◎ 教え方の4段階

> 第1段階：習う準備をさせる
> 第2段階：仕事の内容を説明する
> 第3段階：実際にやらせてみる
> 第4段階：教えた後をフォローする

第1段階：習う準備をさせる

　開始前には、教える側と教わる側の両方にそれぞれの準備が必要です。教える側のリーダーは、指導育成の目標（何を、どのレベルまで、いつまでに指導するのか）を確認しておきます。必要に応じて、OJTの対象となる職員に、その仕事に関する知識を確認します。現場経験のある職員であれば、「今まで、どのようなやり方をしていましたか」などと尋ねて本人のその仕事に関する知識や経験を把握しておくと、限られた時間のなかで効果的に教えることに役立ちます。

　入職して間もない職員には、その仕事を習得する価値や意義を明確に伝えて、学ぶことへの動機づけをしましょう。初めての仕事を教えてもらうときは、職員も緊張してしまいがちです。リーダーは、必要以上にプレッシャーをかけないように配慮しましょう。例えば、「一度しか説明しないから、しっかり覚えてください」などと緊張を高める言葉かけは逆効果です。

第2段階：仕事の内容を説明する

　職員に学ぶことへの動機づけをしたら、リーダーは教える段階に進みます。業務に慣れているリーダーにとっては一連の流れであっても、初めて学ぶ職員には多くの作業が複雑に組み合わさっているように思えるかもしれません。可能であれば、ステップに分けて順番に説明します。必要に応じて、リーダーが実演して見せるとよいでしょう。リーダーの経験上のコツやポイントを教えながら実演すると、OJTだからこその実践的な指導になります。

　一度にどこまで教えるのかは、職員の理解度を確認しながら判断することが大切です。リーダーが次々に教えても、職員が理解できていなければ学習の効果は期待できません。一方的な教え方では職員の混乱を招いたり、職員が負担を感じたりして、学習への意欲を低下させてしまうこともあります。

第3段階：実際にやらせてみる

　リーダーの説明を聞いたり、実演を見たりして学んだことを、職員本人にやってもらう段階です。リーダーは、職員がやっているところを見て、手順ややり方が間違っているときは修正します。誤りを指摘するだけでなく、正しく行うためにはどうすればよいかを具体的に伝えることが大切です。また、正しくできていた場合にも、ポイントや留意点などを質問して、第2段階で教えたことが理解されているかを確認します。

　第3段階では、職員が教わったことを模範的に実行できるようになるまで指導を継続します。リーダーから誤りを指摘・修正されたことが、職員に定着したことを確認できるまで繰り返し指導することが重要です。

第4段階：教えた後をフォローする

　教えたことを模範的に行うことができるようになったら、実際の業務において、その仕事に就かせます。リーダーは、業務が適切に遂行できているかを適宜、確認して、うまくいかないことや困っていることに対しては、必要な助言をしてフォローします。その一方で、できていることやできるようになったことに注目して、それを肯定的に評価することも大切です。リーダーからの肯定的なフィードバックは、職員の自信につながります。

② 指示

　指示とは、教え示すことです。指示はティーチングの一つであり、「○○してください」「○○しましょう」などと、何をするのか、あるいは何をしてほしいのかを直接的に言葉で伝えて教えます。

　リーダーは、業務における指示を通して、職員に知識や技術を教えていることを意識しましょう。リーダーからの指示が曖昧では、職員は正確な知識や技術を身につけることはできません。誰が聞いても共通に理解することができる具体的な表現を使って、的確に指示をすることが求められます。

　例えば、「時々確認してください。何かあったら報告してくださいね」と指示をすると、新人や業務に慣れていない職員は「時々って、どのぐらいの間隔のことだろうか」「何を確認したらいいのだろうか」「どういうときに報告するのだろうか」などと戸惑ってしまうでしょう。「30分ごとに表情や行動を確認してください。困ったような表情やそわそわした動きに気づいたときはすぐに報告してくださいね」な

どと具体的に指示します。また、「この時間帯は落ち着かなくなることが多いので、見守りながら表情や行動を観察してください」などと指示の理由を伝えると、職員は何のためにそうすることが必要かを理解することができます。

③ 助言

助言とは、助けになるような意見を教えることです。「○○してはどうでしょう」「○○するのもよいと思いますよ」などと職員の助けになるようなアドバイスを提供します。職員が自分自身で取り組めそうな業務であれば、最初から細かく指示を与えるより、必要に応じて助言をするティーチングのほうが職員の主体性をより尊重することができます。

リーダーがよかれと思って助言しても、ただ自分が教えたいことを一方的に伝えるだけでは、その職員が必要とするアドバイスにならないこともあるでしょう。的確な助言にするためには、その職員は何ができていて、何に難しさを感じているのかを把握したうえで、その人が必要としていることを教えます。また、指示するときと同様に、「なぜそのようにするとよいのか」という助言の理由や根拠を説明することも大切です。

演習11-2 ジョブ・インストラクションの体験

二人一組になり、リーダー役と職員役を決めます。リーダーは、ジョブ・インストラクションにおける「教え方の4段階」を活用して、職員に技術（介護技術に限らず、パソコンやスマートフォンの操作など研修会場で可能な技術）の指導を行います。体験する時間（教える技術に応じて5〜10分程度）を決めておき、時間になったら終了して役割を交代します。

可能であれば、オブザーバー（観察者）に見てもらい、演習後に気づいたことを伝えてもらうとよいでしょう。

---

③ コーチングの理論と技法の理解

事例の指導計画では、第2期の到達目標は、「6名の利用者の個別支援目標を理解し、上司や同僚の支援を受けながら認知症ケアを実践することができる」、第3

期の到達目標は、「利用者の状況に応じて、上司や同僚の支援を受けながら工夫した支援ができる」としていました。業務の方法や手順を教えるときはティーチングが有効でしたが、その人らしさを重視したケアの実践では利用者によって必要とされるケアの内容や方法が違います。利用者の状況に応じて、職員が自分自身で考え、工夫することができるように、リーダーはコーチングを活用するとよいでしょう。

コーチングとは、一般的に「相手の考えや能力を引き出し、自発的な行動を促すコミュニケーション技術」と定義されています。OJT におけるコーチングとは、職員が自分自身で答えを見つけられるように、リーダーが側面からサポートをするかかわり方のことです。

職員にとって、わからないことがあれば教えてくれるリーダーは頼もしい存在です。だからこそ、職員が過度にリーダーに依存しないように、ティーチングで教えるだけでなく、自分自身で考える機会を提供することが必要になります。ただし、「自分で考えることが大切ですよ」などと伝えるだけでは、実際にどのように考えてよいのかがわからない職員もいます。リーダーはコーチングのスキルを活用して、職員と一緒に考えるプロセスに参加することが必要です。

コーチングには、質問、傾聴、提案などのスキルがあります。

1 質問のスキル

コーチングでは、リーダーが問いかけることで、職員に考える機会を提供します。コーチングでの問いかけは情報収集のための質問ではなく、職員の思考を促すための「発問」です。発問とは、教育的な意図をもって問う行為のことをいいます。

職員に問いかけるときには、拡大質問、未来質問、肯定質問を積極的に活用すると、思考を広げたり、前向きに考えたり、ポジティブ思考を促したりすることができます。

拡大質問

コーチングでは、オープン・クエスチョン（p.267 参照）のことを拡大質問と呼びます。拡大質問で問いかけると、職員は「はい」「いいえ」で回答することができないため、頭のなかを整理したり考えを深めたりして自分の言葉で話をすることになります。拡大質問は回答の範囲を限定しないため、職員の思考を広げることにも役立ちます。

未来質問とは、「これから、どのようなことをしてみたいですか」などと、少し先の未来をイメージさせる質問のことです。相手の意識を「これから」に向ける質問といえるでしょう。

それに対して、過去の出来事に焦点をあてて、相手の意識を「これまで」に向けさせる質問を過去質問と呼びます。「これまでに努力して達成できたことは、どのようなことでしたか」などの成功体験を振り返る過去質問は、職員の自己効力感を高めて、前向きな姿勢を引き出すことに役立ちます。その一方で、失敗体験の原因を究明するような過去質問は、職員の意識を後ろ向きにさせてしまうこともあるため、必要最小限にとどめたほうがよいでしょう。

肯定質問

肯定質問とは、「どうしたらうまくいくと思いますか」などと、焦点を肯定的な側面にあててポジティブに考えることを促す質問のことです。相手の意識を「どうしたら」に向ける質問といえるでしょう。

それに対して、否定的な側面に焦点をあてる質問を否定質問と呼びます。否定質問には、「ない」「しない」などの否定形の言葉が含まれており、相手の意識を否定的な側面に向けてしまいます。「どうして、できないのですか」「なぜ、教えられたようにしないのですか」などの質問は、会話自体を否定的な方向に向かわせてしまうこともあります。

② 傾聴のスキル

リーダーの問いかけに対して職員が話をはじめたら、しっかり傾聴して受け止めることが大切です。話を聴くときには、「傾聴の基本的な技法」（p.267 参照）を意識しましょう。リーダーに関心をもって聴いてもらうことで、職員は主体的に話をすることが可能になります。

質問に対して職員がすぐに回答できないときには、考える時間を保証することが必要です。コーチングの質問には、職員に考える機会を提供する目的があります。性急な態度で言葉を催促したり、矢継ぎ早に質問したりすると、職員は考えを深めることができません。職員の言葉を待つときにはプレッシャーを与えないように、リーダー自身の表情、視線、動作、姿勢などの非言語にも配慮が必要です。

職員にさまざまな視点から考えることを促したいときには、リフレーミングを活

用することも有効です。リフレーミングとは、相手がすでにもっている意味づけや解釈を異なる視点でとらえ直す技法のことです。例えば、利用者に対して、「○○さんは頑固な人」というとらえ方をしている職員に、「○○さんにはこだわりがあるのですね」などとリフレーミングすると、職員の視野を広げて、新たな気づきをもたらす効果が期待できます。リフレーミングの目的は、正しい解釈は何かを追求することではありません。潜在的な可能性も含めて、物事を多面的にとらえることで職員の気づきを促すことが大切です。

③ 提案のスキル

コーチングでは職員の思考を促すために、質問するだけでなく、リーダーから提案することも有効です。長い現場経験のあるリーダーだからこそ気づいたことや、豊かな知識をもっているリーダーだからこそ思い浮かんだ方法などを提案します。そして、職員に「それについて、どう思いますか」「あなたはどう考えますか」などと尋ねて、その提案に対しての意見を求めることでさらに思考を促すきっかけにすることができるでしょう。

④ GROW モデル

職員の目標達成をコーチングでサポートするときは、GROW モデルの四つの段階に沿って、目標を明確にして、現状を振り返り、目標を達成するための選択肢を考えて、意思決定をするための問いかけをします。GROW という名称は Goal（目標）、Reality（現状）、Options（選択肢）、Will（意思決定）の頭文字をとったものですが、英語の GROW という言葉には「成長する」という意味があります。職員が自分自身で考えて答えを見つけることができるように、リーダーはコーチングで側面からサポートするとよいでしょう。

◎ GROW モデルの質問例

- Goal（目標）：達成しようとする目標について問いかける
  「あなたのやりたいことは何ですか」
  「あなたが理想とするのはどのような状態ですか」

- Reality（現状）：現状を話してもらうことで目標とのギャップを明確にする
  「その目標に対して、今はどのような状況ですか」
  「その目標に関して、できていることは何ですか」

- Options（選択肢）：目標と現状とのギャップを埋める方法を引き出す
  「目標に近づくために、やってみようと思うことは何ですか」
  「目標を達成するために、何ができると思いますか」

- Will（意思決定）：何を、いつから行うのか明確にする
  「あなたが取り組んでみたいと思ったものはどれですか」
  「どのような手順で実行しますか」

（演習11-3） コーチングの体験

　二人一組になり、リーダー役と職員役を決めます。リーダーは、GROW モデルを活用して、職員の目標設定をサポートします。体験する時間（10分程度）を決めておき、時間になったら終了して役割を交代します。

　可能であれば、オブザーバー（観察者）に見てもらい、演習後に気づいたことを伝えてもらうとよいでしょう。

4 面接技法の理解

　事例の指導計画では、第4期の到達目標は、「チームケアの目的と意義を理解し、チームの目標と情報を共有し、上司と同僚の支援を受けながら自分の役割を果たすことができる」でした。チームケアの実践では、利用者とのかかわりだけでなく、職員間のかかわりも重要です。業務に慣れてきて、周囲から新人扱いされなくなる頃だからこそ、リーダーはしっかりと職員の状況や課題を把握して適切にサポートすることが必要になります。職員に関する情報は日常的なコミュニケーションから得ることもできますが、時間を設定して1対1で実施する面談は、職員に自分の感

じていることや考えていることを話してもらう大切な機会になります。質の高い面談を実施するためには、ただ思いつくままに会話をするのではなく、コミュニケーション技法や面談の手順を学び、実践することが必要です。

1 質問の基本的な技法

　面談では、職員が主体的に話をすることができるように質問を適切に使い分けましょう。質問には、「はい」「いいえ」で回答してもらうクローズド・クエスチョン（閉ざされた質問）と、回答の範囲を限定しないオープン・クエスチョン（開かれた質問）があります。事実確認を行うときはクローズド・クエスチョンを使い、職員に主体的に話をしてもらうときはオープン・クエスチョンを用いると効果的です。

　例えば、クローズド・クエスチョンで「業務は順調ですか」と尋ねれば、職員は「はい」あるいは「いいえ」と回答することになり、順調か否かを明確にすることができます。職員に自由に語ってもらいたいときには、オープン・クエスチョンで「業務はどのような状況ですか」と尋ねるとよいでしょう。職員の考えや意見などを引き出したいときにも、「どう思いますか」「どのように考えますか」などのオープン・クエスチョンを活用します。

◎ 質問の基本的な技法

> ● クローズド・クエスチョン（閉ざされた質問）
> 「はい」「いいえ」で答えてもらう質問や、名前や生年月日などのように回答する内容が決まっている質問のこと。
>
> ● オープン・クエスチョン（開かれた質問）
> 回答の範囲を限定せずに、相手に自由に答えてもらう質問のこと。

2 傾聴の基本的な技法

　面談において聴くという行為は、職員の話を受け止めて必要な情報を共有するだけでなく、その人との信頼関係を形成するうえでも大切な役割を担っています。熱心に話を聴いているつもりでも、そのときの聴き方が不適切だと職員は話す意欲を低下させてしまうでしょう。それだけでなく、良好な関係を形成したり維持したりすることも難しくなります。

　面談では、目の前にいる職員の話に関心をもって耳を傾けることが基本であり、熱心に聴いていることを相手に伝えるためには、コミュニケーション技法を適切に

活用することが大切です。

◎ 傾聴の基本的な技法

●うなずき／あいづち
　うなずき（首を縦に振る非言語的な動作）とあいづち（「うん、うん」「そうですか」などの短い言語的な反応）を示して、相手に話すことを促す技法
●繰り返し
　相手が話す言葉の一部を、そのままの言葉で返す技法
●言い換え
　相手の発言を、別の言葉に置き換えて簡潔に返す技法
●要約
　相手の話の要点を、聴き手が整理して伝える技法
●明確化
　相手が言いたいと思っていることを、聴き手が明確な言葉で表現する技法
●反映
　相手から見てとった感覚や感情を、聴き手が言語化する技法

③ 面談の手順

　面談の進め方はその目的や対象者によって異なりますが、面接の技法を効果的に活用するための基本的な順序を意識しておくとよいでしょう。

導入

　面談を開始するときには、職員が安心して自由に話せるような雰囲気をつくることが大切です。リーダーは自然体で座り、適切なアイコンタクトを心がけましょう。リーダーが手元の資料や指導計画に目を落としたままだったり、反対に職員をじっと見つめたままだったりすると、職員は話しづらさを感じてしまいます。アイスブレイクとして、ちょっとした雑談や、「今朝は忙しかったですか」などと身近な出来事を質問してみるのもよいでしょう。深く考えなくても返事をすることができるクローズド・クエスチョンで質問すると、職員の緊張をほぐすことができます。

　このとき、「最近、問題はありませんか」「うまくいっていないことはありませんか」などと質問すると、「自分ができていないことを責められるのではないか」などと職員は防衛的に構えてしまうかもしれません。本題に入る前に業務のなかで肯定的に評価できることを伝えたり、日頃の努力をねぎらう言葉をかけたりすると、

職員は自分のことをちゃんと見てくれているリーダーに信頼を感じて安心して話ができるようになります。

本題

　本題に入るときには、職員の主体的な語りを促すためにオープン・クエスチョンを使います。職員が話したいと思っていることを自由に語ってもらうことで、リーダーが予想していなかった情報も引き出すことができるかもしれません。オープン・クエスチョンで問われると、「はい」「いいえ」で回答することができないため、考えを深めたりこころのなかにある思いを整理したりすることになります。職員にそのような振り返りの機会や考えを深める機会を提供することも、面談の目的の一つです。リーダーが意見したときにも「それについて、どう思いますか」などと職員の発言を促す一言を加えて、双方向のコミュニケーションを心がけることが大切です。

　職員の話から直面している問題や課題が把握できた場合には、その内容によって、ティーチングで解決策を教えるか、それともコーチングで一緒に解決策を考えるかを判断します。その場で解決することが難しい問題は、リーダーが上司に相談したうえで対応することを職員に伝えます。

終結

　面談の終了に向けて、これまでの話の内容を要約してまとめます。そのまとめに対して、修正することや補足すること、あるいは質問したいことがないかを職員に確認しましょう。何もないときには、面談の感想を職員に尋ねてみるのもよいでしょう。その職員を応援している気持ちや、いつでも相談や質問を受け付けることを伝えて、面談を終了します。

演習11-4 面談の体験

　二人一組になり、リーダー役と職員役を決めます。リーダーは、導入、本題、終結の流れを意識して、面接技法を適切に活用しながら、職員の業務状況を把握するための面談を行います。体験する時間（10分程度）を決めておき、時間になったら終了して役割を交代します。

　可能であれば、オブザーバー（観察者）に見てもらい、演習後に気づいたことを伝えてもらうとよいでしょう。

5 職場内教育（OJT）において指導技法を活用する際の留意点

　OJTを実施するときには、スーパービジョンの三つの機能をバランスよく発揮することを意識しましょう。OJTでは教育的機能に重きがおかれますが、OJTの教育効果を高めるためには管理的機能と支持的機能も大切な役割を果たします。

1 職場内教育（OJT）における管理的機能

　リーダーは管理的機能を発揮して、OJTの強みを最大限に活かした指導計画を立てる必要があります。OJTだからこそ学ぶことができる内容、あるいはOJTでなければ学ぶことが難しい内容に集中できるように、学習内容を整理して計画することが大切です。

　例えば、基本的なケア技術については、その職員の知識や技術の程度に応じて、Off-JT（Off the Job Training）やSDS（Self Development System）を中心とした学習を計画します。また、ジョブ・インストラクションによる指導に加えて、業務のマニュアルやチェックリストを活用すると、職員はそれらを見て復習したり、自身の学びを確認したりすることができます。職員全員の共通認識としてのマニュアルやチェックリストがあると、誰がOJT担当者になっても均一な指導教育が可能になります。「人によって、教えることが違う」などの混乱を防ぐこともできるでしょう。

　その人らしさを重視したケアの実践には、リーダーによるコーチングでの側面的な支援が必要になります。丁寧に指導教育できるように、十分な時間を確保するための調整や工夫が必要です。

② 職場内教育（OJT）における支持的機能

　リーダーは教えることだけに一生懸命になりがちですが、OJTでは支持的機能を発揮して、職員のモチベーションを高めていくことも重要です。教えたことがすぐにできるようにならないと、リーダー自身が焦りやイライラを感じてしまうこともあるでしょう。できない原因が職員にあったとしても、それを追求するだけでは、相手にプレッシャーを与えるだけで解決策にはつながりません。また、「私が新人のときは」などと自身の体験をもち出したり、ほかの職員と安易に比較したりするのも逆効果になることが多いでしょう。

　職員のモチベーションを維持するためには、リーダーからの承認が必要です。できていないことだけでなく、その職員ができていることや、できるようになったこと、そして努力を続けていることを肯定的に評価してサポートしましょう。

第 **2** 節

指導における活用と留意点

1 ティーチング・コーチング・面接技法の統合

職場内教育（On the Job Training：OJT）の対象となる職員には新卒の新人ばかりではなく、介護の現場経験のある中途採用の職員や、ほかの分野から転職してきた職員もいるでしょう。それぞれの職員の能力を最大限に引き出すためには、その職員や状況に応じて、ティーチングやコーチングなどを適切に使い分けることが必要です。

1 教育効果を高める使い分け

新卒の新人の場合、職場に慣れてもらうことや業務を覚えてもらうことが必要になるため、ジョブ・インストラクションや指示などの直接的に教えるティーチングが優先されます。つまり、知識や技術、仕事のやり方などをインプットする段階では、ティーチングが必要です。

ただし、インプットしただけでは、教育の効果は確認できません。教えた知識が記憶されているか、教えた技術が定着しているかを確認するためには、アウトプットすることが大切です。業務に関する知識や技術を教えたら、コーチングを活用して、それらを応用することを促して教育効果を高めます。

図11-1　**ティーチングとコーチングの使い分け**

② 自立度に応じた使い分け

　入職時には業務を一から教えることが必要だった職員も、OJT の継続的な実施によって、自分一人でできることが増えていきます。その成長を感じたら、リーダーも教え方を徐々に変えていくことが大切です。指示することを少しずつ控えて、必要に応じた助言でサポートします。現場経験のある中途採用の職員であれば、助言によるティーチングから開始してもよいかもしれません。

　職員が業務に慣れてきたら、コーチングの機会を多くするとよいでしょう。指示や助言で一方的に教えるばかりでは、自分で考えて判断したり、工夫したりする能力は育ちません。これまで指導・教育したことやその職員が経験したことを基盤にして、職員自身で答えを見つけられるように側面から支援します。

　職員の成長に合わせて、リーダーのはたらきかけも柔軟に変えていくことで、その職員の自立を後押しすることが大切です。

③ 直面している問題に応じた使い分け

　コーチングと間違われやすいものに、カウンセリングがあります。コーチングは職員の成長をサポートするためのはたらきかけであり、こころに問題を抱えている職員には、カウンセリングが優先されます。リーダーは上司に相談したり、メンタルヘルスの専門家からコンサルテーションを受けたりして、職員のこころの問題を一人で抱え込まないようにしましょう。

　コンサルテーションとは、ある特定の領域の専門家から指導や助言を受けることです。スーパービジョンは同職種のスーパーバイザーが実施するものですが、他分野の知識や技術が必要なときは、部分的にコンサルテーションを受けることが必要になります。

2　指導における倫理的配慮

　職場内で実施される OJT だからこそ、こまやかな倫理的配慮が求められます。OJT の実施が、必要な業務や利用者とのかかわりより優先されることのないように注意します。

　特に、個別的なケアにおける OJT では、利用者やその家族の前で職員の誤りを

指摘したり修正したりすることは避けましょう。利用者のストレスや家族の不安感、あるいは不信感の原因になることもあります。また、職員にとっても、利用者やその家族の前で誤りを指摘されることに、心理的な抵抗を感じるかもしれません。個別的なケアに関する指導は、場所を変えて、後から丁寧に行うことでより深い学びに発展させることが大切です。事後の指導であれば、リーダーは観察していたケア場面を職員とともに振り返り、職員自身で省察する機会を提供することも可能です。コーチングで職員の気づきや自己覚知を促して、OJTの学びを成長につなげることを意識しましょう。

> **演習11-5 職場内教育（OJT）の展開方法の検討**
>
> 　3〜4人のグループをつくり、演習11-1（p.255参照）の自分が受けた職場内教育（OJT）の振り返りをグループで発表してみましょう。そのうえで、職員に対するOJTの展開方法について、ティーチング、コーチング、面接技法の効果的な活用について検討し、グループで共有しましょう。

第 **12** 章

職場内教育（OJT）の実践

目的

これまでに学習した認知症ケアに関する指導技術について、食事・入浴・排泄等の介護、行動・心理症状（BPSD）、アセスメントとケアの実践などの具体的場面において、どのように活用していけば良いか、演習を通じて体験的に理解する。

到達目標

1 食事・入浴・排泄等への介護に対する指導の演習を通じ、介護職員等を指導するための指導計画の立案のあり方を理解する。
2 行動・心理症状（BPSD）への介護に対する指導方法を理解する。
3 アセスメント及びケアの実践計画立案に関する指導を実践できる。
4 介護職員等に対する自己の指導の特徴を理解する。

特に関連する章

第10章　職場内教育の基本視点
第11章　職場内教育（OJT）の方法の理解
第13章　職場実習

食事・入浴・排泄等への
介護に関する指導方法

　本章では、職員の指導を、①職員の力量の評価、②個別課題の明確化と指導目標の設定および指導計画の立案、③実際の指導、④指導成果の評価の四つの段階に分けて考えていきます。第1節では「食事・入浴・排泄等への介護」、第2節では「認知症の行動・心理症状（BPSD）への介護」、第3節では「アセスメントおよびケアの実践」について取り上げます。第1節では特に、職員の力量の評価から指導計画の立案まで、第2節では特に、実際の指導について、第3節では特に、指導成果の評価について演習を通して詳しく解説します。演習で使用する書式は、認知症介護研究・研修センターから示されている参考様式[1]のうち、「認知症ケア能力評価表」と「認知症ケア指導計画書」を参考にしています。

指導の対象となる職員 A さんの紹介

　第1節では、認知症の症状により生活行為をうまく遂行できなくなっている人へのケアや、過介助になっていて認知症の人の力に気づいていない職員に焦点をあてて、どのように職員を指導していけばよいのかを考えていきます。

◎ Aさんのプロフィール

- 27歳、男性、介護福祉士。福祉系大学を卒業後、現在の職場である特別養護老人ホームに就職して5年目。所属するユニットには10人の利用者がおり、全員にアルツハイマー型認知症の診断がついている。
- 対応は穏やかで優しく、利用者に好かれている。業務や記録はそつなくこなし、時間内に終えることができているので、同じユニットの職員から頼りにされている。
- 業務を早く終わらせて利用者とかかわる時間をとろうとするので、時間に余裕があるときでも手早く介護を進める傾向がある。
- 自分でうまくできなくて困っていることがあると、自分なりに試行錯誤はしている。しかし、よほど困っている場合でないと、先輩などに相談することはない。施設内の勉強会には毎回参加しているが、自主的に勉強をすることはない。
- Aさんが行っているケアは、この施設のなかでは平均的なレベルである。

◎ Aさんが行っている「食事・入浴・排泄等への介護」の状況

---

① 食事の介護

・配膳や下膳の際には、「今日のお昼はハンバーグですよ。温かいうちにどうぞ」など、優しく声をかけている。

・おやつ提供時には、一律にヨーグルトのカップの蓋をはがしたり、お菓子の袋を完全に開けてから利用者に手渡している。

・食事介助の際には、利用者に話しかけてはいるが、隣のテーブルで介助している職員とおしゃべりしていることも多い。

・手づかみで食べようとする利用者には、「あー、だめ。手で食べちゃだめですよ」などと声をかけることが多い。

・声かけしてもなかなか食べはじめなかったり、途中で食べることを中断してしまう利用者に対しては、「食べないんですか。お手伝いしますね」と食事を全介助で食べさせてあげることもある。

② 入浴の介護

・脱衣所では職員がそれぞれの判断でCDを選んで音楽を流している。Aさんは最近の流行りの音楽を流している。

・入浴をよく嫌がるアルツハイマー型認知症の人とのやりとりでは、「昨日は、『明日入るよ』って言ったじゃないですか」と声をかけ、「そんなこと言ってないよ」と言われても、「いや、昨日はそう言ってましたよ」と重ねて説得を試みることもある。

・洗髪や洗身のときには、からだの前面は自分で洗ってもらうように声をかけているが、一律にボディーソープの泡立て、背中を洗う、蛇口操作やシャワーでのお湯かけ等を介助している。からだを拭ける人には自分で行ってもらっている。

・重度のアルツハイマー型認知症の利用者Bさんは、脱衣所で衣服を脱ぐのを嫌がるので、結果的に無理に脱がせることになってしまう場合が多い。しかし、そんなに強く抵抗するわけではないので、一人でも十分に対応できている。浴室ではほぼ全介助だが、浴槽を見ると自分から入ることができるので、浴槽の出入り動作だけは見守りで行っている。衣服を着るときには、Bさんは時々、自分でそでに腕を通して引っ張ったり、靴下を手渡すとスッと履くこともあるが、ほとんどの場合はできないので全介助で行っている。AさんはBさんの介助について困っていて、苦手意識をもっている。

③ 排泄の介護

・トイレ誘導のときには、利用者の席まで行き、すぐに「○○さん、トイレに行きましょう」と呼びかけている。多くの利用者は応じてくれるが、「さっき行ったからいいです」と断られることもある。

・介助があれば歩ける利用者に、「車いすでトイレまで連れて行って」と頼まれたときには、「歩かないと足が弱っちゃいますよ。お手伝いしますから一緒に行きましょう」と優しく促している。

・介助が必要な利用者に対しては一律に、トイレットペーパーをちぎって手渡したり、水洗レバーを押す介助、手を洗うときには蛇口操作なども行っている。

・利用者Bさんは、身体機能の障害はないが、さまざまな場面で声かけをうまく理解できず、便座の前に誘導して「座ってください」と声をかけると「はい」と返事をするものの座ろうとしないことが多い。何度も声をかけても座れないので、結局少し強引に座らせてしまい、Bさんは「危ない、危ない」と怖がってしまうことが多い。

　ここでは、評価する内容として、①認知症ケアの知識、②アセスメント、③介護方法、④介護評価、の四つをあげています。**表12-1**に、考え方の例を示していますので参考にしてください。

表12-1　四つの評価内容の考え方の例

評価する内容	「評価する内容」のとらえ方の例	食事・入浴・排泄等の介護に関する具体的な内容
認知症ケアの知識	● 実際に活かせるかどうかは関係なく、一般的な知識をもっているか。	● それぞれの生活行為を行うことの意義 　例）食事の場合：栄養摂取、満足感、楽しみなど ● それぞれの生活行為を行うために必要な、記憶・注意・物を認識する能力・実行機能などの認知機能に関する知識 ● 疾患ごとに、また重症度によって現れる生活行為の支障のパターン ● 自助具などの福祉用具の知識 ● 環境整備に関する基本的な知識（心地よい雰囲気づくり、物の認識を助けたり動作などに集中しやすい環境）　など
アセスメント	● 個々の利用者に対して、認知症ケアの知識等を活用して、実際に必要な情報を収集できるか。 ● 集めた情報を整理・分析して課題や目標を設定できるか。	● 認知機能のアセスメントを行う能力 ● ふだんの実行状況を把握するだけではなく、最大限の能力を発揮すると何をどこまでできるのかを見きわめる能力 ● 「食事」「排泄」と大きな括りでとらえるのではなく、生活行為を複数の工程に分けて観察・分析する能力 ● 現在はできなくても今後できるようになる可能性を見きわめる能力 ● 得られた情報を整理して、かかわるポイントを見きわめる能力 ● それぞれになじんだやり方や好みについて把握する能力 ● 自分でアセスメントできなくても、ほかの職員から教えてもらって把握する能力　など

介護方法	●個々の利用者に対して、本人のもつ能力を最大限に発揮してもらいつつ、心地よく生活行為を遂行してもらう技術があるか。	●相手に好印象をもってもらえるようなコミュニケーション技術 ●利用者のペースに合わせながらスムーズに介助する技術 ●わかりやすく説明をする技術（伝わりやすい説明の仕方、声の大きさ、間のとり方、適切な立ち位置、声かけが多いと混乱する人には最小限にするなど） ●できる動作を引き出す技術（手をとって動作を促す、物を認識しやすく呈示するなど） ●利用者に合わせて周囲の音や視覚的な刺激の量や質を調整する技術 ●羞恥心やプライバシーに配慮して介助を行う技術　など
介護評価	●自分の行ったケアを客観的に振り返ることができるか。	●かかわりの前後で生活行為の行い方の質の変化を比較できる（行えた動作やかかった時間の変化、表情や発言内容の変化など）。 ●自分の行ったケアを振り返って、うまくいった点や今後の改善点等を明確にし、日々のケアを記録することができる。

② 職員の経験年数や立場に応じて求められる力量

　Aさんは特別養護老人ホームに就職して5年目の職員です。まずは、実際にAさんができているかどうかは別として、Aさんのような経験年数や立場であれば、どのような能力を身につけていることが望ましいのかを考えてみましょう。

演習12-1　Aさんの経験年数・立場で必要な能力

① 三つの生活行為（食事、入浴、排泄（はいせつ））のうち、どれか一つを選びます。

② 選んだ生活行為のケアに関連して、Aさんと同じような経験年数や立場の職員であれば、どのような知識をもっていてほしいか、具体的に何をアセスメントできていてほしいか、実際にどんなケアを実践できていてほしいか、自分の行ったケアをどのように振り返ってほしいか、そしてどんな記録を書いてほしいかなど、できるだけ具体的に考え、演習12-1用シートの「評価対象項目」の欄に記入しましょう。

◎ 演習 12-1 用シート：A さんの認知症ケア能力評価表

	評価対象項目 (A さんの経験年数・立場で必要な能力)	評価結果	
		できている点	課題（できていない点）
認知症ケアの知識			
アセスメント			
介護方法			
介護評価			

3 食事・入浴・排泄等への介護に関する力量の評価

　職員の力量を評価する方法はさまざまにあります。例えば、職員の実際のケアの様子を観察する、面談で考え方や知識を確認する、その職員の記録を確認する、ケアカンファレンスでの発言を参考にする、筆記テストを実施するといった方法などです。指導を行う際には、リーダーは、職員の力量をいつ・どこで・どのような方法を用いて評価するかをあらかじめ考えておく必要があります。

（演習 12-2） A さんの力量の評価

　演習 12-1 で選んだ生活行為について、引き続き考えていきます。
　「指導の対象となる職員 A さんの紹介」（p.276 参照）を読んで、A さんについて「できている点」と「課題」を先ほどの演習 12-1 用シートの「評価結果」の欄に記入してみましょう。

ポイント

　A さんが実際に行っている食事、入浴、排泄のケアに関する情報は限られていますが、これらすべての情報を参考にすると、書かれていないことでも、「このような状況だろう」とある程度具体的に考えることができます。もちろん予測した事柄については、実際はどうなのかを確かめることが大切です。

表12-2　演習12-1用シートの記入例（「入浴」に関するAさんの認知症ケア能力評価表）

	評価対象項目 （Aさんの経験年数・立場で必要な能力）	評価結果	
		できている点	課題（できていない点）
認知症ケアの知識	● 入浴について清潔保持だけでなく爽快感・楽しみを感じる場と理解している。 ● 自立支援の大切さを理解している。 ● 認知機能障害についての基礎知識がある。 　→アルツハイマー型認知症では、近時記憶が障害されること。 　→見当識障害といっても、失見当や誤見当（事実ではないが自分なりのとらえ方）などの状態があること。 　→実行機能障害とは、一連の工程の遂行が難しくなること。 　→重度でも手続き記憶により、一部動作が可能な場合があること。 　→進行すると、理解できる言葉が少なくなること。	● 相手を気遣う声をかけており、気持ちよく入浴してほしいという思いをもっている。 ● 歩行等身体機能を維持することの重要性を理解している。 ● 勉強会に毎回参加している。	● 認知機能障害（近時記憶障害、見当識障害、物の認識の障害）の知識が不足している。 ● 自立支援は歩行等身体機能の維持ととらえており、ほかの場面では自立支援の視点がない。
アセスメント	● 会話などから、どのくらいの時間、覚えていられるか把握できる。 ● 場所の見当識障害の状態や主観的世界を推察し、認知症の人自身は、どこで何をしていると思っているのかを探ることができる。 ● 浴室の場所がわかるか、脱衣所や浴室を正しく認識できるかを確認することができる。 ● 入浴の一連の流れを複数の工程に分けて観察し、できる部分を見きわめることができる。 ● いろいろな道具を正しく認識できるか、実際に操作できるかを確かめることができる。 ● どのような音楽が好きか、どのような雰囲気が落ち着くのかを把握することができる。		● 近時記憶障害、見当識障害の状況を具体的に把握できていない。 ● 主観的世界を推察できていない。 ● 最大限の能力を確かめることができていない。 ● Bさんのできる動作の引き出し方、わかりやすい声かけの方法などを見きわめられない。
介護方法	● 相手によい印象をもってもらえるような話し方ができる。 ● 認知症の人の主観的世界に合わせながら、不安を与えずに脱衣所に誘導することができる。 ● 脱衣、洗身、着衣、整髪動作などのできる部分を行ってもらえる。 ● 重度の人には、シンプルな言い回しにする、言い換えてみる、間をとりながら聞き取りやすく話しかけることができる。 ● 注意が向きにくい人には、視界に入りやすい位置に立って、ジェスチャーなどで動作を促すことができる。 ● 利用者を楽しませる会話や好きな音楽をかけるなどの雰囲気づくりができる。 ● 限られた時間のなかで、スムーズにケアを行うことができる。	● 穏やかで優しい対応ができている。 ● 自分なりに試行錯誤している。 ● 一部分の動作は利用者に行ってもらっている。 ● 時間内にケアを終えることができている。	● 早く業務を終えようとするので、ケアのペースが速い。 ● 現実を説得して失敗している。 ● 過介助になっている。 ● Bさんを無理やり介助して、混乱させている。 ● 利用者が好きな音楽ではなく自分の好みで選曲している。

介護評価	● 利用者ごとに、毎回の入浴介助について振り返ることができる。 →入浴による満足感を表情や発言から振り返る。 →本人のできる部分を最大限引き出せる。 ● 改善の余地がある場合には、次回どのように工夫するかを考えることができる。 ● ケアの記録をわかりやすく書くことができる。	● うまくできないと自覚している。 ● 時間内に記録を書くことができている。	● うまくできないと自覚しているが、そのままにしている。 ● 自分では気づかずに過介助をしているなど、適切な振り返りはできていない。

③ 個別課題の明確化と指導目標の設定および指導計画の立案

　演習12-1、演習12-2を通して、「Aさんの経験年数・立場で必要な能力」と、「Aさんの実際の力量」について考えてきました。「演習12-1用シートの記入例」を見るとわかるように、Aさんに求められる能力と実際の力量には大きな差があります。この差を埋めていくために、Aさんの課題を明らかにして、目標を設定し、具体的な指導計画を考えていきます。

1 個別課題の明確化

　Aさんの認知症ケアに関する個別課題は、基本的には演習12-2で考えた「評価結果」の内容に該当します。では、この課題がなぜ生じているのか、次の演習12-3を通して、課題の背景を分析します。それぞれは独立した課題というよりも、互いに影響し合って現在の状況を生み出していると考えられます。課題全体の考察ができれば、どこから・どのように指導していけばよいかもみえやすくなります。

（演習12-3） Aさんの課題全体の考察

　演習12-1で選んだ生活行為について、引き続き考えていきます。ここでは、演習12-1用シートの「評価結果」の「課題（できていない点）」に書いた内容を、そのまま指導課題として進めます。

　それぞれの課題がどのように影響し合って現在の状況に至っているのかを考え、演習12-3用シートの「指導課題」の欄に記入してみましょう。「認知症ケアの知識」「アセスメント」「介護方法」「介護評価」の四つの項目をまとめて考えていきましょう。

> **ポイント**
>
> 　Aさんが、5年近い経験がありながら、このような状況に陥っている理由を考えます。もしかすると、これはAさんの個人的な問題だけではないかもしれません。Aさんは、職場の風土やほかの職員が行っているケアからも大きな影響を受けています。また、Aさんに対するこれまでの指導は適切に行われていたか、リーダー自身のケアはほかの職員の模範となるものだったかなど、職員を指導するときには、その職員の課題とリーダー自身を含めたチームの課題、さらに組織の課題を正しくとらえることが重要です。

◎ 演習 12-3 用シート：A さんの認知症ケア指導計画書

	指導課題 （課題全体の考察）	指導目標 （1 か月後の目標）	具体的方法
認知症ケアの知識			
アセスメント			
介護方法			
介護評価			

② 指導目標の設定および指導計画の立案

　次は目標の設定です。A さんの経験年数・立場で必要な能力については、演習 12-1 で考えました。基本的にはこの水準を目指すことになりますが、現状との差が大きすぎる場合には、この水準を目指すことは難しい場合もあるでしょう。また、期間設定によっても達成できる目標の水準が変わってきます。今回は、1 か月の取り組みで達成できそうな目標を考えてみましょう。

　表12-3には、演習 12-3 用シートの記入例を示していますので、参考にしてください。

　演習 12-3 であげた指導課題に対して、1 か月の指導で達成できそうな目標を考えてみましょう。「認知症の中核症状について基本的な知識を身につける」といった曖昧な目標ではなく、できる限り具体的に、どのようなことがわかるようになるのか、できるようになるのかをイメージし、演習 12-3 用シートの「指導目標」の欄に記入しましょう。また、そのための指導計画も併せて考えてみましょう。

ポイント

　指導の際に注意したいことは、指導される側がその必要性を十分に理解して、納得のうえでリーダーからの指導を受けることができるかどうかです。課題・目標設定の段階から指導対象の職員と話し合いながら進めていくことが望ましいでしょう。常に指導する側とされる側の両者で合意してから進めることが大切です。

　また、職員に「責められている」と感じさせないように、できている部分を褒めたり、一緒に考えたり、共感的な姿勢を心がけましょう。

表12-3　演習 12-3 用シートの記入例（「入浴」に関する A さんの認知症ケア指導計画書）

	指導課題 （課題全体の考察）	指導目標 （1 か月後の目標）	具体的方法
認知症ケアの知識	● A さんのケアのレベルはこの施設では平均的なので、先輩や同僚から教わる経験は少なく、自分のケアが未熟だと感じる機会も少なかったのではないだろうか。基本的な態度や考え方はよいが具体論を知らないので、アセスメントや実際の介助をうまく行えていないのだろう。	①リーダーによる、B さんのアセスメントとケアの実践や解説を通して、考え方や方法を理解できる。 ②B さんの混乱を減らし、できる動作を引き出すことができる。 ③利用者ごとに記憶・見当識の把握、主観的世界の推察ができる。 ④声かけや動作の説明などを相手に合わせて意図的に変化させることができはじめる。	❶面談で困っていることを聴き、まずは A さんの困りごとを整理する。 ❷B さんが混乱しない介助、できる部分を引き出すかかわり方をリーダーが実際に行う場面を見せて説明する。 ❸B さんのケアを一緒に行いながら指導する。 ❹B さん以外の利用者のケアについてもできる部分を引き出す場面を見せる。
アセスメント	● 利用者 B さんのケアについては、うまくできていないと自覚できているが、それ以外は自分にとって課題だとは認識し	⑤余裕のあるときには業務をゆったりと進められるようになる。	❺介護の専門雑誌の特集記事などのうち、認知機能や日常生活動作（ADL）の介助のポイントに関するものを読んでもらう。

介護方法	ていない可能性が高い。まずは本人が困っているBさんのケアを取り上げながら、それ以外の課題に気づいてもらう必要があると考える。	⑥更衣や洗身・洗髪、整髪での過介助が減る。 ⑦利用者の好きな音楽をかけたり、もっと楽しんでもらえるような会話ができるようになる。	❻記憶・見当識障害などについてリーダーが一人の利用者について解説し、それを参考に自分で探ってもらう。 ❼❶〜❻を踏まえ、入浴ケアの試行錯誤をしてもらう。 ❽入浴の際の雰囲気づくりを考えて実践してもらう。 ❾定期的に短時間の面談を行い、自分のケアをどのように振り返ることができるか確認し、記録の書き方も指導する。
介護評価			

　職員の力量の評価から目標の設定までのプロセスでは、できるだけ具体的な介助場面を取り上げると、課題や目標も具体的に考えることができます。抽象的な課題や目標では、実践につながりにくくなってしまうので、注意しましょう。

4　実際の指導と指導成果の評価

1　指導経過

　Aさんの入浴介助に関する指導では、まずAさんと面談し、どのようなことに困っているか、何を改善したいと考えているのかを話してもらいました。すると、「Bさんの介助がうまくいかないので少し困っている」とのことでしたが、「ほかの人のケアはうまくできていると思います」と話していました。リーダーは、この段階でAさんが課題だと認識していない事柄を指摘すると、指導を受けるモチベーションが下がってしまう可能性があると考え、まずはAさんが困っているBさんへの対応を一緒に考えることにしました。

　面談の次の日はBさんの入浴日で、Aさんは休みの日でした。リーダーは自分自身がBさんの介助について理解していなければ、適切な指導はできないと思い、改めてBさんの入浴介助を行ってみました。実は、リーダー自身もBさんのケアは難しいと感じており、Aさんと同じように失敗してしまうことがあったのです。この日はいつもより時間をかけて試行錯誤しながらBさんにかかわってみました。その結果、言葉をかけすぎないこと、いつもより少し離れて全身がBさんの視界に入るくらいの位置から単純なジェスチャーとともに「座ってください」と伝える

と、スムーズに座ることができそうだという感触をつかみました。Bさんの入浴介助を通して把握できたことを踏まえながら、次の入浴日にはAさんと一緒に入浴介助に入り、リーダーのかかわりを見てもらいました。

　Bさんが浴槽から出る場面から交替し、見せたことを参考にケアを実践してもらいました。その結果、座る動作はスムーズにでき、「今度からこんな感じでやってみます」と、Aさんから感想を聞くことができました。その後、ほかの利用者のケアについてもAさんに見てもらいました。Aさんは「いつも僕が介助していましたけど、結構皆さん自分でできるんですね…」と反省しているようでした。この日の夕方の2回目の面談では、「今日はありがとうございました。Bさんには入浴のとき以外でも、同じように試してみようと思います」と前向きな発言がありました。

　リーダーは、認知症ケア指導計画書の「指導目標」と「具体的方法」を見せて、「AさんにはBさん以外の利用者のケアもできるようになってほしいと思っていることがあるんですよ」と話してみました。Aさんは、「いつも何も考えないで、利用者さんの介助をしていました。リーダーが介助するところを見て、やりすぎていたと感じました。これからは、できるだけ自分でやってもらおうと思います。でも、忙しいときは難しいかもしれませんね…」と話しました。また、「指導目標」については、「1か月で少しでもできるように頑張ってみます」と前向きに考えていました。リーダーからは、まずは余裕があるときに行えばよいこと、一度に全員は難しいので、まずは利用者のCさんを対象に行ってみることなども提案しました。この先2週間は、Aさんが自分で行ってみることになり、意図的なケアを実践することで、記録の内容は自然と整理されていくだろうと考え、リーダーが記録を定期的に確認して、随時指導していくことにしました。

② 指導成果の評価

　1か月後のAさんとの面談では、「指導目標」に沿ってAさんができるようになったと感じていることを質問しました。Bさんのケアでは、まだ脱衣では不快な思いをさせてしまうことが多いとのことでしたが、座ったり、立ち上がったりする動作は、スムーズに促すことができるようになり、着衣の際には、Bさんの一部の動作を引き出せるようになったとのことでした。また、Bさん、Cさんのほか、2名の利用者についても洗身や整髪など、できることを行ってもらえているとのことでした。記録は自分なりに試行錯誤したけれど、なかなか難しいということで、今後は一緒に書きながら思考を整理して記録する方法を身につけていくことになりました。

認知症の行動・心理症状（BPSD）への介護に関する指導方法

 1 指導の対象となる職員 D さんの紹介

第 2 節では、認知症の人の行動・心理症状（BPSD）の背景に目を向け、そこにかかわっていく視点を得るための指導方法について考えていきます。

◎ D さんのプロフィール

- 30 歳、女性、介護福祉士。高校卒業後、製造業に従事し、その後、介護の仕事に転職。デイサービスセンターの勤務（3 年）を経て、現在のグループホーム（9 人×2 ユニット）に異動。介護職員として通算で 8 年目。現在は所属するユニットのサブリーダーを務めている。
- 利用者に対して、ふだんは丁寧に対応しているが、余裕がなくなると、表情や口調がきつくなることがある。利用者のなかにも、「あの人はいい人のときとそうでないときがある」と話す人がいる。
- サブリーダーとしてほかの職員に指示を出すことや利用者への対応について質問されることもある。ふだんは丁寧に応対するが、余裕がなくなると職員に対しても口調がきつくなることがある。そのようなときにはコミュニケーションがとりづらいと、過去に職員からリーダーに相談があった。
- 日中の会議には参加するが、夕方に行われることが多い研修には、子ども（3 歳）の用事のため、出ないことが多い。

◎ D さんが行っている「認知症の行動・心理症状（BPSD）への介護」の状況

① 幻視のあるレビー小体型認知症の人への介護
- 庭いじりが好きだった利用者 E さんが、夕方、中庭を眺めながら「あそこに兵隊がいる。俺を狙っている」と訴えてきたことに対して、「兵隊がいるんですか、それは大変ですね」と、まずは否定せずに答えている。
- 再度「あそこに兵隊が潜んでいる。木の陰だ、間もなく夜になると攻めてくる」と話す E さんに「それは大変ですね、どこにいるんですか」と聞き、「中庭だ」と E さんが答えると、タオルをたたむ手は止めずに、「窓には鍵をかけておきますから大丈夫ですよ」と口調は優しく、安心してもらえるように対応する。
- E さんが「鍵ぐらいじゃだめだ。夜に突き破って攻めてくる」と引き続き訴えると、忙しそうにしながら、しぶしぶ「ここの鍵は丈夫だから大丈夫ですよ。窓も頑丈だから大丈夫です。それに兵隊なんか見えませんよ。見間違いじゃないですか」と手を止めずに答える。

- 「なんでそのままにしておく。狙われているんだぞ」と怒った表情の E さんに対して、「だから大丈夫です。今はそんなことより夕食の準備が遅れているんです。ご飯が食べられなくてもいいんですか」ときつく答え、その後、E さんは別の職員に話すようになる。
- その日の記録には、「夕方に兵隊がいるという幻覚あり」と書かれていた。

② 「家に帰りたい」と繰り返すアルツハイマー型認知症の人への介護

- 日中はほかの利用者とも楽しそうに談笑していた利用者 F さんが夕食前に「家に帰りたい」と言うと、「帰宅したいんですね、では聞いてきますね」と伝え、その場を離れて様子をみていることが多い。
- 「家に帰ります」と再度訴えてきた F さんに、「そうなんですね、では聞いてきますので少々お待ちください」と答えてその場を離れ、その後、F さんに話しかけないことが多い。
- 「家に帰らなければ」と引き続き訴えてきた F さんに、「なんでそんなに帰りたいんですか。家には誰もいませんよ。今日は泊まっていってください」と伝え、F さんが困惑した表情になっていることがある。
- F さんが「なぜ帰さないんだ。俺を閉じ込める気か。帰らなきゃならないんだ」と怒った表情で訴えてくると、「閉じ込めてなんかいませんよ。だから今日は無理なので、ここに泊まっていってください。さっき言いましたよね」と強めに答えることが多い。
- 夜勤者には「夕方、強めの帰宅願望があって大変だったのでよろしく」などと申し送りを行い、急いで帰宅していくことが多い。

2 職員の力量の評価

1 職員のどのような能力を評価するのか

　ここでは、評価する内容として、①認知症ケアの知識、②アセスメント、③介護方法、④介護評価、の四つをあげています。**表12-4**に、考え方の例を示していますので参考にしてください。

表12-4　四つの評価内容の考え方の例

評価する内容	「評価する内容」のとらえ方の例	認知症の行動・心理症状（BPSD）に関する具体的な内容
認知症ケアの知識	● 認知症の種類とそれぞれの特徴を理解しているか。	● 認知症の種類に応じた特徴について ● 認知症の特徴に応じた一般的な対応について ● 認知症の種類（原因疾患）によって中核症状にも特徴があり、発現しやすい BPSD があること。

	◈認知症の種類によって生じやすいBPSDについて把握しているか。 ◈BPSDの発症要因について理解しているか。	◈BPSDは主に中核症状を基に、さまざまな要素が相互に作用することで起こること、それには個人差があること、背景を探ることが重要なこと　など
アセスメント	◈認知症の種類や原因疾患について必要な情報を収集できるか。 ◈利用者一人ひとりの生活歴や既往歴などの情報を収集できるか。 ◈収集した情報を整理し、表出した症状と関連づけて分析できるか。	◈認知症の種類や原因疾患についての情報収集能力 ◈認知症の原因疾患の背景にある生活習慣等について ◈仕事や家族関係・生活状況などの情報から、性格や考え方・趣味や余暇の過ごし方、人間関係のもち方やコミュニケーションの傾向など（個人的要因）を分析する能力 ◈既往歴や服薬状況などの情報から、日常生活動作（ADL）や手段的日常生活動作（IADL）などの身体機能や可能な活動について、また起こりやすい体調の変化など（身体的要因）をアセスメントする能力 ◈これまでの生活環境や生活習慣などの情報から、現在の生活環境（部屋の状況・照明・音・広さ・匂い・人数等）との差異（環境的要因）を分析しBPSDとの関連を推測する能力 ◈BPSDが表出した際の対応方法を検討する能力 ◈BPSDが表出した際の前後の状況や職員・ほかの利用者とのかかわり方など、ほかの職員からの情報も含めて、関連づけて分析・検討する能力　など
介護方法	◈利用者ごとに、推測される背景に応じた対応方法を提供できるか。	◈認知症の種類や原因疾患に応じて、利用者に適した対応ができる。 ◈利用者の背景（個人的要因・身体的要因・環境的要因）を踏まえた活動などが提供できる。 ◈利用者の個別性に応じてわかりやすい言葉で対応できる。 ◈利用者の個別性に応じて納得を得られる対応ができる。 ◈利用者の個別性に応じてBPSDの原因と思われる事象への対応ができる　など
介護評価	◈自分の行ったケアを客観的に振り返ることができるか。 ◈ほかの職員との情報共有や協働ができるか。	◈対応前後の利用者の様子（行動面・心理面）について客観的に振り返り、比較できる。 ◈自分の対応が、利用者の背景（認知症の種類・生活歴・個人的要因・身体的要因・環境的要因）を踏まえたものであったかどうか、客観的に判断できる。 ◈自分の行ったケアを振り返って、うまくいった点や関連すると思われる事項、今後の改善点等を日々、記録し、ほかの職員と共有できる。

　職員の力量を評価する方法は、第1節で詳述したとおりです（p.278 参照）。

　Ｄさんは介護経験8年目になるサブリーダーです。Ｄさんのような経験と立場であれば、このようなことを理解していて、このように実践してほしいという「望ましい姿」に、実際のＤさんの状況を照らして評価します。サブリーダーとしてのチームのなかでの役割という視点も重要です。**表12-5**に、ＤさんのBPSDへの介護に対する能力評価表の記入例を示しました。

表12-5　ＤさんのBPSDへの介護に対する能力評価表の記入例

<table>
<tr><th rowspan="2"></th><th rowspan="2">評価対象項目
（Ｄさんの経験年数・立場で必要な能力）</th><th colspan="2">評価結果</th></tr>
<tr><th>できている点</th><th>課題（できていない点）</th></tr>
<tr>
<td>認知症ケアの知識</td>
<td>● BPSDの発症要因およびそれには個人差があること。
● 認知症の原因疾患によって、認知機能の障害にも差異があること（障害を受けやすい部分についての理解）。
● 認知症の多くの人は「わからないこと」による不安が心理的基礎にあること。
● 認知症があるからといってその人本来の人間性は変わらないこと、プライドも感情も残っていること。
● 以上の知識について理解し、ほかの職員に説明できること。</td>
<td></td>
<td>● 記憶障害について理解できていない。
● 繰り返される訴えの背景を検討することができていない。
● 利用者の尊厳を軽んじる対応をすることがある。
● 訴えが繰り返されると返答がきつく、強くなる。</td>
</tr>
<tr>
<td>アセスメント</td>
<td>● 個別の利用者について、認知症の種類や原因疾患を把握できている。
● 個別の利用者について、基本情報（仕事や家族関係・生活状況等）、性格や考え方・趣味や余暇の過ごし方・人間関係のもち方等を把握している。
● 個別の利用者について、これまでの生活環境や生活習慣を把握している。
● 個別の利用者に伝わりやすい言葉の表現を把握している。
● 個別の利用者について、BPSDの背景（個人的要因・身体的要因・環境的要因、心理的側面等）をほかの職員と情報共有し、分析することができる。
● BPSDへの対応について、ほかの職員と協議して提案することができる。
● これまでの情報等から、BPSDの表出を予測し、軽減するような対応をすることができる。</td>
<td>● 利用者の家族の状況（自宅には誰もいないこと）を把握している。
● BPSDがみられたことについては申し送りしている。</td>
<td>● アルツハイマー型認知症の人は近時記憶障害が主症状であることが認識できていない。
● 利用者の訴えの背景を考えることができていない。
● ほかの職員と症状の理由や背景について、協議していない。
● サブリーダーとして、ほかの職員の模範とならない場面がある。</td>
</tr>
</table>

介護方法	● 認知症の人の多くが抱える不安に対して、受容的で不安を軽減する対応ができる。 ● 認知症の種類や原因疾患に応じた対応ができる。 ● 利用者の背景（個人的要因・身体的要因・環境的要因）に応じた返答ができる。 ● 利用者にわかりやすい言葉（個人的要因等から推測して）で返答することができる。 ● 利用者の性格等（個人的要因等から推測して）に配慮した対応ができる。 ● 自分の対応の根拠について説明し、ほかの職員と共有できる。	● はじめは受容的で不安を軽減することを意識した丁寧な受け答えができている。	● 利用者にわかりやすい言葉で話ができていない。 ● 利用者の訴えに対して、誠実に対応できていない。 ● 繰り返し訴える利用者に対して余裕がなくなり、態度や表情・口調がきつくなっている。
介護評価	● 自分の対応による利用者の様子の変化が客観的に評価できる。 ● 自分の対応が利用者の背景を踏まえることができていたか分析できる。 ● 自分の対応とほかの職員の対応の結果を客観的に評価できる。 ● 自分やほかの職員の対応の結果を踏まえて、よりよい対応を検討できる。 ● 以上の評価について、ほかの職員と共有できる。		● 自分の対応によって、利用者の心理面がより不安定になったことに対して検証できていない。 ● 利用者の状況が改善されないことについて、ほかの職員と協議・検討・評価していない。

3 個別課題の明確化と指導目標の設定および指導計画の立案

表12-5を見るとわかるように、Dさんは、BPSDに対する介護について必要な能力と実際の力量には大きな差があります。この差を埋めていくために、課題を明らかにして、目標を設定し、具体的な指導計画を考えていきましょう。

1 個別課題の明確化

Dさんの認知症ケアに関する個別課題は、表12-5の「評価結果」の「課題（できていない点）」の内容に該当します。まずは、この課題がなぜ生じているのか、課題の背景を分析します。

Dさんに限らず、人がある行動をしたり、ある状態になっている理由は複数あることが多いでしょう。また、日によって時間によって、あるいはそのときの状況によってその「行動」や「状態」は変わります。したがって、Dさんの課題の背景について、多面的に多様な視点から検討することが大切です。

次は目標の設定です。Ｄさんの経験年数・立場における「望ましい姿」が目標になります。

表12-6に、1か月の取り組みで達成できそうな目標を立てた場合の「BPSDへの介護に関するＤさんの認知症ケア指導計画書」の記入例を示しました。

表12-6　BPSDへの介護に関するＤさんの認知症ケア指導計画書（記入例）

	指導課題 （課題全体の考察）	指導目標 （1か月後の目標）	具体的方法
認知症ケアの知識 アセスメント 介護方法	● はじめは丁寧な対応を心がけているが、訴えが重なったり自分の仕事が遅れているときなどに口調や態度がきつくなる傾向がある。余裕がなくなり、そのことを本人が自覚できていない可能性がある。 ● 利用者への対応では、認知症の特徴を理解できていないと思われる場面がある。「知っているつもり」でいることや、研修にあまり出ていないことからそのことを認識していない可能性がある。 ● 周りの職員とのコミュニケーションが不足している。子どものこともあり、仕事を早く終わらせて帰りたい気持ちが強いのではないか。 ● チームにおけるサブリーダーとしての自覚が乏しいのではないか。	① 認知症の種類によるBPSDの特徴や発現しやすい症状を確認する。 ② BPSDなどに対して、常に落ち着いて対応できるように心がける。 ③ 自分の余裕がなくなっていることを自覚できるようにする。 ④ BPSDがみられた際には、周りの職員と前後の状況を含めた情報を共有することで背景を探ることができるようになる。 ⑤ BPSDへの対応方法についても、周りの職員と検討して提案し、その結果も共有する。	❶ 認知症の種類によるBPSDの特徴や発現しやすい症状についての理解を確認し、その理解の必要性や意義を伝え、関連する資料を渡すなどして学習を促す。 ❷ 利用者のBPSDについて、どのようにとらえているか（イメージ等）を確認する。背景がわかれば対応についての不安も軽減されることを伝える。 ❸ Ｄさん自身が、自分のケアを振り返ることができるか確認する。そのうえで余裕がないように見えること、対応が強めの印象であることを伝え、そのことを自覚できるか確かめる。その際、サブリーダーとしてほかの職員から見られていること、模範になるように対応してほしい気持ちがあることも伝える。 ❹ 利用者にBPSDがみられる場面では、周りの職員と利用者の状況を確認・共有し、症状の背景を探ることを心がけるように促す。それが予防対策につながるため、サブリーダーとしてほかの職員に率先して行ってほしい旨を伝える。

		❺頻度の高い症状について、また予測される症状への対応方法について、❹で検討した内容をほかの職員と共有することで、チームケアを行うことの重要性を強調する。サブリーダーとして、その役回りをしてほしい旨を伝える。その際、本人の負担になり過ぎないか、子育て中であることにも配慮を示し、本人のモチベーションを確認する。
介護評価		

4 実際の指導と指導成果の評価

　以下に、Dさんの BPSD への介護に関する指導について、経過と成果の一部を示しました。演習を通して、指導経過と指導成果の評価について考えていきます。

1 指導経過

Dさんとの面談①

　まず、リーダーはDさんと面談し、ふだんの仕事についてねぎらった後に、現在、利用者への対応で困っていることはないかを確認しました。すると、利用者が「何かを盗まれた」と繰り返すときや幻覚があるとき、「家に帰りたい」と繰り返すときなどをあげました。そこで、BPSD の発症要因について、中核症状との関連について確認すると、「それは知っています」と答えました。さらに、中核症状にさまざまな要素が相互に作用することで BPSD につながること、周りの人のかかわり方にも影響を受けることを伝え、それらを確認することで症状の背景を検討することの重要性を確認しました。

　また、例えば怖い人からつけねらわれたらどう思うか、帰りたいのに帰れない状況についてどう思うかをイメージするよう伝えました。Dさんは、「とても嫌です」と答えたので、利用者も同じであり、それを自分ではどうしたらよいかわからないから、助けてほしくてDさんに声をかけたのではないかと伝えたところ、「そうだったんですね…」と考え込む様子でした。そのようなときの利用者の心理を考えるこ

との大切さも確認しました。

　そして、今話したことをDさんができるようになることが利用者のためにも、ユニットやグループホーム全体にとっても重要なので、そのための指導を行いたい旨を伝えました。「指導計画書」を見せて、まずは1か月後の姿をイメージして取り組んでいくことを提案しました。リーダーが今感じている課題を伝え、それに対する取り組みとして「指導目標（1か月後の目標）」や「具体的方法」を示しながら説明しました。Dさんは入念に目を通し、「よろしくお願いします」と答えました。

◎ 最初の面談におけるDさんへの指導のポイント

> ・心理的側面については、「小さい子どもがいるからあなたも帰らなければならないときがあるでしょう。そのときに帰ってはいけませんと言われたらどう思うか」と尋ねるなど、利用者の気持ちに近づけるように促す。
> ・利用者のためにもDさんの力が必要であることから、自身の成長のため、まずは「1か月後の目標」に取り組むことを提案する。
> ・「指導課題」について説明する際には、それが改善されればより望ましいケアが実践できることを強調し、一緒に取り組んでいくこと、できるだけフォローすることを伝える。

演習12-5 最初の面談における指導の留意点

　「Dさんとの面談①」での様子について、Dさんへの指導の留意点を具体的にあげてみましょう。

勤務中の指導①

　面談の後、Dさんの勤務中（夕方）にレビー小体型認知症のEさんが「中庭に兵隊が大勢いる」とDさんに訴えてきました。Dさんは「そうなんですか、どこにいますか」と受容していましたが、繰り返す訴えに「見えませんよ。やっぱり見間違いだと思いますよ、そんなに大勢の人はいませんよ、なんでそう見えたんでしょうね。大丈夫ですよ」と矢継ぎ早に伝え、Dさんはそれ以上、かかわらない様子だったため、リーダーは、Eさんに声をかけました。

　「どのあたりに見えましたか」と尋ねたところ「あの木のあたりだ」と言うので、見ると、夕方で日が傾き、建物の影が木の近くまで伸びていました。「なるほど、誰かいるかもしれませんね、ちょっと見てきますね」と言って中庭に出ようとする

と、Eさんは「気をつけろよ、危ないと思ったらすぐに戻れよ」と声をかけてくれました。そして、確認してきたが人影はなかったこと、あそこに見える黒いものは建物の影なので、もうすぐ見えなくなること、気がついてくれたことで安全が確認できたことに感謝を伝えたところ、Eさんは安心した表情で「そうか、よかった。これで安心だな」と答えました。

Dさんの仕事が一区切りついたところを見計らい声をかけ、先ほどの対応について、気がついたことを聞いてみました。Dさんは、「中庭に出て確認することは考えていませんでした。そんな時間はないと思っていましたので」「建物の影を人影だと思っていたんですか」「確認した後、安心した表情でしたね」などと話しました。レビー小体型認知症の人の幻視は、本人にとっては実物に思われるぐらい鮮明だといわれていること、Eさんには戦争の経験があり、「兵隊」を恐れる背景には実体験もあると考えられること、幻視は影や物が別の何かに見えてしまうことがきっかけとして起こり得ること、さらに庭に出ようとしたら心配してくれるなど、心遣いもしてくれていたことなどを話しました。Dさんはうなずきながら話を聞き、「そうなんですね…。戦争に行ったとは聞いていましたが…。影や物が別の何かに見えたりするんですね」などいろいろと考えながら話してくれました。

◎ 勤務中のDさんへの指導のポイント

・はじめに注意するのではなく、まずはリーダーの対応について感想を話してもらう。
・リーダーのかかわりを見せることで、面談で確認したことの重要性を認識してもらう機会とする。

演習12-6 勤務中の指導①の留意点

「勤務中の指導①」の様子について、Dさんへの指導の留意点を具体的にあげてみましょう。

勤務中の指導②

ある日の夕方、Dさんは夕食の準備の担当でしたが予定時刻より遅れているようでした。だんだん表情に余裕がなくなり、「どうしよう、どうしよう」という声がもれていました。そんなとき、先ほどまでリビングでほかの利用者と一緒にいた

アルツハイマー型認知症のFさんが「帰りますので」と話しかけてきました。D さんは「今夕食の準備をしていますので、食べていってください」と精一杯笑顔を つくり返答しましたが、Fさんは「いや、夕食はいい、ここにはもう来ない」と答 えたため、Dさんは「急にそんなこと言わないでください。なんで帰りたいんで すか。こんなに一生懸命つくっているのに」と強く言いました。Fさんは「そんな ことは知らん、俺は帰る」と怒ってしまいました。Dさんはその後、黙々と夕食 準備を続け、ほかの職員がFさんに対応しました。

　夕食の準備が終わりDさんが休憩時間に事務室へ戻ったタイミングでリーダー は、Dさんに声をかけ、先ほどの対応時のDさん自身の心理状態を尋ねてみました。 Dさんは「予定時刻に遅れてしまい、焦っていました」と答えました。面談で話 したことを再確認し、余裕がなくなっていることを自覚し、そこで自分で修正する ことの重要性を確認しました。

　また、Fさんに症状がみられる前の状況について聞いたところ、「まだ確認して いない」と答えました。そこで、リビング担当だった職員にそのときの様子を聞い てみることにしました。リビングにいた職員によると、和やかに話していたが途中 で誰かの発言の後に、急に不機嫌な表情になり、無口になっていたとのことでした。 Dさんは「皆さんと話しているうちに何かきっかけがあって急に帰るって言い出 したのかな」と考えていました。Dさんに、居心地がよくない場所には誰しも長 居したくないこと、ましてそのときに帰ることを強く止められたときの気持ちを想 像するように促すと、Dさんは「それは怒りますよね」と話しました。

　そして、BPSDがみられた際には、本人のその前の状況を確認する必要がある ことを改めて確認し、自分でわからなければ周りの職員に聞いて状況を共有するこ とで、その背景を探ることを忘れないように伝えました。Dさんは「そうでした。 余裕がなくなって、そういうことも忘れていました」と話しました。

　サブリーダーであるDさんの行動は、ほかの職員も注目していること、また1 人で24時間はケアできないため、チームケアが基本になること、その際のサブリー ダーとしての役割などについて認識を促しました。Dさんは、今までリーダーが いることに甘んじてあまり意識していなかったこと、今回の件で改めて意識して身 が引き締まる思いであることを話しました。プライベートなことですが、と前置き したうえで子育ての状況について様子を聞き、仕事との両立における負担感を確認 したところ、「大変ですが、もう少し今の状態で頑張りたい」という話があり、で きるだけフォローすることを伝えて終了しました。

◎ 勤務中の D さんへの指導のポイント

・基本的には丁寧な対応ができるため、D さんのよいところも伝え、前向きに取り組めるように促す。
・周りの職員との情報共有が大切であること（チームケア）を確認する。
・チームケアにおいては、サブリーダーとしてのふるまい方について学ぶ機会になることを伝え、ケアの振り返りとチームにおけるサブリーダーの自覚を促す。

演習 12-7 勤務中の指導②の留意点

「勤務中の指導②」の様子について、D さんへの指導の留意点を具体的にあげてみましょう。

D さんとの面談②

1 か月後に D さんと面談をしたところ、「余裕がなくなっていると感じたときには深呼吸をして対応することを心がけています」とのことでした。また、「いつでもできているというわけではありませんが、BPSD かなと思われる症状がみられた場合には、ご本人の気持ちを考えるように気をつけています」との言葉もありました。そこで、症状の背景に何があるのかを考えられるようになったことは進歩であり、その前の本人の状況の確認などと合わせて考えることができれば、よりよい支援に近づくのではないかと話しました。さらに、「サブリーダーの役回りについてはまだまだですが、最近は何かあれば周りの職員と確認するようにしています」「自分の対応を見られているという意識を時々もつことができるようになりました。これからはもっと意識していきたいと思います」など、現在の状況を話してくれました。リーダーは、すぐには習慣にならないかもしれないが、意識的な変化があることは進歩であること、これからも心がけることが大切だと伝えました。

そのうえで「指導計画書」を見ながら、次の点を確認しました。

● 「指導目標」に対する「具体的方法」にどのくらい取り組んだか、取り組んでみて効果はどうだったか（①～⑤の目標それぞれについて）。
● より効果的な「具体的方法」は検討できるか（①～⑤の目標それぞれについて）。
● （指導する側から）具体的に指導してみての印象
● （指導を受けた D さん側から）具体的に指導を受けてみての印象
● 総合的に振り返り、D さんの成長度合いと今後について

◎ 面談②におけるＤさんへの指導のポイント

- ・現段階での確認であることを前提として面談する。
- ・少しでも成長できていれば、それを継続することで引き続き成長できること、またより効果的な学び方もみえてくることも伝え、今後に展望が開けるように促す。
- ・Ｄさん自身が感じる成長部分を承認し、それを伸ばすこと、まだ課題と感じる点については今後の成長の可能性を伝えること、引き続きフォローと指導を行うことを伝え、今後も協議しながら進めることを確認する。
- ・Ｄさん個人の成長が、チーム全体の介護力の向上につながることを伝え、そのなかでサブリーダーとして今後は周りの職員の成長についても意識してもらいたいことを伝え、一緒にチームケアに取り組んでいくことを確認する。

演習12-8　面談②における指導の留意点

「Ｄさんとの面談②」の様子について、Ｄさんへの指導の留意点を具体的にあげてみましょう。

2　指導成果の評価

　指導成果については、Ｄさんへの個人的指導の評価とともに、サブリーダーであるＤさんへの指導によるチームケアについての評価の視点も含めて考えることが必要です。次の点を参考に現場での指導成果の評価を行ってみてください。

◎ Ｄさんへの指導についての評価視点（例）

- ●「指導計画書」における「指導課題（課題全体の考察）」「指導目標（１か月後の目標）」「具体的方法」の設定は適正だったか。
- ●実際の指導の取り組みは適正だったか。
- ●指導した結果としてのＤさんの成長した点について
- ●利用者のBPSDへの介護についてＤさんが向上した点について
- ●Ｄさんへの指導を通じてみえたリーダーの指導の特性について

◎ Ｄさんへの指導によるチームケアについての評価視点（例）

- ●Ｄさんと周りの職員とのコミュニケーションは向上したか。
- ●Ｄさんの対応が変化することによってチーム内におけるサブリーダーとしての役割向上に寄与したか。
- ●Ｄさんが周りの職員と情報の共有・検討・協議することで、チーム全体の利用者のBPSDへの介護が向上したか。

BPSDへの介護は、業務全体のなかでも、「感情労働」の要素が大きい場面であり、介護職員の精神状態や体調にも影響を与えやすいといえます。BPSDへの介護をよりよい状態で行うための準備として、介護職員自身の精神状態や体調を整えることはもちろんのこと、認知症の種類や原因疾患に応じた特徴を理解し、認知症の人それぞれの個人的要因・身体的要因・環境的要因などを把握し、おかれた状況から認知症の人の心理的側面も含めて考えることのできる視点をもつことが大切です。

　チームケアにおいては、職員全員にこの点を理解してもらい、環境を整え、職員それぞれの状況や個人的資質などを把握して必要なフォローや指導を行うことが、リーダーの重要な役割の一つといえるでしょう。

第 3 節

アセスメントおよびケアの
実践に関する指導方法

　本節では、アセスメントとケアの実践に関する指導、特に「指導した結果を評価する」プロセスに重点をおいて学びます。

　図12-1に示すように、アセスメントの内容や実施のタイミングは、ケアマネジャーが実施するものと、介護職員等が実施するものとでは異なります。ここでは利用者に直接ケアを実践する介護職員等が日々のアセスメントを基に、ケアの実践に活かすことへの指導について学んでいきます。

図12-1 ● 居宅におけるケアマネジメント（通所介護（デイサービス）の例）

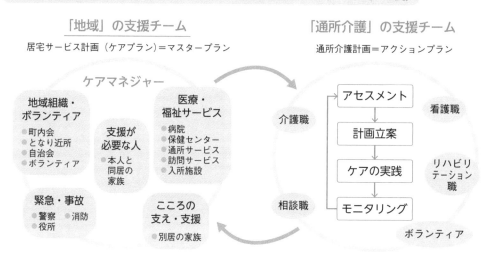

　居宅サービス計画は、ケアマネジャーがアセスメントを行い立案する。一方、通所介護計画は、生活相談員が中心となりケアマネジャーからの情報を基に原案を作成し、利用者がサービスを利用するなかで、介護職、看護職、リハビリテーション職などがアセスメントを行い、介護計画やリハビリテーション計画に反映させて事業所内チームでケアを実践する。

 指導の対象となる職員 G さんの紹介

　本節では、「在宅生活」における「認知症対応型通所介護（以下、デイサービス）の介護職員」を指導する事例を通して学びます。

・45歳、女性、実務者研修修了。飲食の接客業で長年働いてきたが、福祉の仕事に転職し、現在の職場であるデイサービスに就職して3年目。
・デイサービスは定員12名で、1日に平均10人前後が利用している。利用者は全員、認知症の診断名がついているが、原因疾患はさまざまである。
・利用者Hさん（女性、80代）は、夫（80代）と自宅で二人暮らし。デイサービスのほか、訪問看護を利用している。

◎ Gさんが行っている「ケアの実践」の状況

場面1：利用者Hさんが、いつものように居室のテーブルから離れて何回も出口の方に向かって行くと、そのたびにGさんが「Hさん、もう少しでおやつの時間ですからねー」「一緒にレクに参加しましょう」などと言いながら手をつないでテーブルのほうへ連れ戻している。

場面2：利用者Hさんを自宅に迎えに行ったら顔に変色があったため、確認したところHさんは「ちょっと転んだ。けがはしてないから何ともない」と答えた。夫は「外に行ったときではないかな。最近、時々転ぶんだよね。危ないから出るなって言っているんだけど、言うこと聞かないから」と答える。Gさんが「受診したほうがいいですよ」と言うと、夫は「いつものことだから大丈夫」と答え、当日は通常のデイサービスを利用することになった。

2 職員の力量の評価

1 職員のどのような力量を評価するのか

　職員の力量は、態度・知識・技術の側面から評価をします。ここでは、第1節、第2節と同様に、①認知症ケアの知識、②アセスメント、③介護方法、④介護評価、の四つの評価項目に分けて考えます。

2 Gさんの評価対象項目の選定、評価方法および評価結果の導き方

　職員の基本的な概況情報から、求められる力量と現状をイメージします。経験の質や量は人それぞれです。例えばGさんは、「実務者研修」で学んだ知識と実習経験を経て、現在のデイサービスで「実務経験3年目」であるといった、受けてきた教育や研修等の影響も考慮しましょう。また、Gさんが行っている「ケアの実践」が、評価対象項目を選定する際の最も重要な情報になります。

評価対象項目の選定

▶ 認知症ケアの知識

　場面1と場面2をもとに、Gさんのどのような「認知症ケアの知識」を評価するのかを確認します。

着眼点と評価対象項目

場面1：デイサービス利用中に、出口に向かうHさんに対して、まずHさんの気持ちを受け止めることができていません。認知症の人のケアの基本となる考え方（ケア理念、本人の視点、尊厳の保持など）の知識を確認します。また、Hさんの不安な気持ちを解消するような対応を行わず、その場しのぎの返答や対応をしていることが考えられるため、不適切なケアやコミュニケーションの知識を確認します。

場面2：「健康管理」に関連する知識として、利用者を迎えに行った際の体調の確認は大切です。確認する内容やマニュアル等の知識を確認します。転倒、顔の変色についても、その場で確認すべき身体の状態、本人や家族から聞き取る内容などの知識を確認しましょう。また、報告・連絡・相談など情報の共有、「チームケア」の知識についての確認も必要です。

▶ アセスメント

　認知症ケアにおけるアセスメントに関する評価は、広い視点が求められますが、「何」を「なぜ」アセスメントするのかを明確にすることが大切です。また、「通所介護」の支援チームでは、「デイサービス施設内」と「送迎や訪問時」にアセスメントできる項目に違いがあります。場面1は施設内のケアの実践の場で、場面2は送迎の場で行うアセスメントです。

着眼点と評価対象項目

場面1：Hさんについて、時間や場所、人に対する見当識や記憶障害など、中核症状の評価をしているのかを確認します。また、中核症状に影響するさまざまな要因についての知識やそれら要因がHさんの行動に影響している可能性について、意識しているかを確認します。例えば、Hさんがテーブルから離れて玄関に向かうときの状況、先に帰る準備をするほかの利用者や職員がいて、ざわついている状況などとの関連です。

　この要因分析は、本人の不安行動や認知症の行動・心理症状（BPSD）の緩和に対する介護の実践方法の基本情報になります。アセスメントツールを使用したり、チェック表をつけるなど、要因分析を丁寧に行うことが大切です。

場面2：送迎や訪問時はアセスメントの貴重な機会です。玄関先から垣間見える家の中の雰囲気や同居の家族から情報を適切に得ているかが評価のポイントです。また、得た情報をケアの実践に活かして初めて意味をもつことを指導過程において伝えましょう。事例では、迎えの際に、夫に「いつ、どこで、誰と、なぜ、どのように」転んだのかを確認したか、また、そのときの夫の対応、態度などを確認したかを確認します。顔や身体の変色は、時には虐待のような深刻な課題が背景にある可能性があるため、アセスメントは重要です。

▶介護方法

　介護方法は、アセスメントに基づいてケアを実践するための具体的な技術です。つまり、アセスメントが不十分であれば、不適切なケアになっている可能性があります。利用者本位のコミュニケーションや環境調整の方法などを評価します。また、在宅生活においては、本人だけではなく家族の支援も大切です。家族介護者の負担軽減に向けた取り組みや、チームケア、他職種との連携が評価項目となります。

着眼点と評価対象項目
場面1：デイサービス利用時の心理的な安定を図る方法、中核症状の理解に基づくコミュニケーションの方法（不適切なケアを回避するコミュニケーション方法）、環境調整、アクティビティや役割創出などを確認します。

場面2：顔の変色や転倒の情報をデイサービスでほかの職員に報告したかを確認します（相談員に転倒の情報やそのときの家族の対応などを報告し、看護職員に身体状況の確認をしてもらい、リハビリテーション職員に転倒に関連するアセスメントを依頼するなど）。これらは健康管理だけでなく、不適切なケアや虐待の予防や対応につながる可能性もあります。評価項目としては、チームケア、家族支援、リスクマネジメント、権利擁護の視点になります。

▶介護評価

　認知症ケアにおける介護評価については、① BPSD の頻度や重症度の変化、②高齢者の心理状態の変化、③高齢者の生活状況や質の変化等[2]の指標があります。「介護の結果、認知症の人の生活状況がどのように変化したか」を評価しているかを確認することが大切です。また、変化を評価するためには、かかわる前、途中、後の観察と記録が必要です。

評価方法

　「知識」や「アセスメント」の評価は、面接による質問、確認テスト、介護記録

などから行います。このほか、ケアカンファレンスやミーティングでの発言、介護計画の内容などがあります。「介護方法」については、これらに加えて模擬的に実践してもらい確認する、ロールプレイなど場面設定をして確認するほか、実際の介護現場の観察、ほかの職員からの情報収集などがあります。

評価結果

各評価対象項目については、面接、確認テスト、記録や観察などの評価方法を用いて、「できている点」と「できていない点」を明らかにします。特に、アセスメント結果に基づいていない介護方法については、場当たり的な対応や不適切なケアになっている可能性があります。

事例では、「テーブルから離れて出口へ向かう理由は何だと思いますか」という質問に対して、Gさんは「帰りたいからです」と答えました。さらに、「Hさんに理由を確認しましたか」「いつものことなので聞いていません。玄関に向かうからそうだと思います」「では、帰りたい理由は何だと思いますか」「レクに参加しないから、暇なんだと思います。参加したら楽しめると思います」といった応答がありました。

表12-7　評価対象項目および評価方法と評価結果の記入例

	評価対象項目 （Gさんの経験年数・立場で 必要な能力）	評価方法	評価結果	
			できている点	課題（できていない点）
認知症ケアの知識	● 本人の視点からみた尊厳の保持の重要性 ● 不適切なケア ● 中核症状の生活への影響と心理 ● 中核症状の理解に基づくコミュニケーションの理解 ● 中核症状、環境要因等の影響要因、本人の心理との関係による認知症の行動・心理症状（BPSD）のとらえ方と出現原因 ● 送迎時の「健康管理」 ● チームケアの基本や情報共有	● 面接で質問する。 ● テストの実施 ● 手順やマニュアルの内容を説明してもらう。	● 中核症状の一般的知識はある程度はある。また、BPSDが生じるのは、人や住居環境が影響していることを知っているが具体的な要因がわからない。 ● 手順やマニュアルの内容を知っている。 ● 一般的な情報共有はできている。	● 本人の視点からみた尊厳の保持の重要性の理解 ● 不適切なケアの知識 ● 中核症状の理解に基づくコミュニケーションの理解 ● 中核症状、環境要因等の影響要因、本人の心理との関係によるBPSDのとらえ方と出現原因 ● チームケアの基本

アセスメント	● 認知機能について、正常な機能、低下している機能を把握しているか。 ● 影響していると思われる中核症状を把握しているか。 ● なぜ出口へ向かうのか要因分析をしているか。 ● 転倒の状況や状況を話す際の家族（夫）の対応の様子を確認しているか。	● 介護場面を観察する。 ● 面接で質問する。		● 本人の気持ち（行動の理由など）を確認していない。 ● 本人の行動に関係している要因を分析していない。 ● そのとき、その前後の本人の表情、発言、行動の特徴を確認していない。 ● 家族からの情報以外に詳細を確認していない。
介護方法	● 中核症状の理解に基づくコミュニケーションの方法 ● 不適切なケアの回避方法 ● 心理的な安定を得られる方法 ● 環境の調整方法 ● 意欲の向上等を実現するための活動、参加の機会、役割の創出 ● チームケア（報告・連絡・相談） ● リスクマネジメントや権利擁護の視点	● 介護場面を観察する。 ● 面接で質問する。 ● 模擬的な状況に対するコミュニケーションを確認する。	● 無視をせず、声をかけて対応している。 ● フロア全体に目が行き届いている。 ● ミーティングで情報提供と提案をしている。	● 本人の思いを受け止めていない対応がみられる。 ● 適切なコミュニケーションができていない。 ● 場当たり的な発言や対応がみられる。 ● アセスメントに基づいた介護を行っていない。
介護評価	● 介護の結果、どのように変化したかを評価しているか。	● 面接で質問する。	● 最近、出口へ向かう行動が増えてきたことに気がついている。	● 対応によって利用者の行動が具体的にどのように変化しているかを評価していない。

3 個別課題の明確化と指導目標の設定および指導計画の立案

　Gさんの認知症ケアに関する個別課題（指導課題）は、表12-7の「評価結果」の課題（できていない点）に該当します。また、指導目標は、各課題について、それを解決できるようになった職員の望ましい姿を設定します。指導目標が設定できたら、全体の指導計画を具体的にしていきます。

　各項目の指導期間では、基本的には「認知症ケアの知識」の習得が最初にあり、

知識に基づいた「アセスメント」を実施し、アセスメント結果に基づいたケアの実践（介護方法）が行われます。介護評価は最終的に行われるものですが、実践前、実践途中、実践後の観察や記録、評価は計画全般を通して行われます。Gさんの認知症ケア指導計画書の記入例を**表12-8**にまとめました。

表12-8 Gさんの認知症ケア指導計画書（記入例）

	指導課題	優先順位	指導目標	期間	具体的方法
認知症ケアの知識	●認知症ケアの理念や考え方の知識不足 ●本人の視点からみた尊厳の保持の重要性の理解 ●不適切なケアや回避方法の知識不足	1	●認知症ケアの理念や尊厳の保持の重要性を理解する。 ●不適切なケアやその回避方法（コミュニケーション）を学ぶ。	○月○日～△月△日	●参考となるテキストから該当箇所を読んで学んでもらう。 ●学んだ内容について、質問して理解を確認する。
アセスメント	●本人の気持ち（行動の理由など）を確認していない。 ●アセスメントの必要性の理解不足 ●本人の行動に関係している要因を分析していない。	2	●本人の気持ちを確認（推測）する。 ●本人の行動に関係する要因を分析することができる。 ●本人の行動の特徴（前後の状況を含む）を確認できる。	△月△日～□月□日	●そのときの本人の気持ちを聞くように促す。 ●「ひもときシート」の項目等を示して、要因を分析する方法を伝える。 ●観察した経過を介護記録に残し、確認するように伝える。
介護方法	●本人の思いを受け止めた対応や適切なコミュニケーションができていない。 ●アセスメント結果に基づく介護を実践していない。 ●他職種との連携が不足している。 ●チームケアの理解が不足している。	3	●本人の思いを受け止めた対応や適切なコミュニケーションができる。 ●アセスメント結果に基づく介護を実践できる。 ●他職種との連携ができる。 ●チームケアを意識し報告・連絡・相談ができる。 ●介護評価を視野においた観察と記録ができる。	△月△日～□月□日	●実際の現場でコミュニケーションの方法を見せ、フィードバックを行う。 ●コミュニケーションをとってもらい、フィードバックを行う。 ●アセスメントに基づく要因の改善を図ることを促す（環境、活動、生理的欲求など）。 ●機能訓練指導員に身体機能を評価してもらうように伝える。 ●送迎時に得た情報を生活相談員に報告するように伝える。 ●介護評価に必要な観察と記録について一緒に確認する。

| 介護評価 | ●介護の結果、本人の状態等に変化があったかを確認していない。 | 4 | ●介護の結果、本人の状態等に変化があったかを客観的に確認することができる。 | ◇月
◇日
〜
■月
■日 | ●かかわりの前、途中、後の行動や発言の頻度、様子など変化の記録をするように伝える。
●記録を基に、一緒に結果の評価を行う。 |

4 アセスメントとケアの実践に関する指導

　認知症の人へのアセスメントやケアの実践に関する指導は、食事・入浴・排泄等の基本的な日常生活動作（ADL）の支援や、認知症の行動・心理症状（BPSD）への支援に対する指導が中心になります。このとき、常に権利擁護の視点をもち、倫理的ジレンマと向き合いながら進めることが大切です。また、家族介護者がいる場合の家族支援や、転倒などの事故に対するリスクマネジメントなどの観点から利用者の生活を支えることも大切です。これらの視点を複合的にとらえながら、かつ一つひとつを整理して指導することが求められます。指導対象の職員の力量に応じて、優先順位をつけて指導するとよいでしょう。

　例えば、事例の「場面2」のように、指導するリーダーには「健康管理」「チームケア」「リスクマネジメント」「家族介護者支援」「権利擁護」「地域資源の活用」など多岐にわたる課題がみえていても、指導の対象となる職員が学べる力量を考え、しぼり込んで提示することも必要です。その際に、全体を把握しながら「今はどのような課題に取り組んでいるのか」を対象職員に明確に伝えることが大切です。「チームでケアをする視点はどうですか」「それが家族を支援するということです」などと、具体的に伝えましょう。

　倫理的ジレンマ、権利擁護、家族介護者支援、リスクマネジメントなどのケアに関連するテーマの指導についても、①力量の評価→②課題の明確化→③指導目標の設定→④指導計画の立案→⑤実際の指導→⑥指導成果の評価という一連のプロセス（図12-2）を応用して指導します。

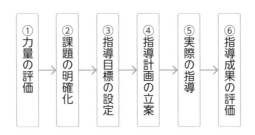
図12-2　指導のプロセス

①力量の評価 → ②課題の明確化 → ③指導目標の設定 → ④指導計画の立案 → ⑤実際の指導 → ⑥指導成果の評価

5 アセスメントとケアの実践に関する指導成果の評価

1 指導成果の評価の目的と意義

指導成果の評価の目的は、職場内教育（On the Job Training：OJT）を実施し、その実施結果について指導目標や指導計画、指導方法を評価し、次の指導目標や指導計画へと反映させることです。このような一連の指導プロセス（図12-2）に沿った計画的な OJT を通じた人材育成を継続することで、OJT が根づいていきます。

指導成果の評価によって、①提供するサービスの向上（サービスの標準化、サービスの向上、利用者の生活の質（QOL）の向上）、②職員の意欲の向上、職員の定着、③組織マネジメント力の向上（事故発生防止、組織づくり、組織理念の浸透）などが期待されます。

2 指導成果の評価の方法

指導成果の評価の方法は、①指導目標、②指導計画のそれぞれについて、❶達成状況の評価、❷今後の課題の設定、❸課題に対する取り組みの設定を行います。

❶達成状況の評価には、自己評価と、上司やほかの職員からの他者評価があります。❷今後の課題の設定、❸課題に対する取り組みの設定については、アセスメントや介護方法の過不足の確認を行いましょう。また、指導計画については、具体的な方法、指導期間や実施の頻度が適切であったかを確認します。これらの評価を通して、必要に応じて新しい指導計画を立案します。

また、指導成果の最終的な目的は、職員のケアの質の向上による「利用者のQOLの向上」です。この目的を見失わないように、利用者のQOLがどのように変化したのかについても評価しましょう。

③　指導成果の評価のフィードバック

　評価した内容を本人にフィードバックすることは、指導の全過程において大切です。フィードバックは、次の視点で行うとよいでしょう。

- できたこと：よくできた点は何か、なぜよくできたのかを振り返る。
- 継続すること：今後も続けたほうがよい点は何かを考える。
- 変えること：できていない点をだめ出しするのではなく、できなかった点を踏まえて、今後、改善したほうがよい点について、具体的にどのように変えていくかを考える。
- 新たな取り組み：新たに取り組むべきことは何か、今後より成長するためにどのようなケアの実践が必要かを考える。

　表12-8の認知症ケア指導計画書の例に沿った指導期間が終了し、指導した結果の評価をGさんと面接で行うことにしました。指導期間中に、利用者Hさんは機能訓練指導員に身体機能の評価をしてもらいました。近いうちに転倒予防のリハビリテーションを実施する予定です。また、ミーティングの場でのGさんの報告も増えてきたので、指導目標の「他職種との連携ができる」「チームケアを意識し報告・連絡・相談ができる」はおおむね達成できたことを共有しました。

　面接のなかで、「自宅でのリハビリテーションもしたほうがよいのではと思い、送迎時に『訪問看護でもリハビリをしたらどうですか』とHさんの夫に言ったところ、『そんな余計なことはしなくていい』と言われ、落ち込みました」と発言があったので、今後の課題を検討することにしました。

指導した結果の評価

① Gさんの事例について、指導した結果、足りなかったと思われる「認知症ケアの知識」「アセスメント」の項目をあげてみましょう。

② ①を踏まえ、改めて指導の課題、課題を解決するための指導目標を考えてみましょう。

ポイント

　事例に関連する「認知症ケアの知識」や「アセスメント」の項目には、「家族介護者支援」「リスクマネジメント」「権利擁護」なども含まれます。

演習12-10 指導成果の評価のフィードバックの工夫

　指導の過程において、または指導成果を評価する場面では、①できたこと、②継続すること、③変えること、④新たな取り組みの4点について職員にフィードバックをします。このとき、職員の意欲向上のために、どのような工夫ができるかを考え、グループで共有しましょう。

ポイント

・指導の過程におけるフィードバックでは、タイミング、環境、雰囲気などを考えてみましょう。

・指導成果を評価する際のフィードバックで、リーダー自身が大切にしたい点についても考えてみましょう。

自己の指導の特徴の振り返り

1 演習全体を通じた学びの振り返り

第1節では、食事・入浴・排泄等への介護に関する指導方法、第2節では、認知症の行動・心理症状（BPSD）への介護に関する指導方法、第3節では、アセスメントおよびケアの実践に関する指導方法について、具体的な事例を用いて実践的に学んできました。いずれも、①職員の力量の評価、②個別課題の明確化と指導目標の設定および指導計画の立案、③実際の指導、④指導成果の評価の流れを基本とし、演習を通して体験的に考えることができるように構成されています。

第4節では、第1節～第3節の演習全体を通じた学びの振り返りを行い、リーダー自身がどのように指導しているのか、自己の指導の特徴を把握していきます。「演習課題の共有シート」を用いて、自己の指導の特徴の振り返りを行いましょう。

演習 12-11 自己の指導の特徴の振り返り

① 自己の指導の特徴の振り返り（演習課題の共有シート）の各欄に、演習を通じて気づいた自己の特徴を記入します。
② グループで共有し、新たな気づきがあれば追記します。

> **ポイント**
>
> ・第1節、第2節、第3節を終えるごとに、振り返り、メモをしておくとよいでしょう。
> ・まずは、一つの事例について振り返ります。時間に余裕があれば、ほかの事例についても振り返ってみましょう。

◎ 自己の指導の特徴の振り返り（演習課題の共有シート）

項目	〈第1節〉 食事・入浴・排泄等への 介護に関する指導方法	〈第2節〉 認知症の行動・心理症状 （BPSD）への介護に 関する指導方法	〈第3節〉 アセスメントおよびケア の実践に関する指導方法
職員の力量の評価			
個別課題の明確化と指導目標の設定および指導計画の立案			
実際の指導			
指導成果の評価			
演習全体を通じての自己の指導の特徴と課題			

2　自己の指導の特徴と課題の共有

　第1節～第3節の演習を通して、自己の指導の特徴を把握し、それを踏まえて自身のリーダーとしての課題について考えます。同じ悩みや課題をグループで共有することで、リーダーとしての意識やモチベーションを高めることもねらいとします。

演習 12-12　自己の指導の特徴と課題の共有

①　自己の指導の特徴の振り返り（演習課題の共有シート）の一番下の「演習全体を通じての自己の指導の特徴と課題」の欄に、全体を通じて気づいた自己の特徴と課題を記入します。
②　グループで共有し、新たな気づきがあれば追記します。

3 職場内教育（OJT）の実践におけるまとめ

　第10章、第11章で学んだ人材育成の基本やOJT（On the Job Training）の意義と方法等を踏まえ、第12章では、食事・入浴・排泄等への介護、BPSDへの介護、アセスメントおよびケアの実践などの具体的な事例演習を通して、職場内教育（OJT）を体験的に学んできました。

　第12章では、介護職員の指導方法を①職員の力量の評価、②個別課題の明確化と指導目標の設定および指導計画の立案、③実際の指導、④指導成果の評価の一連のプロセスに沿って実践しました。つまり、まず介護職員の力量を正しく評価して、本人の課題を明確化することが必要であり、そのうえで指導における目標を明らかにし、その職員に合った指導計画を立案していくことが大切です。

　リーダーが指導目標を設定するには、まず、自身（事業所）が理想とする認知症ケア、すなわち、認知症の人が望む生活像とそれを実現するための認知症ケアの望ましい姿を明確にしておくことが必要です。そのケアこそが、指導を通して到達すべき目標になるからです。また、事業所における理念やそれに基づくビジョンを確認し、どのようなケアができる介護職員を育てていくのか、そのために求められているリーダー像とは何なのかを明確にしていく必要があります。

　指導計画の立案と実践では、単に知識や技術の習得を目指すだけでは意味がありません。認知症の人の思いに寄り添えるように指導する必要があります。職員にはさまざまな個性がありますので、成長度合いや理解度、業務の正確性や自信の有無なども勘案し、リーダー側からの一方的なOJTではなく、それぞれの職員に応じた指導を行い、介護への意欲や前向きな態度が醸成されるなかでの実践になるようにしていくことが大切です。

　そのためには、リーダー自身の認知症ケアの能力と指導能力について自己評価を

行う必要があります。具体的には、認知症の人が望む生活を実現するためには、どのような考え方（態度）、知識、技術が必要なのか、また、リーダー自身が、介護職員に必要な考え方（態度）、知識、技術を指導する技術を身につけているのか、教育や指導の効果を評価することができるのか等について、自己評価を行いながら、自身の認知症ケアの能力や指導能力の状況を把握していく必要があります。

　OJTの実践では、自身の指導の特徴と課題を模索して向上し続ける取り組みが欠かせません。職員は、リーダーを常に見ています。リーダーの認知症の人への態度や認知症ケアに取り組む姿勢、指導への意欲が人材育成を推進する大きな鍵となります。

引用文献 ···

1）認知症介護研究・研修センター「認知症介護実践研修（実践リーダー研修）職場実習関連様式 2021 年 8 月作成版（参考書式）」pp.4-5、2021 年
2）同上、p.4

第 **13** 章

職場実習

（職場実習の課題設定・職場実習・結果報告／職場実習評価）

職場実習の課題設定	職場実習	結果報告／職場実習評価
目的	**目的**	**目的**
研修で学んだ内容を活かして、職場の介護職員等の認知症ケアの能力の評価方法を理解する。	研修で学んだ内容を活かして、職場の介護職員等の認知症ケアの能力の評価、課題の設定・合意、指導目標の設定や指導計画を作成し、指導計画に基づいた認知症ケアを指導する。	職場実習を通して、認知症ケア指導の方法に関する課題やあり方について客観的・論理的に考察・報告し、実践リーダーとして指導の方向性を明確にできる。
到達目標	**到達目標**	**到達目標**
1 介護職員等の認知症ケアの能力に関する評価方法を立案できる。 2 講義、演習で学んだ内容を活かし、認知症ケアの指導に関する実習計画を立案できる。	1 介護職員等の認知症ケアの能力を評価し、課題を設定・合意できる。 2 介護職員等の認知症ケアにおける指導目標を立案できる。 3 指導目標に応じた指導計画を作成できる。 4 講義、演習で学んだ指導方法を職場で実際に活用できる。	1 職場実習における学びを通し、認知症ケアの指導方法の課題やあり方について客観的・論理的に考察し、報告できる。 2 介護職員等への認知症ケアの指導にかかる自己の課題を評価し、指導の方向性を明確にすることができる。

職場実習のねらい

1 職場実習の目的と意義

　本章では、これまでの研修で学んできたことを活かして、職場における介護職員等の認知症ケアに関する知識、技術、態度の向上を目的とした教育、指導方法について、指導計画の作成を通じて理解し、職場内での指導方法の理解を目指すことを目的としています。

　本章の意義としては、次の2点が考えられます。

　一つ目は、これまでの研修で学んできたことを、実習の体験を通じて、実践にフィードバックできることです。職場実習では、これまでの研修で学んできた、①指導するうえで大切な知識、②チームリーダーに必要な考え方とスキル、③職場内教育（On the Job Training：OJT）の知識と実践方法の内容をもとに、指導計画を立案し実践することが大切になります。これにより研修で学んできた知識・技術を自身のなかに刷り込むことができ、今後実践リーダーとして求められる役割について理解を深めることにつながってくるといえます。

　二つ目は、自身が実践リーダーとして指導するうえでの強み・弱みを明確にすることができる点です。第1章で整理した、今後、実践リーダーとして認知症ケアを実践するなかでの強み・弱みに関する内容を用いて課題設定を検討することにより、実践リーダーとして認知症ケアを指導するうえで必要な点を考えるきっかけになるといえます。

2 職場実習の全体の構成

　職場実習は、「事前学習」「職場実習の課題設定（以下、課題設定）」「職場実習（4週間）」「結果報告／職場実習評価」の四つの柱に分けることができます（**表13-1**）。

表13-1　職場実習の全体の流れ

科目名	到達目標
事前学習	① 指導を行ううえで必要な知識を修得する。 ② チームリーダーに必要な考え方とスキルを修得する。 ③ OJT の知識と実践方法を修得する。
職場実習の課題設定	① 介護職員等の認知症ケアの能力に関する評価方法を立案できる。 ② 事前学習の内容を活かした指導に関する実習計画を立案できる。
職場実習 （4 週間）	① 介護職員等の認知症ケア能力の評価、課題の設定・合意ができる。 ② 指導目標を立案できる。 ③ 指導目標に応じた指導計画を作成できる。 ④ 事前学習で学んだ指導方法を職場で活用できる。
結果報告／職場実習評価	① 職場実習での学びを通し、認知症ケアの指導方法の課題やあり方について客観的・論理的に考察し、報告できる。 ② 指導にかかる自己の課題を評価し、指導の方向性を明確にする。

事前学習

　「事前学習」では、講義・演習を通じて今後、実践リーダーとして認知症ケアを実践していくために必要な知識・技術を修得します。具体的には、①認知症に関する専門的理解や認知症施策の動向など指導を行ううえで必要な知識、②チームケアを構築するうえで、リーダーの役割、ストレスマネジメントやチームアプローチに関する理論や方法、ケアカンファレンスの展開方法などチームリーダーに必要な考え方とスキル、③ OJT の基本的視点や具体的な方法の理解など OJT の知識と実践方法について、講義・演習を通じて修得します。これは第 1 章～第 12 章までの学びを指します。

職場実習の課題設定

　「職場実習の課題設定」では、「事前学習」を通じて学んだことを活かし、介護職員等の認知症ケアの能力に関する評価方法の立案、認知症ケアの指導に関する実習計画の立案を行います。課題設定では、はじめに介護職員等の認知症ケアに関する知識、技術、態度に関する現状の分析方法、指導対象となる介護職員等の選定、介護職員等の認知症ケアの能力の評価方法立案の過程、実習計画作成の過程につい

て、講義を通じて理解を深めます。その後、職場実習計画書の作成を行います。職場実習計画書は、「①自職場における認知症ケアの実践上の課題」→「②実習協力者の選定」→「③取り組みの内容の検討」→「④倫理的配慮」→「⑤実習における目標の設定」→「⑥実習スケジュールの作成」の手順で作成します。

「①自職場における認知症ケアの実践上の課題」では、実際に課題が発生している具体的な場面をイメージして、介護職員等のかかわりが、認知症の人の生活においてどのような影響を及ぼしているのかを検討し、課題の背景を検討していきます。検討の際には、介護職員等のケアの方法などに焦点をあてるのではなく、その課題に対する自身の指導方法に焦点をあて、できている点・できていない点などを振り返り、自職場全体の課題としてとらえていくことが重要となります。

「②実習協力者の選定」では、指導を行うなかで、指導内容が伝わっていないと思われる職員、これまでに指導したことがない職員などの視点を踏まえて、実習協力者の選定を行います。

「③取り組みの内容の検討」では、「事前学習」で修得した内容をもとに、実習の対象となる介護職員等の認知症ケアに対する評価を行います。評価は、認知症ケアに必要な知識が習得されているか、知識を活用し、適切なアセスメントが実践されているか、アセスメントの結果に基づいて適切な介護方法が選択され実践されているか、実践した介護の評価が十分に行えているかなどの視点に基づいて行います。これらの評価をもとに、認知症ケアの実践上の課題の背景についてアセスメントを行い、指導のあり方について検討を行っていきます。

「④倫理的配慮」では、上司や実習協力者、かかわるチームメンバーに対して、いつ、どのような形で説明を行うかを検討します。実習の意図、協力してもらいたいことのほか、実習協力者に不利益がないように配慮を行うこと、取り組みを報告する際には、個人が特定されることがないように留意することを明記した依頼文書をもとに説明を行い、同意を得ることが重要となります。また、実習を展開するなかで不安などを感じた場合には、実習途中でも同意を取り消すことができることも併せて説明することも重要です。

「⑤実習における目標の設定」では、自職場における認知症ケア実践上の課題を振り返るなかで、自身がリーダーとして身につけるべきことは何か、職場から求められている実践リーダーとしての役割について整理を行い、実習が終了した後の姿について検討します。検討を行う際、自職場の理念、つまり、どのような認知症ケアを実践できる介護職員等を育てることが必要と考えているのかを踏まえ、そのた

めに実践リーダーとしてどのようなことが必要なのかを検討していくことが重要です。また自身の認知症ケアに対する能力（知識、技術、態度（考え方））や指導能力について自己評価を行うことも重要です。その際、第1章で整理した「実践リーダーとしての強みや弱み」を踏まえて評価することが大切になります。

「⑥実習スケジュールの作成」では、4週間の実習期間のおおよその予定の整理を行います。各週での目標や作業工程、実習に対する指導を受ける日、介護職員等へのスーパービジョンの日程、報告会の資料の作成日などを整理しておくことが大切になります。

職場実習

「職場実習」では、作成した職場実習計画書をもとに実習を展開します。職場実習は、①実習協力者の認知症ケア能力の評価と課題の設定、②評価結果の分析および共有、③認知症ケア指導計画書の作成・実施という流れで展開します。作成した指導計画書は、実習協力者と共有すること、指導計画に基づいて実践した結果をもとに、職場内における自己の課題について検討する取り組みを行うことが重要となります。

結果報告／職場実習評価

「結果報告／職場実習評価」では、職場実習を通じて、認知症ケアにおける指導方法に関する課題や指導のあり方について客観的・理論的に考察した結果を報告し、今後、実践リーダーとしての指導の方向性を明確にしていきます。

3　職場実習を行うための事前準備

職場実習を進めるにあたり、以下の事前準備が必要になります（図13-1）。

図13-1　事前準備の流れ

スーパービジョン実践に
対する同意

| スーパーバイザー
（実践リーダー） | ⟷ | スーパーバイジー
（実習協力者） |

○事前準備
● スーパービジョンを実践する目的等の整理
● スーパービジョンを実践することに対する不安の整理
● スーパーバイザーとしての強み・弱みの把握

○事前準備
● スーパービジョンを受けることへの理解
● 職場実習の内容への同意

スーパービジョンを実践する目的等の整理

　一つ目は、職場実習を通じて、実習協力者に対し、スーパービジョンを実践する目的などについて、自身のなかで整理しておくことが必要となります。整理するなかで、「①スーパービジョンとは何であるか（What）」「②誰に行うのか（Whom）」「③誰が行うのか（Who）」「④いつ行うのか（When）」「⑤どこで行うのか（Where）」「⑥なぜ行うのか（Why）」「⑦どのように行うのか（How）」という６Ｗ１Ｈの枠組み[1)]の視点が重要となります。

　それぞれの枠組みのなかで整理する内容は、「① What」では、職場実習において実習協力者にスーパービジョンを実践する目的について整理します。「②Whom」「③ Who」では、職場実習のなかでのリーダー自身と実習協力者との役割や関係性について整理します。「④ When」では、スーパービジョンを実践する日時や時間、頻度について整理します。「⑤ Where」では、スーパービジョンを実践する場所について整理します。その際に実習協力者の守秘義務が保たれる場所の確保が必要となります。「⑥ Why」では、職場実習のなかでなぜスーパービジョンを実践するのか、スーパービジョンを実践することによってどのような効果があるのかを整理します。「⑦ How」では、実習協力者に対してスーパービジョンを実践する際に用いる自身の技術、価値観等について振り返り、整理します。このような整理をすることで、スーパーバイザーという立場として、どのように職場実習を展開していけばよいのかを検討することにつながります。

スーパービジョンを実践することに対する不安の整理

　二つ目は、自身がスーパーバイザーとして、実習協力者に対して、スーパービジョンを実践することに対する不安をあらかじめ理解しておくことです。すでにスーパービジョンの理論や技術（第11章参照）について学びを深めていますが、実際に職場実習においてスーパービジョンを展開していくなかで、学んだ知識を活かして実践するのはとても難しいことです。頭でわかっていても具体的に行動に移せないということは、スーパーバイザーにとって共通の悩みであり、スーパービジョンを実践するうえでの不安要素にもなります。

　スーパービジョンは、スーパーバイザーとスーパーバイジーのお互いの関係性のなかで展開するものであり、どのような結果になるのか予測を立てることは難しいため、スーパービジョンを実践することに不安を感じてしまうことにつながるといえます。自身が考えていることと、実際のスーパービジョンの場面にズレがある場

合に不安を感じやすい[2]といわれています。スーパーバイジーとやりとりを展開していくなかで、自身が想定したスーパービジョンの方向性とズレが出てきてしまうと、スーパーバイザーは不安を抱えたままスーパービジョンを実践することになります。スーパービジョンを行ううえで、不安が完全になくなることは難しいですが、どのような場面で自分が不安になるのかを想定して対応策を考えておくことで、不安を減らすことは可能になります。そのためにも、実習協力者の概要（認知症ケアの経験年数や実践上の課題など）を適切にアセスメントすることが重要となります。

スーパーバイザーとしての強み・弱みの把握

　三つ目は、スーパービジョンを実践するうえでの自身の強みと弱みについて、自己評価をすることです。スーパービジョン実践は、スーパーバイザーとの相互交流をもとにスーパーバイジーの成長を促進していくことが目的の一つといえますが、スーパーバイザーもスーパーバイジーとの相互交流をもとにスーパーバイザーとして成長していくことが求められています。つまり、職場実習でスーパービジョンを実践することは、今後、実践リーダーとしてスーパービジョンを実践するための自己研鑽の場になると考えられます。そのためにも、第1章で整理した「実践リーダーとしての強みと弱み」を踏まえて、「スーパーバイザーとしての強みと弱み」について自己評価をすることが大切になります。

スーパービジョンを実践することに対する同意の確認

　四つ目は、リーダー自身と実習協力者との間でスーパービジョンを実践することについて互いに理解し、同意を得ることです。スーパービジョンを実践する際にはスーパーバイジーとスーパーバイザーによる事前の取り決めを行うことが重要です。つまり、どのようなスーパービジョンを実践するのかについて、自身と実習協力者の間で共通の理解をもったうえで、職場実習を進めていきます。そのためにも、実習協力者やチームメンバーに対して、職場実習計画書をもとに、実習の目的や展開内容、協力してもらう内容、実習スケジュール、倫理的配慮について説明を行い、同意を得ることが求められます。

認知症ケアの能力に関する評価方法の理解

1 人の能力を「評価する」ということ

　実践リーダーは、介護職員の評価をする前に、自分自身の評価をする必要があります。しかし、どんなに豊富な知識と優れた技術をもつ支援者であったとしても、自己評価と他者評価にはズレが生じます。私たちは何をもって他者の能力を評価しているのでしょうか。

　私たちは介護職員の目に見える行動や言葉、態度などから、その人を理解したつもりになっていることが多いと思います。しかし、それはほんの一部であり、介護職員の認知症ケアの能力を理解するには、目に見えない部分に焦点をあてることが重要となります（図13-2）。

図13-2　どこに着目して評価しているか

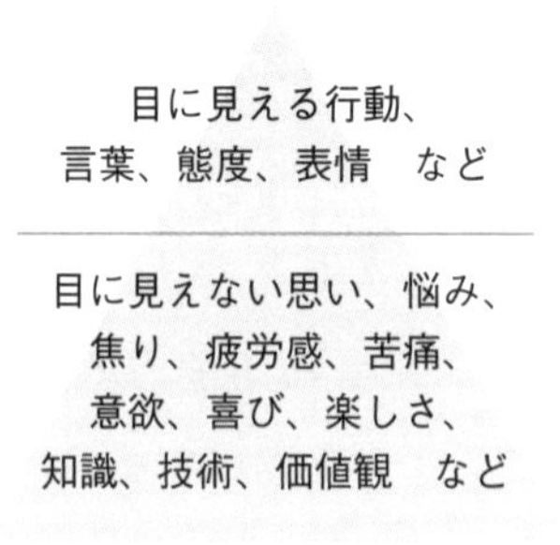

目に見える行動、
言葉、態度、表情　など

目に見えない思い、悩み、
焦り、疲労感、苦痛、
意欲、喜び、楽しさ、
知識、技術、価値観　など

　介護職員は介護ロボットでも AI でもなくこころをもった人間です。豊富な知識や優れた技術を兼ね備えていたとしても、仕事に対する悩みを周囲に相談できていなかったり、業務そのものに疲弊感を感じていては、能力を十分に発揮できない可能性があります。介護職員の抱えているさまざまな心理的・社会的な背景因子にも目を向けながら、専門職としての知識、技術、態度の枠組みから問いかけ、ともに考えていく営みそのものが認知症ケアの能力の評価につながります。

実践リーダーは、図13-2の目に見えない部分にも焦点をあてながら介護職員の認知症ケアの能力を評価していかなければなりません。言い換えれば、目に見えない部分を意識化（言語化）する作業が、認知症ケアの能力評価につながっていきます。では、どのようにして意識化（言語化）していけばよいのでしょうか。

事例13-1は、夜勤明けの申し送りの後で、新人職員の木村さん（入職1年未満）とユニットリーダーの山本さんの5分ほどのやりとりを記録したものです。認知症ケアの能力の評価方法で最も用いられているのは、こうした日々の職員との「面接」や「立ち話」でのやりとりです。この5分ほどのやりとりのなかから、リーダーは介護職員の能力評価に必要な情報を収集することができます。

情報収集の入り口となるのは、介護職員の表情やいつもと異なる様子などです。事例13-1では、木村さんの表情から何かを感じ取った山本さんは、申し送りの後に少しだけ話す時間をつくり、夜勤の間の出来事をそれとなく聴いています。少し立ち止まってどのような様子だったのかを聞いてみるだけで、木村さんが言語化していない情報や木村さん自身も意識化できていない敏夫さんへの感情の変化を知ることができます。このように、木村さんの行動や言葉の背景にあるものを明らかにしていくためには、対面での「問いかけ」を繰り返すことが重要です。

能力評価というと職員にテストをしたり、レポートを提出してもらったりして、理解度を測ろうとすることが多いと思いますが、こうした方法は、期間を限定して実施する職場実習ではなじみにくい側面もあります。評価方法として導入する場合には、実習協力者と十分に相談して、相手の同意を得てから行うようにしましょう。

事例13-1では、リーダーの山本さんのかかわりが重要になります。評価を行う立場でありながら、この場面ではあまり教育的なはたらきかけは行っていないように見えます。職場実習の第1～2週はこのような面接を重ねることで、実習協力者の現状を理解することからはじまります。相手の理解度を確認していくためには、相手の発する言葉を自分のなかに取り込む作業が求められます。こうした積み重ねのなかで、木村さんのもっている強みは何か、これからどのようなことに取り組んでいけばさらによくなっていくのかを明らかにしつつ、認知症ケアの能力評価を行うことになります。

第13章 職場実習

【事例13-1】

木村さんの言葉・行動	山本さんのかかわり	かかわりの意図・考察
「全然だめです。もう疲れちゃって…。夕べの夜勤ちょっと大変で」	「木村さん夜勤お疲れ様でした。昨夜はどうでしたか」 「夜勤の間に何かあったのかな。よかったら話してくれないかな」	朝の申し送りの際に、表情が暗いのが心配だったため、声をかけた。木村さんの様子がいつもと違うことを感じた。
「実は、敏夫さん、2時頃トイレに目が覚めたみたいで、念のために近くで様子だけうかがってたんです。トイレから出てきたらあちこち便がついちゃってて、慌てて拭いてあげたんですけど、そしたら敏夫さん突然怒り出しちゃって…」		
	「そうか、大変でしたね。申し送りのときには何も報告がなかったようだけれど…」	大変だった気持ちをねぎらいつつ、申し送りで報告がなかったことについて確認した。
「敏夫さんいつも優しいから、私もいい支援関係ができていたと思ってたのに、あんなに怒るのを初めて見たから、ちょっとショックで」	「いつもと違う敏夫さんを見て驚いたんだね。ところで、便が出たことについて、誰も知らないかもしれないけど、どうしたらいいかな」	申し送りしなかったことについて、木村さんの認識を確認した。
「記録には書いてあります。すんだことだからあまり思い出したくないし、あえて言わなくてもいいと思って」	「わかりました。日勤には私から伝えておきますね。大変だったと思うけど、次回から申し送りで伝えてくれるとありがたいです」	ねぎらいつつも、夜勤であったことは、日勤の職員へ申し送りが必要な事項であることを伝えた。
「わかりました。気をつけます」		

もう一つ大切なのは、木村さんへのねぎらいの言葉や感謝の言葉を必ず添えている点です。目に見えない介護職員の努力があってこその介護現場であることを必ず伝えましょう。

2 認知症ケアの能力の評価方法の立案

職場実習の入り口が見えてきたところで、次は評価方法の立案について検討していきます。表13-2は、事例13-1から読み取れる情報をもとに四つの評価軸から「木村さんの認知症ケア能力の評価」と「山本さんが感じる課題」を整理したものです。

表13-2　木村さんの認知症ケア能力の評価と山本さんが感じる課題

評価軸	木村さんの認知症ケア能力の評価	山本さんが感じる課題
認知症ケアの知識	入職1年未満の介護福祉士。養成校で基本的な知識や介護過程は理解しているが、実際のケア場面と結びつけて考えるまでには至っていないように見受けられる。	● 今回の出来事で敏夫さんに対する苦手意識ができてしまわないか心配がある。 ● 敏夫さんが夜中に便をすることは珍しい。ふだんと違うものを食べていたり、日中の水分量等が影響していることも考えられる。敏夫さんの腹痛や不快感に対する考察ができるように木村さんに問いかけていく必要がある。 ● 排泄介助の手順について事前に準備しておく衛生用品やその使用手順について改めて確認が必要である。特に、軟便が出そうなときに、ほかの介護職員がどのように対応しているか木村さんも含めて手順を一緒に確認する必要がある。 ● 情報伝達の際に、記録と申し送りそれぞれの意味を伝えて、適切な情報共有を行っていく必要がある。
アセスメント	記録には「2時頃トイレで下痢便あり」と記載されているが、敏夫さんの夜間の様子については記載がなかった。また、ほかの介護職員に前日の様子を確認したり、情報収集をするまでには至っていなかった。ほかの介護職員とコミュニケーションをとることが苦手なのかもしれない。	
介護方法	排泄介助の手順について、軟便等でトイレに間に合わない場合、衛生用品の準備や介護手順について、ほかの介護職員と方法を共有できていないかもしれない。	
介護評価	ふだんは敏夫さんと良好な支援関係が築けている。今回は夜勤中の出来事で、敏夫さんが突然怒り出したことの原因や背景、その際のかかわりのあり方については、まだ考えられる状況に至っていないように見受けられる。	

事例 13-1 は、わずか5分あまりの面接・立ち話でしたが、**表13-2**のとおり木村さんの認知症ケアの能力を評価することができます。ここで大切なのは「事実」と「推察」を分けて検討することです。面接のなかで木村さんが発した言葉は、氷山の一角に過ぎません。リーダーの山本さんが考えたことのうち、下線部のように「～かもしれない」「～見受けられる」という部分については、「どのくらいの理解があって、どのような実践状況にあるのか」を今後、本人との対話から繰り返し確認していく必要があります。

認知症ケアの能力の評価の視点について、ここでは、「認知症ケアの知識」「アセスメント」「介護方法」「介護評価」の四つの視点[3]から考えました。各項目の評価の視点は**表13-3**のとおりです。これらの能力は互いに関連し、影響し合っています。例えば、木村さんの事例で考えてみると、夜間に軟便が出たことについて、朝の申し送りで報告し、その場面での対応をほかの介護職員に聞いたり、具体的な介護方法を確認することができたとしたら、次はどのような展開が見込めるでしょうか。または、軟便が出そうなときの下腹部の不快感、失敗してしまったときの困惑した気持ち、それを若い介護職員に見られてしまったときの情けない気持ちなどを想像することができたとしたら、木村さんは自身の介護方法についてどのように評価することができるでしょうか。このように、一つの能力が向上することで、ほかの能力も向上していくことが期待されます。これらの能力の関連性を踏まえたうえで認知症ケアの能力の評価項目について考えてみましょう。

表13-3　評価する認知症ケアの能力と評価の視点

認知症ケアの能力	評価の視点
認知症ケアに必要な知識の習得度	対象となる場面・状況に適切に対応していくために必要な認知症ケアに関する知識が備わっているか。
認知症ケアに必要なアセスメント能力	知識を活用し、適切なアセスメントの視点を備え、実施されているか。
認知症ケアにおける介護方法	アセスメントに基づいて適切な介護方法が選択され実施されているか。
認知症ケアにおける介護評価	実施した介護の評価が十分に行えているか。

第12章で学んできたように、認知症ケアの能力の評価項目は、リーダーが推察していることの裏づけとなる具体的な項目になります。職場実習では、頭のなかで

推察していることをあえて意識化（言語化）することで、認知症ケアの能力の評価がどのような考えに基づいて行われたのかを明らかにしていきます。これは、リーダーの主観によって介護職員を評価しているわけではなく、その裏づけとなる根拠があることを示すことにもなります。職場実習に取り組むにあたっては、実習協力者の現状を把握するうえでどのような評価項目が想定されるか、あるいは実習協力者の言葉や行動などから、どの評価項目について詳細な確認が必要になりそうかを事前に検討し、準備をしておきましょう。

　職場実習においては、すべての項目を評価するわけではありません。実習協力者の現状を理解するうえで必要な項目を選択して、自分なりに評価の指標をイメージしていくことが大切です。

③ 実習計画の立案

　職場実習の具体的な内容がみえてきたところで、ここからは「職場実習計画書・実習振り返りシート」（表13-4）を参照しながら実習計画を立案してみましょう。認知症介護実践リーダー研修の職場実習は、職場内教育（On the Job Training：OJT）のあり方を改めて振り返り、介護職員に対するリーダーとしてのかかわり方を見直すことになります。つまり、職場実習を通じて、実践リーダーとしての課題をすべて解決できるわけではなく、研修が修了してから長い年月をかけて、実践リーダーの課題に向き合っていくことになります。

表13-4　職場実習計画書・実習振り返りシート

受講者氏名（　　　　　　　）

①自職場における認知症ケア実践上の課題
②実習協力者（指導対象者）について
職　　種： 資　　格： 勤続年数：　　　　　　　　年　　　認知症ケアの経験年数：　　　　　　年 認知症ケア実践上の課題 （実習協力者の認知症ケア実践上の課題について、一人の利用者さんを思い浮かべて記入します。）

③取組み内容　＊評価対象項目と評価方法の詳細については、認知症ケア能力評価表に記入	
a）評価方法の検討 b）評価の実施 ○知識・技術・考え方を評価する手段および実施日 　　・ 　　・ 　　・ 　　・ c）実習協力者（指導対象者）と課題案の合意を得る。 d）指導計画の作成	

④倫理的配慮	
方法および実施日 ・上司への説明 ・実習協力者への説明と同意 ・チームへの説明	

⑤実習における目標（実習終了後の姿）	

⑥実習スケジュール	

取組み内容	実施結果
1週目	
2週目	
3週目	
4週目	
その他　実習期間通して取り組むこと	

⑦実習評価	
・目標の達成状況	

・残された課題

⑧指導者からのコメント（コメントを受けた内容について記入）

出典：認知症介護研究・研修センター「認知症介護実践研修（実践リーダー研修）職場実習関連様式 2021 年 8 月作成版（参考書式）」pp.1-2、2021 年

① 職場における認知症ケア実践上の課題

　まず、自身の職場における認知症ケア実践の現状を改めて確認するために、職場全体がどのような現状にあり、リーダーとして何に取り組んだらよいかを明らかにしていきます。

演習 13-1　現状の把握と課題の抽出

　表 13-4 の「職場実習計画書・実習振り返りシート」の「①自職場における認知症ケア実践上の課題」の欄に記入します。
① 　施設の概要、職員体制（職種別、人数）、研修体制、委員会等の活動状況など、職場の特徴を簡潔にまとめ、記入しましょう。
② 　具体的なケア場面をあげ、どのようなケアを実践しているか、また、その現状に対するリーダー自身の認識を記入しましょう。
③ 　これらの現状が明らかになったところで、職場全体の課題を抽出します。

ポイント

　③では、特定の職員の課題を記入するのではなく、職場の現状のケアに至っている背景にはどのような要因が考えられるのかを明らかにしていきます。さまざまな要因が考えられると思いますが、リーダーとして何に焦点をあてて職場の課題解決に取り組むべきかを記入しましょう。

第 **13** 章

職場実習

新人職員の木村さんとユニットリーダーの山本さんの事例では、「申し送りの際にほかの職員へ情報共有がなされていない」という現状の背景には、「申し送りで伝達すべき事項が職場全体で共有されていないこと」「申し送り等で新人職員が発言しにくい職場環境にあること」などが考えられ、リーダーの山本さんが取り組むべき課題としては、「情報共有が円滑になされるための方法やリーダーとしての問いかけを見直す必要がある」「新人職員の発言に注目しながらほかの職員からの技術伝達を図る必要がある」などがあげられます。いずれも抽象的にならないように、自分が何に取り組んでいったらよいか明確にすることを意識しましょう。

2　実習協力者（指導対象の職員）について

　次に、実習協力者の概要について確認してみましょう。

演習13-2）実習協力者の把握

「職場実習計画書・実習振り返りシート」の「②実習協力者（指導対象者）について」の欄に記入します。
①　指導対象となる職員の職種、資格、勤続年数、認知症ケアの経験年数などの基本情報を記入しましょう。
②　実際のケアの場面を想定し、認知症ケア実践上、どのような課題があるのか、その背景にはどのようなことが考えられるのかを記入しましょう。

　先ほどの事例で考えると、指導対象となる新人職員の木村さんは、「福祉系大学を卒業して介護職員として入職1年目の介護福祉士」「勤続年数1年未満であり、一つひとつの業務の意味や報告・連絡・相談等の情報共有の意味を伝えていく必要がある」「経験年数も浅いのでほかの職員からの基礎的な介護技術の伝達が必要な場面もある」などをあげることができます。

3　実習目標の設定

　次に、職場実習での目標を設定しましょう。

実習における目標

「職場実習計画書・実習振り返りシート」の「⑤実習における目標（実習終了後の姿）」の欄に記入します。実践リーダーとしての第一歩を踏み出すために、まず今の自分は何からとりかかることができるか、実習期間内に達成可能な目標を設定します。

ポイント

- 実習目標は、職場実習を終えた段階での目指すべき実践リーダーの姿を検討してみましょう。
- 実習目標は、毎日の取り組みを自己評価する際の目安にもなるため、過大な目標や抽象的な目標にならないよう留意してください。

4 自己課題の設定

実習における目標が定まったら、自己課題を設定します。

演習13-4 自己課題の設定

演習13-3と同様に、「職場実習計画書・実習振り返りシート」の「⑤実習における目標（実習終了後の姿）」の欄に記入します。演習13-3で掲げた実習における目標（実習終了後の姿）に対して、職場実習を通じて取り組むべき内容を「自己課題」として設定し、記入しましょう。

ポイント

ここで設定する自己課題は、「実習における目標」に対して、自分自身が毎日取り組むことのできる課題になります。実習全体を通じて揺らぐことのない行動指針を掲げましょう。

⑤ 取り組み内容

演習13-5 **取り組み内容**

「職場実習計画書・実習振り返りシート」の「③取組み内容」の欄に記入します。職場実習の具体的な方法、手段、実施予定日、課題設定と合意、指導計画の作成までの一連の取り組み内容について簡潔に記入しましょう。

認知症ケアの能力に関する評価方法としては、対面での実施が有効です。職場によっては交代勤務等で対面の時間を十分に確保しにくい場合もありますが、申し送りやミーティング等の時間内でできることを積み重ねていくことが重要です。どのような時間・場所で実施することが現実的な方法か検討してみましょう。場合によっては、交換日記のように日頃思っていることやケア場面で考えたことを記入して、互いに共有していくことも一つの方法です。いずれにしても実習協力者に負担がかかりすぎない方法を検討しましょう。

⑥ 倫理的配慮

職場実習の場所、時間、方法が定まったところで、実習協力者に説明し、同意を得る必要があります。今回の実習は、実習協力者を「鏡」に見立てて、介護職員に対する実践リーダーとしてのかかわり方を見直すことが目的です。実習そのものが実習協力者の負担にならないかどうか、十分に説明して相手の意向を確認してください。また、立場上から実習協力者が不利益を被るようなことがないことを確認し、場合によっては実習協力者の意思により実習中止もできることを確認してください（p.318参照）。

以上の事柄を書面において確認し、必ず上長または倫理委員会等の承認を得たうえで職場実習に臨みましょう。

⑦ 実習スケジュール

職場実習はおおむね4週間を想定していることから、1週ごとに何を、どのように行うのかある程度の見通しを立てましょう。例えば、1週目では、認知症ケアの能力の評価を行う時間をつくる必要があります。実習協力者には、勤務時間内にわ

ずかな時間でも対面の機会を積み重ねられるように勤務調整してもらうことも必要になるかもしれません。2週目以降では、認知症ケア能力の評価と課題設定と合意に向けて、面接日を設定できるか実習協力者に確認することが必要かもしれません。行き当たりばったりで実習に挑むのではなく、所属長とも相談しながらあらかじめ日程調整をしておく必要があります。

　職場実習は、面接時間の長さよりも「根拠をもって相手を理解する」点が重要になります。相手の負担も考慮しながら、それぞれの事情により工夫して面接の時間を確保しましょう。

（演習13-6）実習スケジュール

　「職場実習計画書・実習振り返りシート」の「⑥実習スケジュール」の欄に記入します。
　職場実習で行う取り組み内容を時系列に沿って記入してみましょう。

> **ポイント**
>
> ・実習課題は、リーダー自身の課題になっていますか。
> ・実習目標は実習期間内に達成可能な目標像になっていますか（目標像が大きすぎて期間内に達成が困難ではないか、目標が抽象的になっていないか）。
> ・実習計画は、実習協力者および所属長に説明し、同意を得ていますか。
> ・実習内容に、実習協力者を試したり、利用者に不快感や苦痛を与える内容が含まれていませんか。

第13章

職場実習

333

実習中の取り組み

 ## 対象職員の認知症ケア能力の評価と
課題の設定・合意

1 「問い」の明確化と過程記録の重要性

　職場実習ではリーダーのスーパービジョンの不確かさや自信のなさを実習協力者とも相互に確認したうえで、スーパービジョンに取り組むことになります（p.320参照）。また実習中は、実習協力者の課題とリーダーの課題が相互に影響し合い、互いに成長していく過程を共有していくことが重要です。そのためには、相互にどのようなコミュニケーションをとっているのかを振り返るために、過程記録をまとめることが有効です。

　事例 13- 2 は、新人職員の木村さんとユニットリーダーの山本さんの食事介助の場面でのやりとりです。一見すると、山本さんは敏夫さんの認知機能障害について、丁寧に説明してアドバイスしているように見受けられますが、このアドバイスは木村さんにどのように伝わっているか考えてみましょう。

　木村さんの発言から、木村さんにとっては、「敏夫さんに食事介助をしたほうがよいのか」ということが問いになっていることが読み取れます。それに対して、リーダーの山本さんは、「敏夫さんがなぜ箸で遊んでしまうのか」という事象に対する説明をしています。ここにリーダーが陥りがちなミスリーディングが起きています。

　リーダーは、認知症の人の行動や目の前で起こる事象を、介護職員に説明してしまうことがあります。このこと自体は決して間違ったことではなく、仮説を立ててケアを実践し、その結果を評価するという、介護職員としては当たり前の営みといえます。しかし、リーダーとして実習協力者の理解の度合いを評価し、適切に課題設定するうえでは、こうした知識や経験を前面に出していくことが必ずしも正しい方法ではないこともあります。

　実習協力者とのかかわりの第一歩として、木村さんが発した「食事介助をしたほうがよいのか」という「問い」をまずは受け止め、木村さんがそのような疑問を抱いた背景を理解するための「問いかけ」が欠かせません。もしかしたら木村さんは、

【事例13-2】

木村さんの言葉・行動	山本さんのかかわり	かかわりの意図・考察
「敏夫さんのお食事のことですが、食べている途中から箸で食べ物をつつくなど、遊びはじめてしまいます。ほかの人も食べ終わって時間だけが経ってしまうので、やっぱり食べさせてあげたほうがいいのでしょうか」	「敏夫さんは、おそらく注意障害があるから食事に集中できる時間が限られているのだと思います。また、ほかの情報に気をとられてしまうと、食事から注意がそれてしまうこともあるのかもしれません。それから、食べはじめは食事の色や形、においなどから『食べられるもの』と認識しやすいですが、食べかけて形状が変わってくるとその認識が難しくなっているのかもしれないですね」	木村さんは、注意障害等によって集中力が途切れやすいことについて理解がないようだから、教えてあげたほうがいいと考えた。
「わかりました。では、やっぱり食べさせてあげたほうがいいってことですね」		

敏夫さんの食事に時間がかかることでほかの業務に影響が出ることを心配していたのかもしれません。または、食べ終わったほかの利用者が敏夫さんに「早く食べなさい」と世話を焼く姿を見かねて、敏夫さんには食事介助をしたほうがよいと考えたのかもしれません。あるいは、ほかの介護職員が敏夫さんの食事介助をする様子を見て、自分のかかわり方に疑問を感じていたのかもしれません。

　このように、わずかな時間の面接であっても、リーダーは実習協力者がどのようなことに違和感や疑問を抱いているのかを理解するために丁寧に問いかけ、確認していくことが重要です。それによって課題設定の方向性が大きく変わることは、容

易に想像できるのではないでしょうか。

実習中はこのような面接場面を重ねながら、実習協力者の認知症ケア能力の評価を繰り返し行っていくことになります。さらに、これらのやりとりを過程記録として言語化することで、リーダーとしてのかかわり方を精査していくことが重要です。

② 課題設定と合意に向けたアプローチ

事例13-3では、敏夫さんの食事の様子が気になった木村さんの「問い」について、山本さんがかかわり方を工夫しています。

【事例13-3】

木村さんの言葉・行動	山本さんのかかわり	かかわりの意図・考察
「敏夫さんのお食事のことですが、食べている途中から箸で食べ物をつつくなど、遊びはじめてしまいます。ほかの人も食べ終わって時間だけが経ってしまうので、やっぱり食べさせてあげたほうがいいのでしょうか」	「敏夫さんのお食事についていろいろ考えてくれているのですね。木村さん自身はどう思いますか」	まずは、敏夫さんの食事について考えてくれていることを評価し、そのうえで、木村さん自身の考えを聞いてみることにした。
「時間はかかるんですけど自分で食べられるときもあります。でもほかの利用者さんが早くに食べ終わってしまうと、敏夫さんも少し落ち着かない様子になってしまって…」	「なるほど、周りが気になってしまう…。何かいいアイデアはないかな」	敏夫さんの食事の能力に対する評価ができていて、感覚的に注意障害の理解がある。アイデアを引き出すため一緒に考えてみる。
「一度だけ、食後に隣のリビングのテレビをつけたことがあるんです。そうしたら、ほかの利用者さんが、移動してくれて、敏夫さんも周りが気にならなくなったせいか、自		

分で食べられたことがありました」 「時間がかかるので食べさせている職員もいます。こういう問題はどうしていったらいいですか」 「わかりました。今度のケアカンファレンスまでに調べてまとめてみます」	「いいところに気づきましたね。ほかの職員はどうしているんだろう」 「一度、ケアカンファレンスで検討できるように、どんなアプローチの方法があるのか調べてみませんか」	チームアプローチにつなげるために、ほかの職員とのケアの違いについて考えてみた。

　先ほどの一方的な指導方法とは異なり、木村さんの考えや習熟度を確認しながら、ケアの方向性について木村さんと一緒に考え、次の行動につなげています。このわずかなやりとりの間に、木村さんの認知症ケア能力を評価したうえで、課題設定とその合意がなされていることが読み取れます。リーダーは、このような場面で、つい、自分の経験を話してしまったり、参考になる図書を紹介したりするなど、「答え」を導き出す具体的な解決方法を提示してしまうことがあります。確かに効率的に物事を進めるには具体的な方向性を示すことが簡単な指導方法ではありますが、課題設定は相手の経験や意欲によって行動の裁量をもたせることが大切です。職場実習では、このような短時間で意図的なかかわりを繰り返しながら、指導目標を立案するための準備を進めていきます。

　また、過程記録で留意すべき点は、実習協力者の言葉・行動とリーダーのかかわりは、できる限りありのままの言葉を記述することです。使い方によっては、さまざまなとらえ方ができる曖昧な表現もあるため、自らがどのような言葉を使っているのか意識化することが大切です。一方で、実習協力者の発した言葉の解釈も、読み解く人によっては異なる場合もあります。リーダーとしてのかかわりを振り返るなかで、なぜその言葉を選んだのか、自分なりの意図や考察を記録しておきましょう。

　スーパービジョンを習得していくには、自らの強みと弱みを発見することからはじまります(p.321 参照)。職場のなかで、自らが発している雰囲気や態度、言葉遣い、口調、話すスピード、間のとり方、面接時の表情などスーパービジョンを展開

するうえで自分は何が得意で、何を苦手としているのか、見つめ直してみてください。

 ## 2 指導目標の立案および指導計画の作成

1 実現可能な指導目標の立案

　新人職員の木村さんについて、課題設定とその合意を図ることができたら、木村さんが今後の認知症ケアを実践していくための指導目標を立案します。先ほどの事例では食事場面で感じた疑問から端を発し、どのようなアプローチがあるのか、実際に調べてまとめるという行動につながりました。事例13-4は、ケアカンファレンスの後のリーダーの山本さんとの面接場面です。

【事例13-4】

木村さんの言葉・行動	山本さんのかかわり	かかわりの意図・考察
	「先日のケアカンファレンスお疲れ様でした。ほかの職員の反応はどうでしたか」	ケアカンファレンスでの話し合いの結果を確認した。
「ケアカンファレンスで話してみましたが、なぜ敏夫さんのためだけに食後にほかの利用者さんを移動させる必要があるのかと言われてしまいました。確かに手間が増えるわけだし、難しいのかもしれないですね」		
	「周りの職員の負担も考えると、それなりの理由がないと長く続かないかもしれないですね。いくつか方法があるかもしれないけれど、何か調べてみましたか」	方法にこだわりすぎていることが気になった。ほかの職員との認識の相違があることを確認したかった。
「インターネットで調べたら似たような事例がいくつかありました。でもほかの利用者さんを移動させるようなことはありませんでした」		
	「つまり、場所が問題ではな	生活環境の影響につい

「たぶん…、人の声や片づけはじめる音なのかもしれません。音のする方向に顔が向いたりするので」	いということですね。じゃあ敏夫さんに何が影響しているんだろう」	て考えを促すための問いかけを行った。
「私にできるかわかりませんが、サブリーダーに相談してみます」	「もしそうなら、食事環境を見直すための学習会を企画してみませんか。サブリーダーも同じような学習会をやってみたいと言っていたので」	1人で解決していくことは難しいかもしれないので、サブリーダーが検討している学習会と関連づけた。

　ここでは、ケアカンファレンスでの検討内容を踏まえたうえで、木村さんが今後どのように取り組んでいったらよいか、一緒に再検討しています。山本さんのかかわりの意図と考察を読むと、木村さんが方法論にこだわりすぎていて、敏夫さんの認知機能障害や生活環境の影響に関する知識がまだ浅いことに着目しています。そのうえで、木村さんが提案していることとほかの職員との認識に相違があることや取り組みを継続していくにはその根拠が浅いことを確認しています。このように、認知症ケア能力の課題の設定については、ケアカンファレンスなどほかの職員からのフィードバックを得ながら、面接を繰り返し、深めていくことが重要です。

　また、木村さんとの面接においては、山本さんから学習会の企画を提案しました。指導目標を立案する際には、実現可能な目標を実習協力者と一緒に考えることが重要になります。特に経験年数が浅く、十分な知識や経験が習得されていない場合には、この事例のように「一緒に取り組む仲間づくり」を側面的に支援することも一つの方法です。職場の課題は職場全体で取り組んでいかなければ解決につながりません。指導目標を設定する際には、一つの課題を単独で解決しようとせずにほかの課題とも関連づけながら検討してみることも大切です。

② 目標達成に向けた漸次的な指導計画づくり

　指導計画を作成する際には、実習協力者が課題を感じている具体的な介護場面を想定し、どのくらいの期間で、どのような方法によって解決できる課題なのかを検討します。認知症介護実践リーダー研修の職場実習で4週間ほど取り組んだからと

いって、職場や職員がすぐに変わるようなことはありません。内容によっては2～3年かけて底上げを図るような課題もあると思います。組織全体の底上げを図るような大きな目標を「達成目標（タスクゴール）」として掲げつつ、実習期間内には、漸次的な目標として「経過目標（プロセスゴール）」を設定してみましょう。

　木村さんの事例では、生活環境に関する学習会を企画することで、職場内の物理的環境や人的環境に関心が向けられることが一つのプロセスゴールになります。このような実習期間内に達成できるプロセスゴールを設定し、実習協力者とともに認知症ケアの能力を向上させる指導計画を作成しましょう。

実習後の報告と実習の評価

1 実践成果の報告

　実践成果の報告は、職場実習を通じて、認知症ケアの指導の方法に関する課題や指導のあり方について、客観的・理論的に考察を行い、報告することで、今後実践リーダーとして認知症ケアを指導していくための方向性について明確にすることを目的としています。

　実習報告では、作成した職場実習計画書や指導計画書など、職場実習で使用した資料をもとに報告資料を作成し、**表13-5**の点を踏まえて報告を行います。そして、受講者間での相互評価、講師役である認知症介護指導者（以下、指導者）からのコメントをもとに、自身の職場実習の振り返りを行うことが大切です。

表13-5　**報告を行う際に大切な視点**

①　自職場で認知症ケア実践上の課題をどのように設定し、その課題に対してどのようなテーマをもってスーパービジョン（指導）を実践したのか。 ②　スーパービジョン実践を通じて、スーパーバイジー（実習協力者）の課題に対する取り組みの姿勢や考え方がどのように変化したのか。 ③　②の点を踏まえ、自身のスーパービジョン実践をどのように評価したのか（リーダーとしての強み・弱みをどのように活かしたのか、活かせなかったのか）。 ④　職場実習で実践した取り組みを、研修修了後にどのように継続していくのか（継続して取り組むためにリーダーとしてどのようにかかわっていくのか、リーダーとしてどのようなスーパービジョン実践を心がけていくのか）。

2 指導における自己課題の明確化

　職場実習を通じて実践したスーパービジョンセッションを振り返りながら、認知症ケアを指導する立場としての自身の姿、課題について整理することは大変重要です。作成したスーパービジョンセッションの記録をもとに、**表13-6**の視点を踏まえて振り返りを行うことが期待されます。

表13-6　スーパービジョン実践　チェック項目

□1	スーパービジョンで取り上げるべきテーマを確認していたか。
□2	スーパーバイジー（実習協力者）が何を目的に支援してきたかを確認していたか。
□3	実習協力者が行っているアセスメントや専門職としての行動について根拠を含めて確認していたか。
□4	実習協力者に自分のアセスメントを見直すヒントを与えていたか。
□5	支援プロセスを追いながら、実習協力者の考えや感じていることを確認していたか。
□6	支援プロセスの根拠と妥当性について実習協力者に問うことができていたか。
□7	課題に対する実習協力者自身の評価を尋ねていたか。
□8	支援プロセスを通じて、できたこと、できなかったことについて確認していたか。
□9	実習協力者のふだんのケアの進め方を把握する質問をしていたか。
□10	実習協力者の専門職としての力をアセスメントするための質問をしていたか。
□11	課題全体を振り返って、実習協力者の思いを整理していたか。
□12	実習協力者の振り返りがうまくいかないときは、一緒に順を追って振り返りをしていたか。
□13	課題解決がうまく進まないと思う原因を実習協力者とともに検討していたか。
□14	実習協力者のひっかかり、もやもや、思い、感情面に焦点をしぼっていたか。
□15	課題を振り返って、実習協力者ができている部分を言語化して褒めていたか。
□16	支援がうまくいっていなくても、実習協力者の頑張りを認めていたか。
□17	実習協力者ができていない部分について気づけるよう、振り返りを促していたか。
□18	できていないことの背景を指摘することはできていたか。
□19	セッションを通じて感じた実習協力者の支援傾向を指摘することはできていたか。
□20	セッションを通じて感じた実習協力者の強み・弱みを伝えていたか。
□21	実習協力者が考えるべきポイントを示し、気づきを促す発言をしていたか。
□22	実習協力者が考えるべきポイントについて、知識として理解しているかを問うことができていたか。
□23	今後、実習協力者がやるべきことを問うことができていたか。
□24	実習協力者の出した今後の課題を支持することができていたか。
□25	実習協力者のできているところと今後の課題をまとめることができていたか。
□26	今後もリーダーとして補助できることを伝えていたか。
□27	実習協力者が自身の思いや考えを言語化して話すことを促すことができていたか。
□28	実習協力者が発言の内容を深められるよう質問を繰り返していたか。
□29	言い換えなどをして、実習協力者の発言を再確認することができていたか。
□30	実習協力者にスーパーバイザー（リーダー）の発言の意図を伝えていたか。

□31	大事なポイントは繰り返し伝えていたか。
□32	実習協力者の気がかりとリーダー自身の違和感を擦り合わせていたか。
□33	実習協力者自身を評価していなかったか。

資料：日本福祉大学スーパービジョン研究センター監、大谷京子・山口みほ編著『シリーズはじめてみよう2　スーパービジョンのはじめかた──これからバイザーになる人に必要なスキル』ミネルヴァ書房、pp.101-103、2019年、渡部律子編著『基礎から学ぶ気づきの事例検討会──スーパーバイザーがいなくても実践力は高められる』中央法規出版、pp.7-8、2007年を基に筆者作成

3　今後の指導における自己の学習目標の明確化

　職場実習の報告会、指導における自己課題の整理を踏まえて、今後、実践リーダーとして職場において認知症ケアを指導する立場として、どのような指導を実践していくかを検討していくことが必要です。

演習13-7　今後の指導における自己の学習目標の明確化

① 　グループで、職場実習でのスーパービジョンセッションの振り返りを共有しましょう。

② 　ほかの人の職場実習でのスーパービジョンセッションの振り返りを聞いて、参考になったこと、大切だと感じたことをまとめてみましょう。

③ 　ほかの人の職場実習でのスーパービジョンセッションの振り返り、指導者からのコメントを聞いて、改めて表13-6を参考に自身の職場実習でのスーパービジョンセッションを振り返り、できているところ、課題と感じたところをまとめましょう。

④ 　職場実習や自己の課題の整理から、リーダーとして新たに感じた「認知症ケアを指導していくうえでの強み・弱み」をまとめましょう。また弱みを克服するために、どのような学びが必要となるのかを検討しましょう。

⑤ 　職場実習で取り組んだ課題を継続して取り組んでいくためには、今後、リーダーとして、どのように職場にはたらきかけていくか、どのように職員に向き合っていくかを検討し、まとめてみましょう。

引用文献 ··

1）野村豊子「序章 第2節 日本における社会福祉専門職のスーパービジョンに関する動向・現場の声」
　　日本社会福祉教育学校連盟監『ソーシャルワーク・スーパービジョン論』中央法規出版、p.22、
　　2015年
2）小松尾京子「序章 日本におけるスーパービジョンのいま」日本福祉大学スーパービジョン研究セン
　　ター監、大谷京子・山口みほ編著『シリーズはじめてみよう2　スーパービジョンのはじめかた──
　　これからバイザーになる人に必要なスキル』ミネルヴァ書房、p.11、2019年
3）認知症介護研究・研修センター「認知症介護実践研修（実践リーダー研修）職場実習関連様式 2021
　　年8月作成版（参考書式）」p.3、2021年

参考文献 ··

＊ 日本福祉大学スーパービジョン研究センター監、大谷京子・山口みほ編著『シリーズはじめてみよう
　　2　スーパービジョンのはじめかた──これからバイザーになる人に必要なスキル』ミネルヴァ書房、
　　2019年
＊ 北島英治「第1章 第3節 ソーシャルワーク・スーパービジョンの定義」日本社会福祉教育学校連盟
　　監『ソーシャルワーク・スーパービジョン論』中央法規出版、2015年
＊ 渡部律子編著『基礎から学ぶ気づきの事例検討会──スーパーバイザーがいなくても実践力は高めら
　　れる』中央法規出版、2007年

用語解説

Off-JT

通常の仕事から離れて行う研修等の教育のこと。詳細は第10章参照。

SDS

Self Development System の略。自発的な学習や自主研修の取り組みをサポートするしくみのこと。詳細は第10章参照。

アジア健康構想

日本で介護を学ぶアジアの人材を増やすとともに、介護事業者のアジアへの展開等により、アジア全体での介護人材の育成と産業振興の好循環の形成を目指す取り組みのこと。政府と民間企業が一体となって進めている。

エンパワメント

個人や集団が本来もっている潜在的な力を発揮し、社会的な権限を拡大することで、自らの生活に関連する意思決定や活動に影響を与えるようになること。

改訂長谷川式簡易知能評価スケール（HDS-R）

高齢者の認知機能を測定するための簡易なスケール（尺度）として用いられるものの一つ。九つの質問から構成されており、得点を加算して評価点とする（満点は30点）。実施にあたっては十分な説明をして、テストを受ける人から了解を得ることが大切である。

グループダイナミックス

集団とその集団に所属している個人の間の関係や特性を表す考え方のこと。集団は個人の思考や行動に影響を与え、個人は集団の思考や行動に影響を与えるというものであり、集団力学ともいう。

子ども食堂

特定非営利活動法人（NPO法人）や地域住民、自治体等が主体となり、無料または低価格で子どもたちに栄養のある食事を提供する場のこと。温かな団らんを提供する効果もある。

若年性認知症コールセンター

認知症対策等総合支援事業の一環として、若年性認知症特有のさまざまな疑問や悩みに対し、専門教育を受けた相談員が電話で答えるもののこと。

傷病手当金

健康保険に加入している本人（被保険者）が、病気や業務外のけが等により仕事を休む場合に、その間の生活を保障するための現金給付制度のこと。

地域包括ケアシステム

2025（令和7）年をめどに、高齢者介護のあり方の方向性として提起され、構築が進められているしくみのこと。要介護状態になっても、住み慣れた地域で自分らしい生活を続けることができるように、住まい・医療・介護・予防・生活支援が一体的に提供される体制を目指している。

チームオレンジ

認知症診断後の早期からの支援として、市町村がコーディネーターを配置し、地域において把握した認知症の人の悩みや家族の身近な生活支援ニーズ等と認知症サポーターを中心とした支援者をつなぐしくみのこと。

認知症カフェ

実際のカフェや公民館など、地域のなかのオープンな場所で認知症の人、家族や友人、地域住民、専門職が語り合う場のこと。

認知症ケアパス

認知症の人やその家族等が、「いつ」「どこで」「どのような」医療・介護サービス等を活用していけるかをまとめたもの。「個々の認知症の人が必要なサービス・支援を活用しながら、希望に沿った暮らしを送る」ための「個々の認知症ケアパス」「地域にどのようなサービス・支援があるか」を認知症の人の状態に応じて整理した「地域の認知症ケアパス」からなる。

認知症サポーター養成講座

認知症に関する基本的な知識や認知症の人とのかかわり方などを学習する講座のこと。自治体や職域団体・企業、町会・自治会等とキャラバン・メイトの協働で行われ、養成講座を受講した人が認知症サポーターとなる。

認知症サポート医

認知症の人の診療に習熟し、かかりつけ医等への助言、その他の支援を行い、専門医療機関や地域包括支援センター等との連携の推進役を担う医師のこと。認知症サポート医養成研修を修了する必要がある。

認知症施策推進大綱

認知症の発症を遅らせ、認知症になっても希望をもって日常生活を過ごせる社会を目指し、認知症の人や家族の視点を重視しながら、「共生」と「予防」を車の両輪として施策を推進していくという考え方と、その具体的な施策をまとめたもののこと。詳細は第5章参照。

認知症初期集中支援チーム

認知症になっても本人の意思が尊重され、できる限り住み慣れた地域で暮らし続けるために、早期に複数の専門職が認知症の人やその家族を訪問し、初期支援を包括的・集中的に行い、自立生活のサポートを行うチームのこと。

認知症地域支援推進員

認知症になっても本人の意思が尊重され、できる限り住み慣れた地域で暮らし続けるために、市町村において医療機関や介護サービス、地域の支援機関をつなぐコーディネーターとしての役割を担う者のこと。

認知症本人ミーティング

認知症の人が集い、本人同士が主体になって、自らの体験や希望、必要としていることを語り合い、自分たちのこれからのよりよい暮らし、また、暮らしやすい地域のあり方などを話し合う場のこと。

パーソン・センタード・ケア

キットウッド（Kitwood,T.）によって提唱された認知症ケアの考え方。すべての人たちに価値があることを認めて尊重し、一人ひとりの個性に応じたかかわりをもち、認知症の人の視点に立って、人間関係の重要性を重視するケアのことをいう。

ピアサポート

ピアとは、仲間、同輩、対等者という意味であり、ピアサポートは「同じような立場の人による支援」という意味で用いられる。具体的には、自らの体験に基づいて、他者の相談相手となったり、同じ仲間として社会参加や問題の解決等を支援する活動を指す。保健や障害福祉、学校教育などの分野で展開されている。

ひもときシート

認知症介護研究・研修東京センターが開発したツールのこと。パーソン・センタード・ケアを基本につくられており、認知症の人の行動の背景にある原因をひもとくことで、支援者本位のケアから本人本位のケアへ思考転換することを目的としている。

索 引

欧文

ABC 分析·························· 207
ACP ······························ 89
BPSD····················· 52, 53, 156
GROW モデル················· 265
MCI······························ 50
Off-JT
　······ 7, 138, 211, 236, 241, 270
OJT
　······ 7, 138, 142, 237, 240, 247
PDCA サイクル········· 179, 242
P-MARGE····················· 232
QOL····························· 156
SDS················· 7, 237, 241, 270
SECI モデル··················· 178

あ

アッペルボーム, P. S.········· 81
アドバンス・ケア・プラン
　ニング······················· 89
アドバンスディレクティブ
　······························· 89
アルツハイマー型認知症····· 58
意思形成支援··················· 84
意思決定支援··················· 80
…のプロセス··················· 84
意思決定支援会議·············· 87
意思決定能力··················· 86
意思実現支援··················· 85
意思表明支援··················· 85
意味性認知症··················· 63
インフォーマル資源········· 123
エルダー制度················· 238
エンパワメント··············· 231
エンパワメントアプローチ
　······························· 217
応用行動分析学················ 207
オープン・クエスチョン
　······················· 183, 267
オープンダイアローグ
　······················· 206, 213
オレンジプラン······ 95, 105, 108

か

介護破綻························· 41
介護保険制度················· 104
カウンセリング··············· 273
学習転移モデル··············· 233
拡大質問······················· 263
過去質問······················· 264
家族······················· 40, 83
課題設定······················· 337
語り出し······················· 33
合併症························· 56
過程記録······················· 334
関係コンフリクト············· 146
管理的機能········· 187, 257, 270
記憶記銘障害··················· 51
キットウッド, T. ············· 222
キャリアビジョン············· 236
教育的機能··············· 187, 257
共育的指導··················· 231
共感······························ 183
共有型リーダーシップ····· 203
共有された意思決定·········· 88
空白の期間··················· 94
グリッソ, T. ··················· 81
グループダイナミックス
　······························· 196
クローズド・クエスチョン
　······················· 183, 267
ケアカンファレンス········· 175
経過目標······················· 340
経験学習モデル········· 234, 242
傾聴················· 183, 264, 268
軽度認知障害··················· 50
ケースメソッド········· 205, 211
結果報告······················· 319
血管性認知症··················· 65
見当識障害··················· 52
肯定質問······················· 264
行動・心理症状······ 52, 53, 156
後頭葉························· 48
コーチング············ 7, 263, 272
コーピング··············· 154, 157
こころの欲求··················· 22

5 W 1 H····························· 185
骨折······························ 57
個別スーパービジョン ········· 7
コミュニケーション
　······················· 140, 176
今後の認知症施策の方向性
　について········· 105, 106, 108
コンサルテーション········· 273
コンフリクト······ 145, 181, 195
コンフリクトマネジメント
　······························· 181

さ

サービスエンカウンター
　チーム····················· 137
サラス, E.······················· 134
ジェンセン, M. A. C. ········· 4
自己肯定感····················· 72
指示······························ 261
支持的機能··············· 187, 258
事前学習······················· 317
事前指示······················· 89
失語······························ 52
失行······························ 52
実践成果の報告··············· 341
実践リーダー
　·········· 4, 118, 121, 122, 226
失認······························ 52
指導計画······················· 339
指導目標··············· 220, 338
社会資源······················· 121
社会保険··············· 103, 104
社会保障制度················· 103
若年性認知症············· 66, 93
若年性認知症コールセン
　ター····················· 95
若年性認知症支援コーディ
　ネーター··················· 95
若年性認知症施策総合推進
　事業 ······················· 95
終末期························· 90
就労移行支援事業所·········· 98
就労継続支援事業所·········· 98
就労支援······················· 96

受容…………………………… 183
障害者雇用………………………… 97
障害者就業・生活支援セン
　　ター…………………………… 98
障害者の権利に関する条約
　　……………………………… 79
障害福祉サービス等の提供
　　に係る意思決定支援ガイ
　　ドライン……………………… 80
傷病手当金………………………… 97
職場環境の改善………………… 165
職場実習……………… 316, 319
…の課題設定………………… 317
職場実習計画書・実習振り
　　返りシート………………… 327
職場実習評価…………………… 319
職場内教育……… 142, 240, 256
助言…………………………… 262
ジョブ・インストラクショ
　　ン…………………… 259, 270
新オレンジプラン
　　………… 95, 105, 106, 109
進行性非流暢性失語症……… 63
人材育成………… 142, 217, 232
人材育成方法………………… 236
心情…………………………… 28
人生会議………………………… 89
人生の再構築………………… 39
人生の最終段階における医
　　療・ケアの決定プロセス
　　に関するガイドライン
　　……………………………… 90
信頼関係………………………… 31
心理的防衛機制………………… 27
垂直型リーダーシップ…… 203
スーパーバイザー
　　………… 7, 187, 256, 320
スーパーバイジー……… 7, 256
スーパービジョン
　　………… 7, 256, 273, 320
…の機能………………………… 256
スキナー, B. F. ……………… 207
スティグマ…………………… 229
ストレス……………………… 152

ストレス対処………… 154, 157
ストレス反応………………… 154
ストレスプロセス………… 159
ストレスマネジメント
　　………… 141, 152, 160
ストレッサー………………… 154
ストレッサーーストレス反
　　応………………………… 162
生活障害………………………… 22
生活の質……………………… 156
生産的コンフリクト……… 145
セリエ, H. ……………………… 152
セルフケア…………………… 160
前頭側頭葉変性症…………… 62
前頭葉…………………………… 47
相談…………………………… 180
側頭葉…………………………… 48
組織間チームアプローチ
　　……………………………… 201
組織間の多職種連携……… 202
組織内チームアプローチ
　　……………………………… 201

た

対人的欲求……………………… 22
大脳……………………………… 47
多職種連携…………………… 201
タスクゴール………………… 340
タスクコンフリクト……… 147
タックマン, B. W. ……… 4, 136
タックマンモデル…… 136, 176
脱水……………………………… 57
達成目標……………………… 340
地域共生社会………… 114, 116
地域資源……………………… 121
地域資源開発………………… 127
地域障害者職業センター
　　……………………………… 98
地域包括ケアシステム
　　………… 105, 113, 116
地域連携……………………… 127
チーム………………… 134, 193
…の機能期…………… 137, 176
…の形成過程…………… 4, 135

…の形成期………… 4, 136, 176
…の混乱期………… 136, 176
…の統一期………… 136, 176
チームアプローチ…… 193, 195
チーム安定期…………………… 5
チームケア…………… 134, 195
チーム混乱期…………………… 5
チーム支援型………………… 238
チーム秩序形成期……………… 5
チームマネジメント……… 195
チームマネジャー………… 226
チームリーダー…………… 196
痴呆…………………………… 105
注意機能………………………… 51
中核症状……………… 51, 156
チューター制度…………… 238
ティーチング
　　………… 7, 259, 261, 272
転倒…………………………… 56
動機づけ……………………… 235
頭頂葉…………………………… 48
閉ざされた質問…………… 267

な

認知機能障害…………………… 25
認知症………………………… 105
…の告知………………………… 88
…の診断基準…………………… 49
…の人のこころ………………… 25
…の人の視点…………………… 42
…の人の心情・心理………… 43
認知症介護実践者等養成事
　　業…………………………… 9
認知症介護実践リーダー研
　　修……………………… 9, 117
認知症カフェ…………… 34, 99
認知症観………………………… 40
…の改善……………… 25, 32
認知症ケア…………………… 119
…の能力……………………… 322
認知症ケアパス……………… 107
認知症ケアモデル………… 104
認知症サポーター養成講座
　　……………………………… 107

認知症施策‥‥‥‥‥‥‥ 119, 120
認知症施策推進5か年計画
‥‥‥‥‥‥‥ 95, 105, 108
認知症施策推進総合戦略
‥‥‥‥‥ 95, 105, 106, 109
認知症施策推進大綱
‥‥‥ 10, 95, 105, 109, 119, 230
認知症初期集中支援チーム
‥‥‥‥‥‥‥‥‥‥‥ 107
認知症の医療と生活の質を
高める緊急プロジェクト
‥‥‥‥‥‥‥‥‥‥‥ 94
認知症の人の日常生活・社
会生活における意思決定
支援ガイドライン‥‥‥‥ 78
認知症本人ミーティング
‥‥‥‥‥‥‥‥‥‥‥ 34

は

パーソン・センタード・ケ
ア‥‥‥‥‥‥ 139, 222, 228
肺炎‥‥‥‥‥‥‥‥‥‥‥ 57
ハローワーク‥‥‥‥‥‥‥ 98
伴走型指導‥‥‥‥‥‥‥ 231
ピアカウンセリング‥‥‥‥ 34
ピアサポート‥‥‥‥‥‥‥ 34
‥の意義‥‥‥‥‥‥‥‥‥ 38
‥の場‥‥‥‥‥‥‥‥‥‥ 39
非生産的コンフリクト‥‥ 146
ピック病‥‥‥‥‥‥‥‥‥ 62
否定質問‥‥‥‥‥‥‥‥ 264
非薬物療法‥‥‥‥‥‥‥‥ 71
標的行動‥‥‥‥‥‥‥‥ 208
開かれた質問‥‥‥‥‥‥ 267
ファシリテーション
‥‥‥‥‥‥‥‥ 176, 195
ファシリテーター‥‥‥‥ 187
フォーマル資源‥‥‥‥‥ 123
負のレッテル‥‥‥‥‥‥‥ 43
プリセプター制度‥‥‥‥ 238
プレゼンテーション‥‥‥ 176
プロセスゴール‥‥‥‥‥ 340
プロセスコンフリクト‥‥ 146
分有型リーダーシップ‥‥ 203

ベルビン, M.‥‥‥‥‥‥ 140
便秘‥‥‥‥‥‥‥‥‥‥‥ 56
ボア・アウト‥‥‥‥‥‥ 159
報告‥‥‥‥‥‥‥‥‥‥ 180
本人・家族の交流会‥‥‥‥ 99
本人主体のケア‥‥‥‥‥ 229

ま

マズロー, A.‥‥‥‥‥‥ 141
マズローの欲求段階‥‥‥ 141
未来語りダイアローグ‥‥ 206
未来質問‥‥‥‥‥‥‥‥ 264
面接技法‥‥‥‥‥‥‥ 7, 266
メンター制度‥‥‥‥‥‥ 238
メンタルヘルス‥‥‥‥‥ 153
メンタルヘルス対策‥‥‥ 153
面談‥‥‥‥‥‥‥‥‥‥ 268

や

薬物療法‥‥‥‥‥‥‥‥‥ 69
役割理論‥‥‥‥‥‥‥‥ 140

ら

リーダー‥‥‥‥‥‥‥‥ 135
リーダーシップ‥‥‥‥‥‥ 4
理想の職員像‥‥‥‥‥‥ 221
リフレーミング‥‥‥‥‥ 264
倫理的配慮‥‥‥‥‥‥ 273, 332
レビー小体型認知症‥‥‥‥ 59
連絡‥‥‥‥‥‥‥‥‥‥ 180
老人福祉法‥‥‥‥‥‥‥ 103
老人保健法‥‥‥‥‥‥‥ 103

編集委員・執筆者一覧

● **編集委員** (五十音順)

大塚智丈 (おおつか　ともたけ)
一般社団法人三豊・観音寺市医師会三豊市立西香川病院院長

小野寺敦志 (おのでら　あつし)
国際医療福祉大学赤坂心理・医療福祉マネジメント学部准教授

宮島渡 (みやじま　わたる)
日本社会事業大学専門職大学院特任教授、一般社団法人全国認知症介護指導者ネットワーク副代表

渡邉浩文 (わたなべ　ひろふみ)
武蔵野大学人間科学部教授

● **執筆者** (五十音順)

畦地良平 (あぜち　りょうへい) ……………………………………………………… 第7章
日本大学文理学部助教

阿部哲也 (あべ　てつや) ………………………………………… 第10章第1節・第2節
社会福祉法人東北福祉会認知症介護研究・研修仙台センター副センター長、東北福祉大学総合福祉学部准教授

石井利幸 (いしい　としゆき) …………………………………………… 第12章第1節
医療法人社団慈泉会介護老人保健施設ひもろぎの園リハビリテーション科長

大塚智丈 (おおつか　ともたけ) …………………………………………………… 第2章
一般社団法人三豊・観音寺市医師会三豊市立西香川病院院長

大谷佳子 (おおや　よしこ) ………………………………………………………… 第11章
昭和大学保健医療学部講師

小野寺敦志 (おのでら　あつし) …………………………………………………… 第9章
国際医療福祉大学赤坂心理・医療福祉マネジメント学部准教授

菊地伸 (きくち　しん) ……………………………………………………… 第12章第3節
社会福祉法人宏友会特別養護老人ホーム西野ケアセンター施設長

佐々木薫 (ささき　かおる) ………………………………………………… 第12章第4節
社会福祉法人仙台市社会事業協会理事

髙梨友也 (たかなし　ともや) ……………………………………………… 第12章第2節
東北文教大学人間科学部講師

髙橋正彦 （たかはし　まさひこ） ……………………………………………………… 第 3 章
たかはしメモリークリニック院長、聖マリアンナ医科大学神経精神科非常勤職員

橋本萌子 （はしもと　もえこ） ……………………………………………………… 第 1 章
社会福祉法人浴風会認知症介護研究・研修東京センター研修主幹

松谷学 （まつや　まなぶ） ……………………………………… 第13章第 2 節・第 3 節
社会福祉法人大桑村社会福祉協議会事務局次長

宮島渡 （みやじま　わたる） ……………………… 第 8 章、第10章第 3 節〜第 5 節
日本社会事業大学専門職大学院特任教授、一般社団法人全国認知症介護指導者ネットワーク
副代表

村田麻起子 （むらた　まきこ） ……………………………………………………… 第 6 章
社会福祉法人リガーレ暮らしの架け橋総括マネージャー

山口友佑 （やまぐち　ゆうすけ） ………………………………… 第13章第 1 節・第 4 節
社会福祉法人仁至会認知症介護研究・研修大府センター研修企画係長・研究員

渡邉浩文 （わたなべ　ひろふみ） ……………………………………… 第 4 章、第 5 章
武蔵野大学人間科学部教授

認知症介護実践研修テキスト　実践リーダー編

2022年6月1日　発行

編　　　集	認知症介護実践研修テキスト編集委員会
編集協力	一般社団法人全国認知症介護指導者ネットワーク
発 行 者	荘村明彦
発 行 所	中央法規出版株式会社
	〒110-0016　東京都台東区台東3-29-1　中央法規ビル
	TEL 03-6387-3196
	https://www.chuohoki.co.jp/

装幀・本文デザイン	澤田かおり（トシキ・ファーブル）
カバーイラスト	のだよしこ
印刷・製本	株式会社太洋社